教育部2017年人文社会科学研究规划基金项目
"当代视域中的'新型中国文明'研究"（项目编号：17YJA710004）

当代视域中的新型中国文明

方 芳◎著

安徽师范大学出版社
ANHUI NORMAL UNIVERSITY PRESS

·芜湖·

图书在版编目(CIP)数据

当代视域中的新型中国文明 / 方芳著. —芜湖 : 安徽师范大学出版社, 2022.3
ISBN 978-7-5676-5217-0

Ⅰ.①当… Ⅱ.①方… Ⅲ.①文化史 – 研究 – 中国 Ⅳ.①K203

中国版本图书馆CIP数据核字(2022)第030270号

当代视域中的新型中国文明

方　芳◎著

DANGDAI SHIYU ZHONG DE XINXING ZHONGGUO WENMING

责任编辑:刘　翠
责任校对:晋雅雯
装帧设计:王晴晴
责任印制:桑国磊
出版发行:安徽师范大学出版社
　　　　　芜湖市北京东路1号安徽师范大学赭山校区
网　　址:http://www.ahnupress.com/
发 行 部:0553-3883578　5910327　5910310(传真)
印　　刷:江苏凤凰数码印务有限公司
版　　次:2022年3月第1版
印　　次:2022年3月第1次印刷
规　　格:700 mm×1000 mm　1/16
印　　张:15.75
字　　数:234千字
书　　号:ISBN 978-7-5676-5217-0
定　　价:58.00元

如发现印装质量问题,影响阅读,请与发行部联系调换。

目　录

导　论

当今世界，没有什么比文明问题更能引起人们的兴趣了。关于文明的起因、文明的内涵、文明的发展动力和发展规律、不同文明之间冲突的根源及解决途径等问题，人们有着不同的甚至相互对立的看法。人们逐渐达成的共识是文明问题很重要，不仅关乎一个国家制度体制的安排、法律法规的制定、外交政策的走向等，而且关乎每一个人思考问题、为人处世等的方法、原则。文明的发展是一个需要人们不断进行反思并持续改进的过程。文明的问题就是人的问题。

第一节　课题的缘起

当代人类文明的主导形态是源于西方的工业文明。工业文明取代农业文明无疑是人类文明史上一次质的跃迁，在人类发展的历史长河中具有标杆性意义。自17世纪以来，随着启蒙主义高歌猛进，宗教神学日益式微，西方进入理性昌明、科学进步、崇尚知识的时代。科学技术的迅速发展、社会制度的变革、资本主义生产方式的建立等，所有这些共同造就了西方工业文明形态。这种以科技化、工业化、资本化、市场化为主轴演进的文明形态，是近现代至当代的主流或主导的人类文明形态，也是西方发达国家所极力推行的文明形态。这种文明形态在推动生产力巨大发展、创造丰富的物质财富、促进科技进步以及人类的相互联系和交往等方面，成就有目共睹。然而，与人的物质生活水平的不断提升不相称的是，人的精神文化生活水平及道德水准的持续跌落，国与国、文明与文明等的关系日趋紧张，地区冲突与局部战争不断发生，以至于严重影响全人类的生存和共同发展。建立在资本增殖逻辑基础上的工业文明推动了经济社会的高速发展，却造成技术与人文、经济与生态、手段与目的等的背离。因此，一路凯歌的工业文明行至当代，日趋式微：其问题日渐增多，且愈益严重，诸种问题因是该文明与生俱来的，故而在该文明的核心价值架构内解决不了。这种主宰人类几个世纪的文明形态显然已行至困境。文明的转型迫在眉睫，人们需要对以什么是文明、文明发展的道路、文明进步的规律等为主要内容的文明观进行彻底的反思，找到问题的症结之所在，以解决问题，发现脱离困境的出路。

新中国成立以来，特别是改革开放以来，中国特色社会主义实践在经济、政治、文化、社会、生态文明、国际关系、执政党建设以及人的全面发展等方面取得了巨大的成就，积累了丰富的经验，国家实力不断提升。以传统中国文明为底蕴、以中国化马克思主义哲学为"活的灵魂"，吸收西方文明的有益因素并对西方文明进行整体超越的，以新型生态文明为鲜明特色的"新型中国文明"取得突破性进展。蕴含着协和万邦、自强奋进、天人相合、尊道贵德等传统文明精华的新型中国文明扎根于当代中国现代化建设实践，其发展已是大势。习近平总书记在党的十九大报告中强调，中国特色社会主义进入新时代，并提出决胜全面建成小康社会、建成富强民主文明和谐美丽的社会主义现代化强国、构建人类命运共同体的新使命。这标志着我们不仅要在当代中国现代化建设实践中砥砺前行，而且在事关人类文明转型发展的关键性问题上也应提供更多更新的中国思路、奉献独具特色的中国智慧、给出切实可行的中国方案。在新时代，要通过统筹推进中国特色社会主义"五位一体"总体布局、协调推进"四个全面"战略布局、坚定"四个自信"、增强"四个意识"、做到"两个维护"，继续加强新型经济文明、新型政治文明、新型精神文明、新型社会文明、新型生态文明、新型主体文明、新型国际关系文明等方面的建设，使新型中国文明进一步发展完善，发挥更大的国际引领力、影响力和塑造力，促进人类文明的顺利转型。

第二节　国内外研究现状述评

一、国内研究现状述评

中国知识分子对人类文明发展的反思由来已久。近代以来，知识分子开始自觉反思传统中国文明的弊端，五四时期达到高潮。对西方文明形态，国人经历了由反感、拒斥到接触、了解，再到批判地吸收、接纳的过程，先后发起洋务运动、戊戌变法、辛亥革命、五四运动，学习、研究西方文明，并提出"师夷长技以制夷""中体西用"等口号。一战后，我们对西方文明曾有过一段时间的反思，梁启超、梁漱溟等人认为，西方文化不能一概肯定，中国传统文化也不能一概否定。

改革开放以后，国人对西方科学技术、文化、管理经验，乃至生活方式和价值观，接受有余，批判不足。进入21世纪，随着中国特色社会主义事业的发展及西方工业文明扩张所造成的生态危机、金融危机、政治危机等，特别是随着科学发展观的确立，国内学术理论界对西方文明的反思日益深刻。张志伟反思了西方启蒙主义和理性主义的局限性，认为："西方文明的经验教训是，科学技术不能解决一切问题。发展科学技术的目的是繁荣经济，然而一旦走上这条路，结果就会是'一切都运转起来了'，而且一个运转推动一个运转……人反而变成了实现现代化的工具。西方文明的经验教训值得记取。我们必须在工具理性与价值理性之间寻求某种平衡。现代化之路是中国人自己做出的选择，但是如果明知现代化有其局限性却仍然重蹈覆辙，那就是我们自己的问题了。这就是我们今天反思现代西方哲学对西方文明的批判的理论意义和现实意义。"[①]

---

① 张志伟：《现代西方哲学对西方文明的反思》，《中共中央党校学报》2007年第1期。

李艳艳、朱继东对"西方中心论"进行了批判，指出："虽然西方文明中心论对于推动资本主义的发展产生了巨大的历史作用，但在今天正遭遇前所未有的挑战和数百年来未见的危机""突出表现在，患上高失业、高赤字、高负债'三高综合征'的欧美西方发达国家深陷次贷危机和金融危机泥淖，号称'和平之国'的挪威遭遇恐怖袭击，自称'自由民主'的英国陷入窃听门丑闻，在希腊、西班牙、英国、法国、意大利等国更是发生了骚乱、罢工、游行示威、暴力冲突等社会抗议活动。诸多事件表明，西方发达国家社会内部矛盾重重、危机连连，动荡不安、充满变数"①。

卢风通过考察西方精神文明相对于物质文明发展的滞后性，对西方价值观进行了反思，认为："现代西方文化把人们的精力几乎一股脑儿地引导在物质领域。对金钱和物质财富的占有（或拥有）几乎是唯一的人生价值和社会地位的标识。于是几乎所有的人都把自己的大部分精力和创造力用于物质发现（勘探与矿业）、物品制造（制造业）和商业算计。人类有两种提高自己力量的途径：一是提高个体的知识水平和技能，并改进生产工具；一是扩大人际协作的规模并提高分工协作的合理化程度。在资本主义条件下，这两种方法都得到了极其成功的运用。科技的不断发展使人们的知识水平和技能得到了普遍的提高，庞大的机器系统和灵巧的自动化系统早已取代了简单的手工劳动。现代市场经济、金融制度、企业制度以及正飞速发展的信息技术，既空前地扩大了人类协作的规模，也空前地提高了人际协作的效率，人类的力量已空前强大。但正因为如此，人类才陷入空前的生存危机。当然，今天人类所面临的生存危机已不是经济学意义上的生存危机，而是生态学意义上的生存危机。"②

苏浩、丁莉指出长期占据主导地位的西方文明由于其内在的矛盾性已经面临极大的困境："源于西方'理性主义'所产生的科学在造福人类

① 李艳艳、朱继东：《西方文明中心论的演变、本质和应对》，《国外社会科学》2012年第4期。

② 卢风：《现代西方价值观与人类文明的危机》，《道德与文明》1999年第6期。

的同时，也有可能把地球推向毁灭的边缘……地质学家论证的所谓'人类世'（Anthropocene）的来临，正好与'文艺复兴'和'地理大发现'的西方文明向世界扩张的时间相吻合，西方文明的科学主义引导着人类对自然的利用和改造，导致人类对地球地质结构非自然的决定性改变，这对人类的未来是福还是祸，尚难以定论。美国经济学家尼尔·弗格森的著作《西方的衰落》、政治学家弗朗西斯·福山的新著《政治秩序与政治衰败》，都表达了对西方衰落的深深忧虑。确实，西方文明体系虽然仍保持着政治经济的优势影响力，但却面临着无法应对的新全球化浪潮的冲击，似乎将陷入一种难以自我解脱的困境之中。"①

可见，国内对西方文明特别是科技-工业主导的文明的反思比较全面且深刻，集中揭示了西方科技-工业主导的文明虽然使人们的物质生活水平得到了很大提高，却无法使人的精神文化水平得到相应提升，同时造成了自然生态环境的破坏，指出了其不全面性、不和谐性、不可持续性、非生态性等弊端，批判了其个人主义、功利主义及西方中心主义等价值观。这些研究成果给我们以很大启示。西方文明存在弊端已成为大多数人的共识，然而对于西方文明发展所造成的人与人关系的对立、人与社会关系的背离及人与自然关系的对抗等的根本原因，学界还存在较多分歧。同时，在关于构建新型文明形态时究竟如何才能真正做到吸收西方文明的精华、消除其弊端等方面的研究还有待进一步提升。

改革开放以来，中国特色社会主义各方面建设都取得了举世瞩目的成就，积累了丰富的经验，中国的国际影响力亦不断提升，新型中国文明日臻成熟。国内学术界关于中国模式、中国道路、中国文明的研究成果丰硕，可大致分为三个阶段。

第一阶段：从20世纪80年代到21世纪初。这一阶段主要围绕邓小平理论、"三个代表"重要思想的产生背景、理论渊源、内涵结构、指导意义等展开研究，目的在于阐明邓小平理论、"三个代表"重要思想是马克

① 苏浩、丁莉：《西方文明正从主导走向困顿》，《人民论坛》2016年第31期。

思主义中国化的最新成果。

刘怀玉指出了邓小平理论形成的时代背景："邓小平理论是在坚持与发展历史唯物主义的前提下，在同影响20世纪世界与中国现代化进程的'西方现代化理论'、'苏联社会主义现代化建设模式'、'民主社会主义'及'儒家资本主义'这四种主要理论模式进行争论与对话的基础上生成的。邓小平理论辩证地扬弃了以上诸模式的成败得失，指出：中国搞现代化建设必须借鉴但决不能照搬西方模式；必须坚持社会主义但又不能固守教条，而要走改革开放之路；中国的现代化当然要有鲜明的民族特色，但并不是因循儒家传统，而要从当代国情出发；中国搞现代化首先要消灭贫困与消除现代化的弊端，但这要以解放和发展生产力为基础，而不能靠空谈'民主'与'人道'来解决。"①孙宏典、李义凡论述了人民利益是"三个代表"重要思想的逻辑起点："江泽民在'七一'讲话中，把'始终紧紧依靠人民群众、诚心诚意为人民谋利益、从人民群众中汲取前进的不竭力量'作为我们党80年奋斗的三大历史经验之一，并以此为起点，深刻阐述了'三个代表'的内在逻辑关系：'发展先进的生产力，是发展先进文化，实现最广大人民根本利益的基础条件。人民群众是先进生产力和先进文化的创造主体，也是实现自身利益的根本力量。不断发展先进生产力和先进文化，归根到底都是为了满足人民群众日益增长的物质文化生活需要，不断实现最广大人民的根本利益。'可见，'人民利益'是党的建设的历史起点，即这个历史进程的最原始的基本关系，是发展先进生产力和先进文化的内在动因，党的建设的理论正是从这个逻辑起点出发，在中国革命和建设的历史中逐步形成发展的。"②

陈卫平指出邓小平理论具有重要的创新品质："邓小平理论在这里的创新品格，不只是表现在对'什么是社会主义、怎样建设社会主义'的

① 刘怀玉：《邓小平理论形成的世纪性思想背景之多维透视》，《中共云南省委党校学报》2000年第4期。

② 孙宏典、李义凡：《人民利益："三个代表"重要思想的逻辑起点》，《毛泽东邓小平理论研究》2003年第2期。

一系列基本问题的论述上，更重要的是在马克思主义发展史上树立了一种新的理论范式，即以社会主义建设为中心的理论范式……可以说，邓小平理论在马克思主义发展史上，首先超越了政治革命为中心的理论范式，实现了向社会主义建设为中心的理论范式的转变。这是邓小平理论最大的创新，也是其创新品格最突出之处。"①梁树发考察了"三个代表"重要思想的哲学基础："'三个代表'重要思想包含着深刻的辩证法思想。它们是：关于先进政党与先进生产力的关系的辩证法，关于生产力的发展与社会全面发展的关系的辩证法，关于先进政党与先进文化的关系的辩证法，关于物质文明建设与精神文明建设的关系的辩证法，关于人类活动的真理原则与价值原则（即对人民群众创造历史的规律的认识与'始终代表中国最广大人民的根本利益'）的关系的辩证法，以及关于党和群众的关系的辩证法，等等。其中，最突出的是由社会主义的物质文明建设与精神文明建设的关系表现出来的关于重点论与两点论相统一的矛盾辩证法。"②

罗文东论述了邓小平理论对社会主义现代化建设的指导意义："正如俄罗斯学者波尔加科夫所说'赋予邓小平作为中国改革开放和现代化建设总设计师的崇高地位，是因为他的一系列基本思想（首先是中国必须实现现代化的思想和实现现代化最好途径的建设有中国特色社会主义的思想），作为指导方针在群众意识中扎根'""我们只有把邓小平理论放在中国社会和文化发展的历史进程中，特别是中国现代化的时代背景下，才能完整、准确地把握其科学体系和精神实质，全面、深刻地认识其历史地位与指导意义。从文化学的角度研究和宣传邓小平理论，有利于邓小平理论所包含的一系列思想观点深入人心，并成为中国文化的新传统"③。方宏伟、卢正涛则从执政的视角阐述了"三个代表"重要思想的

---

① 陈卫平：《创新：邓小平理论的重要品格》，《学术界》1998年第5期。

② 梁树发：《"三个代表"重要思想的哲学基础》，《中国人民大学学报》2003年第4期。

③ 罗文东：《邓小平理论与中国现代化》，《社会主义研究》2000年第6期。

意义:"'三个代表'重要思想是中共第三代领导人在继续推进中国改革开放的大业中提出来的,反映了马克思主义在中国的最新发展。'三个代表'重要思想的突出特点在于,中共第三代领导人科学地分析了资本主义国家政党执政的历史,总结了一些社会主义国家的共产党从执政党走向衰亡的经验与教训,认为任何一个执政党要保持执政地位,必须推行惠及社会各阶层利益的政策,从而赢得人民的支持,即中国共产党从现实中努力巩固和扩大自己的执政基础。"①

第二阶段:从21世纪初到党的十八大召开前夕。随着社会主义市场经济体制的建立和完善,中国的发展步伐不断加快。党的十六大以来,以胡锦涛同志为总书记的党中央高举中国特色社会主义伟大旗帜,以邓小平理论和"三个代表"重要思想为指导,立足社会主义初级阶段基本国情,总结中国发展实践,借鉴国外发展经验,适应中国发展要求,提出了科学发展观。学界关于科学发展观的研究集中在科学发展观产生的依据、科学发展观的内涵、科学发展观的创新性、科学发展观的定位、科学发展观科学性的界定以及如何贯彻落实科学发展观等几大方面②。代表性成果如冷溶在《求是》上发表的《从政治的高度看科学发展观》,文章指出:"科学发展观的本质和核心是'以人为本',体现了我们党的性质、宗旨。以人为本,就是以人民群众的需要为本,它的着眼点和最终目的,不仅是物,更是人。这一要求贯穿于科学发展观的各个方面,是我们党领导发展的根本政治理念。"③

这一时期,中国特色社会主义理论持续丰富和发展,中国经验、中国道路、中国文明的国际影响力与日俱增。2004年5月,雷默(Joshua Cooper Ramo)提出"北京共识"(The Beijing Consensus)的概念,拉开了国际社会大范围内讨论"中国模式"的序幕。国内学界也开始了中国模

---

① 方宏伟、卢正涛:《从执政的角度看"三个代表"重要思想的意义》,《中共贵州省委党校学报》2004年第3期。

② 邓晨光:《科学发展观研究综述》,《学术交流》2009年第9期。

③ 冷溶:《从政治的高度看科学发展观》,《求是》2005年第21期。

式、中国经验、中国道路、中国文明的内涵、本质及其特色性与世界性等的研究。

潘维提出了"三位一体"的中国模式："我把中国模式分解成三个子模式：独特的社会模式、独特的政治模式、独特的经济模式。我把这三个子模式分别称为社稷体制、民本政治和国民经济，'三位一体'共同构成了中国模式……中国模式由社会、政治、经济三个子模式的十二个支柱组成。三个子模式的关系是，'社稷'塑造'民本'的政府，'民本'的政府保障'社稷'体制，也塑造'国民'经济。换个比较形象的说法，政治模式是首脑，社会模式是躯干，经济模式提供翅膀。中华因为这样一个模式而腾飞……中国模式体量巨大，好似鲲鹏，前三十年迎风破浪'水击三千里'，后三十年驾着苏联模式和美欧模式两股'旋风'冲天而上，所以共和国六十年取得了巨大的成就。"①

张维为提出了"文明型国家的崛起"的观点，认为："中国的崛起不是一个普通国家的崛起，而是一个'文明型国家'的崛起。中国是一个五千年连绵不断伟大文明与一个超大型现代国家的重叠。环顾今日之世界，数千年古老文明与现代国家形态几乎完全重合的国家只有一个，那就是中国。这种'文明型国家'具有超强的历史和文化底蕴，不会跟着别人亦步亦趋，不会照搬西方或者其他模式，它只会沿着自己特有的轨迹和逻辑继续演变和发展；在崛起的道路上它也可能经历磕磕碰碰，但其崛起的势头已不可阻挡，崛起的方向已不可逆转；这种'文明型国家'有能力汲取其他文明的一切长处而不失去自我，并对世界文明作出原创性的贡献，因为它本身就是不断产生新坐标的内源性主体文明……中国的执政党和政府代表最广大人民的根本利益，使其能够规范和引领资本力量和社会力量。这种制度安排较好地保证了中国的迅速崛起，体现出中华文明的传统基因、红色基因和西方元素的有机融合，也构成了中国与西方制度安排的最大差别，是中国超越西方和西方模式的制度

---

① 潘维:《需要总结中国模式了》,《领导文萃》2009年第24期。

保证。"①

赵汀阳针对亨廷顿基于西方文明受到挑战而提出"文明冲突论"的片面性，提出了"天下体系"理论。他认为："对于世界来说，中国所能够贡献的积极意义是成为一个新型大国，一个对世界负责任的大国，一个有别于世界历史上各种帝国的大国。对世界负责任，而不是仅仅对自己的国家负责任，这在理论上是一个中国哲学视界，在实践上则是全新的可能性，即以'天下'作为关于政治/经济利益的优先分析单位，从天下去理解世界，也就是要以'世界'作为思考单位去分析问题，超越西方的民族/国家思维方式，就是要以世界责任为己任，创造世界新理念和世界制度。世界理念和世界制度就是这个世界在历史上一直缺乏的价值观和秩序……在关于世界政治的问题上，中国的世界观，即天下理论，是唯一考虑到了世界秩序和世界制度的合法性的理论，因为只有中国的世界观拥有'天下'这个在级别上高于/大于'国家'的分析角度。因此，我们真正的问题应该是，中国对世界准备承担起什么样的责任，准备为世界创造什么样的理念。"②

第三阶段：从2012年党的十八大至今。随着"五位一体"总体布局的提出，国内学界进一步推进了关于马克思、恩格斯生态文明思想及其现实价值，中国特色社会主义生态文明建设，生态学马克思主义及习近平生态文明思想等的研究，成果集中在以下方面。

第一，马克思、恩格斯生态文明思想及其现实价值研究。方世南集中考察了马克思、恩格斯的生态文明思想，指出："马克思恩格斯唯物史观蕴含的绿色生产力思想，马克思恩格斯对不可持续发展的政治经济学与资本主义制度批判的思想，马克思恩格斯关于人与自然辩证关系包含的实践基础上的人化自然观思想，马克思恩格斯生态政治学阐述的自然解放、社会解放和人的解放的整体性解放思想，马克思恩格斯关于合理

① 张维为：《"中国模式"成功的制度原因》，《人民日报》2014年9月22日第6版。

② 赵汀阳：《天下体系——世界制度哲学导论》，北京：中国人民大学出版社，2011年，第2—3页。

地调节人与自然之间物质变换关系所折射的社会发展观思想，马克思恩格斯关于社会有机体通过物质变换新陈代谢而可持续发展的思想，马克思恩格斯关于自然异化、劳动异化、商品异化、资本异化与人的异化的思想，关于生态系统与社会系统关联性的思想，关于人的双重属性即'自然属性与社会属性'紧密结合的思想，关于人的双重特性即'能动性与受动性'对立统一的思想，关于人的两大提升即'在社会方面把人从其余的动物中提升出来，正像一般生产曾经在物种方面把人从其余的动物中提升出来一样'的思想，关于人类的两大和解即'人类与自然的和解以及人类本身的和解'的思想，关于人类社会进步发展的两大主义即'彻底的自然主义或人道主义'的思想，等等，这些思想都包含着十分丰富而深刻的生态文明思想，是马克思主义理论体系的重要组成部分，散发着鲜明的红色与绿色交相辉映的亮丽色彩。"①

张伟、张瑞则阐述了马克思、恩格斯生态文明思想的理论特质及其现实意义，指出："马克思、恩格斯的生态文明思想不同于以往的生态理论，其独特的理论特质生成于生态哲学方法论、生态意识理念以及生态社会重构'三位一体'的致思理路。生态哲学方法论将生态置于'自然—人—社会'的整体性维度中加以考察，实现了生态理论的实质变革；生态意识理论将危机意识、生存意识、责任意识相互关联，实现了生态意识领域的深度拓展；生态社会重构将经济生活与制度设计结合，揭示出生态社会建设的现实维度。当代中国以中国梦的实现作为理想目标，确立了政治、经济、文化、生态、社会五位一体的发展格局，将生态文明建设上升到国家发展战略，因此马克思、恩格斯的生态文明思想具有重要的现实指导意义。"②

第二，中国特色社会主义生态文明建设研究。李桂花、张建光以党

---

① 方世南：《以整体性视野挖掘〈马克思恩格斯文集〉中的生态文明思想》，《鄱阳湖学刊》2017年第4期。

② 张伟、张瑞：《以马克思恩格斯生态文明思想为指导构筑中国梦》，《理论界》2015年第11期。

的十八大报告强调要把生态文明建设"融入经济建设、政治建设、文化建设、社会建设各方面和全过程"为依据，认为目前我国生态文明建设的基本内涵至少应包括经济、政治、文化和社会四个层面："这四个层面的生态文明建设共同构成中国特色社会主义生态文明建设体系，它们互为条件、相互依存、相互促进、不可分割。其中，经济层面是中国特色社会主义生态文明建设的着力点，政治层面是中国特色社会主义生态文明建设的根本点，文化层面是中国特色社会主义生态文明建设的聚焦点，社会层面是中国特色社会主义生态文明建设的落脚点。因此，为实现美丽中国永续发展，必须把生态文明建设放在突出地位，融入经济建设、政治建设、文化建设、社会建设各方面和全过程。"①

袁银传、王喜以马克思主义为指导，阐述了中国特色社会主义生态文明建设的内涵："建设中国特色社会主义的生态文明，首先在发展理念上要对人类中心主义与生态中心主义进行合理的扬弃。二者的局限在于割裂了人与自然辩证关系，而以人为本、和谐共生的发展理念便是对其进行根本超越。其一，'以人为本'体现了生态文明建设的价值目标，即人的自由全面发展。自由发展，便是需要人们积极发挥主观能动性去认识自然、改造自然，在合规律性与合目的性相统一的基础上获取生存与发展的物质资料；全面发展，是对线性发展的超越，是经济、政治、文化、生态等多元共进的过程。其二，'和谐共生'凸显了人与自然的互为存在状态。一方面，自然界是'他的需要的对象；是表现和确证他的本质力量所不可缺少的重要的对象'，离开自然界，人类便失去了物质资料的获取源泉和自我价值的实现基础。另一方面，'地球的表面、气候、植物界、动物界以及人类本身都不断地变化，而且这一切都是由于人的活动'。"②

---

① 李桂花、张建光：《中国特色社会主义生态文明建设的基本内涵及其相互关系》，《理论学刊》2014年第2期。

② 袁银传、王喜：《马克思主义视域中的中国特色社会主义生态文明建设》，《山东社会科学》2013年第8期。

第三，生态学马克思主义研究。王雨辰、刘英认为生态学马克思主义对中国特色社会主义生态文明建设有着重要的借鉴意义："开启历史唯物主义的生态视阈、对资本主义制度的生态批判、对技术的资本主义使用的批判、对消费主义文化价值观的批判和生态政治哲学可以看作是生态学马克思主义的五大理论问题。他们对这些理论问题的探讨，不仅形成了系统的生态学理论，而且也形成了他们的当代资本主义理论和现代性理论，他们不仅对历史唯物主义理论的当代发展做出了重要的理论贡献，而且对我们生态文明理论研究与建设实践具有重要的价值。"①

程波、钟谟智研究了生态学马克思主义对马克思主义理论的发展，指出："以本·阿格尔为代表的生态学马克思主义肯定了马克思主义理论的生态学可能性，认为资源紧张和环境危机的根源在于资本主义的内在逻辑，主张变革社会制度以解决环境问题……西方生态学马克思主义者们力图站在马克思主义的立场，运用马克思主义方法论去分析资本主义社会的环境危机的原因及解决途径，力图改变资本主义制度建立生态社会主义社会，虽然其理论不一定完善、全面，但毕竟是在新的历史条件下对马克思主义理论的传承和发展，不失为一种有益的尝试。生态学马克思主义提出的许多观点值得我们借鉴和学习，其鲜明的特色也将其同其他生态学理论和其他马克思主义流派区别开来。"②

第四，习近平生态文明思想研究。随着我国生态文明建设的推进，习近平生态文明思想研究的成果日益增多。彭曼丽指出："习近平生态文明思想是以习近平同志为核心的党中央在领导全国人民进行生态文明实践过程中形成的关于为什么要建设生态文明、什么是生态文明、怎样建设生态文明、建设什么样的生态文明等问题的认识成果，是马克思主义生态文明理论与中国生态文明实践相结合的成果。马克思主义生态文明

---

① 王雨辰、刘英：《论生态学马克思主义的理论问题及其贡献》，《北京大学学报》（哲学社会科学版）2014年第3期。

② 程波、钟谟智：《生态学马克思主义的生态经济思想研究》，《自然辩证法研究》2019年第10期。

理论是以马克思主义生态哲学思想为内核而构建起来的关于处理人与自然、人与人以及人与自身关系的理论体系。习近平生态文明思想在哲学本体论、思维方法论、认识论与价值论上实现了对马克思主义生态文明理论的继承和创新，从而决定了其思想体系的科学性和实践的彻底性。"①

许先春认为，习近平生态文明思想是习近平新时代中国特色社会主义思想的重要组成部分："习近平生态文明思想……用人与自然和谐共处的价值取向拓展了人们对自然的认识，倡导牢固树立社会主义生态文明观，开辟了人与自然和谐发展的现代化建设新格局；用绿水青山就是金山银山的发展导向从根本上扭转了人们对发展的认识，推动了发展观的深刻变革，确立了绿色发展的新理念；用良好生态环境就是最普惠民生福祉的民生底蕴，深化了对人民需要的认识，指明了生态惠民、生态利民、生态为民的生态文明发展新方向；用山水林田湖草是生命共同体的系统思维，改变了过去算小账、算眼前、顾此失彼、单一治理的片面倾向，强调要树立大局观、长远观、整体观，开创了全方位、全地域、全过程生态治理的新模式；用最严格制度最严密法治保护生态环境的法治观念，把制度建设作为生态文明建设的重中之重，推动生态文明建设迈入制度化、法治化、规范化、程序化的新轨道；用共谋全球生态文明建设的全球视野，倡导国际社会同舟共济、携手共建生态良好的地球美好家园，为人类可持续发展和全球环境治理提供了充满东方智慧的中国方案。"②

党的十八大以来，中国特色社会主义生态文明建设研究极大地推进了"生态优先、绿色发展""绿水青山就是金山银山""人与自然和谐共生""绿色生产方式和生活方式"等生态文明理念的培育与践行，促进了

①彭曼丽：《习近平生态文明思想对马克思主义生态哲学思想的继承和创新》，《思想理论教育导刊》2019年第9期。

②许先春：《习近平生态文明思想的科学内涵与战略意义》，《人民论坛》2019年第33期。

新时代我国生态环境质量的整体好转与发展质量的提升。

这一时期，新文明类型、新中国文明的研究也方兴未艾，代表性成果如下。

吴晓明认为："新的文明类型以克服并同时占有（即所谓'扬弃'）现代—资本主义文明为前提，但扬弃意义上的'超出'必已表明：这种新文明类型根本不可能局限于现代性的范围之内，根本不可能仅仅依循现代性及其变换形式来得到真正的把握。如此这般的表现和迹象难道不是已经在我们的眼前到处出现了吗？……如果说，中华民族的伟大复兴在完成其现代化任务的同时将开启出一种新的文明类型，如果说在我们面前展开的历史性进程正到处提示并标识这种现实的可能性（而非抽象的可能性），那么，以马克思主义中国化来定向的中国道路，尤其是中国特色社会主义道路，就开始展现出它的世界历史意义了。"[1]

袁祖社指出："进入21世纪，中国人依靠自己的勤劳和智慧，虚心学习、借鉴、反思、批判与超越'现代性'，努力把由马克思主义经典作家所开创的社会主义新型文明推向新的历史高度，不断挖掘、完善这一新型文明形态的内蕴，最终真正地认识到了中国特色现代文明新形态的文化与实践表征：'中国道路'与'核心价值观'。从文明新形态探寻的意义上讲，'中国道路'与'核心价值观'的确立，具有世界历史意义。它表明，中国人在话语权方面终于摆脱了自近代以来对西方话语逻辑的依附状态，正在以合理、正当的方式自主地展开了'中国和平崛起'的叙事。"[2]

杨光斌则提出了"中国文明基体论"，指出："在我们看来，中华民族的'基因'至少包括：不变的语言文字与华夏民族；国家大一统思想和治国的民本思想；行政体制的郡县制、官僚制和选贤任能；文化上的包容与中庸之道；社会生活的自由与自治，以及家庭伦理本位，等等。

---

① 吴晓明：《马克思主义中国化与新文明类型的可能性》，《哲学研究》2019年第7期。

② 袁祖社：《中国"文明新形态"发展理念的演进逻辑》，《理论探索》2016年第4期。

这些'基因'代代相传，内化于生活在固定疆域内的华夏民族血液中，因而构成了延绵几千年的中华文明共同体，从而可以称中国为'中华文明基体'，即由文明基因而构成的一个共同体。所谓文明基体，就是生活在固定疆域的族群，在几千年的历史长河中，以恒定的文明信念和生活方式等基因而构成的文明共同体。其中，关键词是：特定族群、不变的文字、固定疆域、共享信念、基因、文明共同体。据此，能够称得上文明基体的国家在世界上并不多。'中国文明基体'可以拓展为'中华文明基体'，即那些已经游离华夏大地的华裔族群依然按照中国文明基体中的文明信念和生活方式而存续。"①

总的来说，国内上述相关研究坚持从传统性与现代性、民族性与世界性、特色性与普遍性等辩证统一的视角阐明超越西方非生态、冲突型工业文明形态的社会主义生态文明及新中国文明形态，拓宽了关于中国模式、中国道路、中国文明的研究思路，丰富了研究内容。然而，目前学界对中国化马克思主义哲学指导下，以新型和谐、全面生态、整体推进等为特质的新型中国文明还未进行系统的研究，因此还存在进一步拓展、深化的必要。

二、国外研究现状述评

西方人对其文明形态的反思批判源远流长。文艺复兴和启蒙运动以来，以理性化、科技化、个性化等为标志的西方文明迅猛发展，一些人文主义者如蒙田、卢梭等对西方文明进行了反思。蒙田十分反感当时法国缺乏批判、只知一味逢迎的社会风气，指出："然而，吸引我同时代的那些人来批评我，对于我来说着实困难。他们没有纠正别人的勇气，因为他们没有勇气接受别人批评自己。当他们相互交谈时，总是遮遮掩掩。我却十分乐意被人评判和被人了解。而究竟是被评判还是被了解，对我

---

① 杨光斌：《中国文明基体论——理解中国前途的认识论》，《人民论坛》2016 年第 5 期。

来说无关紧要。我在思考时经常产生相互对立、相互批判的观点，其中一个代表我自己，而另一个则扮演批评者的角色：这主要出于指责方的权威正是我所赋予的考虑。而对于那些趾高气扬，自以为可以凌驾于他人之上者，我无法与他们交往。"①

卢梭从人类进化历程的视角清晰地阐述了为什么人类的进步史就是人类的堕落史，揭示了建立在私有制基础上的所谓文明是通过制定各种不合理的制度、法律、规则等以使人们在自然状态下的不平等被无限扩大以至于一小部分人总是凌驾于大多数人之上："在自然状态中，不平等几乎是不存在的；随着我们能力的发展和人类智慧的进步，不平等才获得了生长的力量；最终，由于私有制和法律的建立，不平等变得根深蒂固并且合法化了。此外，我们还可以断言：仅仅被实体法所认可的不平等，一旦与生理上的不平等不成比例地不相称——就触犯了自然法。这种不相称充分决定了我们对所有文明民族中普遍存在的那种不平等应当持什么样的看法。因为，无论'不平等'如何被定义，一个孩子命令一个老人，一位低能的人统治一位睿智的人，在一小撮人尽享奢侈品的同时大量的饥民却缺乏生活必需品，这些都显然是违背自然法的。"②

19世纪40年代，马克思、恩格斯集中批判资本主义文明对经济、政治、文化、社会及人的生态生存状况的破坏，指出资本无止境地追求增殖导致"唯生产主义"，见物不见人的发展呈主宰趋势，各种危机加剧，包括资本家在内的人的生存状况出现活动与享受、能动与受动等的背离，揭露了其剥削性、对抗性、扩张性及非生态性。20世纪初，涂尔干、齐美尔等走出传统与现代对立的分析框架，提出了"文明互补论"，斯宾格勒提出了"文明终结论"，汤因比则提出了"挑战与应战论"等。20世纪60年代以来，工业化、信息化的发展改变了人的生活生产及交往方式，

① 孔帕尼翁：《与蒙田共度的夏天》，刘常津译，上海：华东师范大学出版社，2016年，第7页。

② 卢梭：《论人类不平等的起源》，吕卓译，南昌：江西教育出版社，2014年，第70—71页。

"异化"了人本身，生态危机日益严峻。西方马克思主义对资本主义文明的技术理性、文化霸权、消费主义、物化现象等进行全面批判。生态马克思主义以阐释、重构历史唯物主义为着力点，揭露资本主义是生态危机产生的根源。20世纪末21世纪初，全球化进程加速，亨廷顿的"文明冲突论"、杜维明的"文明对话论"等成为代表性理论。后现代主义思潮对现代主义的一元论、纯粹理性，以及个人主义、西方文明中心主义进行了批判、否定和解构，力主建立多元、开放的后现代文明谱系。在当代，西方学者加大了从比较分析的视角研究西方文明及其危机的力度。

改革开放以来，中国取得了巨大的发展成就，国外学者开始关注中国经验、中国道路及中国文明，研究成果不断丰富。代表性观点有："北京共识"说（乔舒亚·库珀·雷默），"后社会主义"说（阿里夫·德里克），"第三条道路"说（彼得·诺兰），"实用主义"说（约翰·奈斯比特、多丽丝·奈斯比特），"亚细亚形态的社会主义"说（亚当·沙夫），等等。

2012年党的十八大召开，国外掀起了中国经验的研究热潮。海外学者认为，中国正在迎来"习近平时代"（Xi Jinping Era）。美国纽约大学终身教授熊玠（James C. Hsiung）在《习近平时代》一书中认为，中国的发展和民族复兴将是人类在21世纪最伟大的事件之一，"习近平时代"意味着"中国的新长征"。罗斯·特里尔（Ross Terrill）在其主编的《习近平复兴中国：历史使命与大国战略》一书中认为，"习近平时代"的最大任务是完成"三大治理"，即执政党治理、国家治理、全球治理；规避"两大陷阱"，即中等收入陷阱、修昔底德陷阱；实现一大跨越，即从发展中国家向发达国家的跨越，进而实现中华民族伟大复兴。伊丽莎白·C.伊科诺米（Elizabeth C. Economy）在《第三次革命：习近平及新的中国政府》一书中认为，在实现民族伟大复兴的历史进程中，毛泽东和邓小平分别完成了中国的第一次革命和第二次革命，习近平将在毛泽东和邓小平的基础上，通过全面治理和改革，实现中国的"第三次革命"①。

不少国外学者对中国模式进行了积极乐观的评价。英国汉学家马丁·雅克指出："发展的中国将为世界提供完全不同于当今资本主义的价值。中国的国家模式注定要在全球范围内尤其是发展中世界发挥巨大影响力，由此也将改变未来经济分歧的相关条款。可以想象，次贷危机中盎格鲁－美国模式的崩溃，将使中国模式吸引更多的国家。"②

"在中国有27年工作经历的霍夫曼指出：自20世纪80年代早期改革以来，已经产生了好多版本的'中国崩溃论'，但中国却从来没有崩溃。在问题面前，中国领导人表现出机敏、实用、耐心和对新观念的开放。中国的适应变化能力是无法估量的。美国纽约大学终身教授熊玠认为，中国时代正在来临，在未来的国际秩序中，中国不会延续令其厌恶的两种治理模式，一是西方'帝国主义'的模式，一是斯大林式的大国沙文主义模式。中国会更多地关注国际正义。中国反对西方的'社会达尔文主义'，它曾为统治世界为'白人的责任'提供了合理依据。不仅如此，中国也不赞成苏联的'国际无产主义'，因为这意味着在苏联的全盛时代，其有权凌驾于所有联邦国家之上。'公正'应该包括社会正义和对世界欠发达国家表示同情。美国地缘政治学家威廉·恩道尔通过与中国学生、教授、工人和农民的大量讨论，认为大多数中国人都肩负着使命感，他们坚信中国会成为创造历史的大国。"③

有机马克思主义创始人菲利普·克莱顿、贾斯廷·海因泽克则指出，中国最有可能引领其他国家走向可持续发展的生态文明，而对西方国家来说，这却是不可能实现的。"当前的中国领导人更集全党智慧开创了一种符合社会主义原则的'生态文明'发展战略，并进一步做出了实质性的承诺和行动。纵观世界，把生态文明列为国家战略的，唯有中国领导

---

① 成龙：《海外视域中的中国特色社会主义研究》，《国外社会科学》2019年第3期。

② Martin Jacques, *When China Rules the World: The Rise of the Middle Kingdom and the End of the Western World*, Penguin Books, 2009, p. 185.

③ 成龙：《海外视域中的中国特色社会主义研究》，《国外社会科学》2019年第3期。

人。更为重要的是，根据有机马克思主义的分析，中国的政治共同体结构还有助于形成一种自我保护机制，避免大资本蚕食中国，进而借助自己独特而丰厚的思想和政治资源，发展出一种中国式的后现代化的生态文明。正是基于这些认识和判断，有机马克思主义预言，中国作为一个具有共同体治理结构的国家，它直接通向后现代的生态文明，并且中国一旦成功，将会是一盏明灯，照亮世界和生态文明发展的道路。"①

总体上看，随着非生态、冲突型西方工业文明的弊病愈益严重，国外学界对其反思批判力度不断加大，力图探求资本主导的现代性问题之解，对中国生态文明建设、习近平治国理政思想等的研究呈持续上升的态势，同时正致力于对中国改革开放的成功经验进行总结。

综上所述，国内外学界对中国经验、中国道路、中国文明等的研究取得了丰富的成果，然而还未上升到新型中国文明的高度进行系统概括，诸如新型中国文明是如何生成的，如何系统地把握它的"活的灵魂"、基本内涵、持续完善及人类意义等问题，有待于进一步深入探究。本书在充分吸收学界研究成果的基础上，创新研究视角，立足于当代人类文明的困境及其转型诉求，在与传统中国文明和当代西方文明进行比较的基础上，阐明优越于至今仍为主导的当代西方文明的新型中国文明的现实生成，诠释新型中国文明的"活的灵魂"，提炼新型中国文明的基本内涵，探索新型中国文明的持续完善，并指出新型中国文明是中国对人类文明发展的创造性贡献，将推进人类文明的当代转型。

---

① 丁丹丹:《有机马克思主义"中国引领论":语义、理据与本质》,《江汉论坛》2018年第1期。

第三节　课题的研究内容、研究意义、研究方法及创新之处

一、研究内容

导论部分主要介绍本课题的缘起、国内外研究现状、研究内容、研究意义、研究方法、创新之处等。

第一章"当代人类文明的困境及转型"。本章从人类历史的脉络考察当代人类文明的困境及转型诉求。与人类社会形态从农业社会向工业社会的第一次转型相一致，人类从农业文明过渡到工业文明。这是人类文明形态的第一次根本转型，这一转型带来了近代以来人类社会的快速发展和巨大进步，但这种工业文明（其当代形态即当代西方文明）在当代已日益暴露出诸如片面强调科技，工具理性泛滥，人与自然矛盾突出，生态问题严重，极端个人主义受到推崇，个体与社会关系不和，资本增殖逻辑一统天下，全球发展极度不均，霸权主义、西方中心主义盛行，大国关系紧张，不同文明间的冲突加剧等问题。当代人类文明的发展已处于困境之中。当代文明的诸多问题及困境，预示着人类文明面临新的转型。时代呼唤一种能够消除当代西方工业文明问题、使人类摆脱文明困境的新型文明形态的诞生，新型中国文明正是超越当代西方文明的一种全新的文明形态。

第二章"新型中国文明的现实生成"。本章指出作为一种高级的文明形态，新型中国文明吸收借鉴了古今中外文明的发展成果，顺应了时代进步的需要。传统中国文明蕴含优秀的思想资源，是新型中国文明生成的文化母体。西方文明的积极成果，是新型中国文明生成的理论借鉴。当代中国超越资本逻辑主导的，以人与人、人与社会、人与自然和谐共存为目标的现代化建设实践是新型中国文明生成的实践根基。

第三章"新型中国文明的'活的灵魂'"。马克思主义哲学是在对西

方哲学进行批判继承的基础上形成的，实现了科学性与革命性的辩证统一，是时代精神的精华，具有批判维度、人本维度和发展维度。中国化马克思主义哲学是新型中国文明的"活的灵魂"：遵循天地人贯通、物我一体、天人合一的大生态观，彰显个体、社会与自然之间和谐相处的大智慧观，倡导"和而不同"的大文明观，坚持知行合一、统筹共进的大实践观，笃行以人民为中心、集中力量办大事的大制度观，践行人本、创新、协调、绿色、开放、共享的新发展观。

第四章"新型中国文明的基本内涵"。新型经济文明是新型中国文明的最根本的内容，以实现人的自由全面发展为根本目标，坚持走可持续发展之路，力戒"唯GDP论"等。新型政治文明是新型中国文明的本质特征，是切实保障人民群众的生存权、健康权、发展权等各项合法权利的社会主义新型民主政治制度。新型精神文明以马克思主义为指导，吸收了古今中外文明的精髓，实现了马、中、西的融会贯通。新型社会文明旨在改变工业文明条件下的经济、社会及人的不均衡发展状况，加强和创新社会治理，不断提高保障和改善民生水平，促进整个社会的健康有序发展。新型生态文明建设以美丽中国为根本目标，通过不断弘扬生态文化、制定最严格的生态法律法规制度，摒弃西方工业文明仅仅追求资本增殖的非生态化发展道路的弊端，使中国走上生态化发展之路，不仅做生态化发展利益的获得者，而且做生态化发展规则的制定者，生态化发展道路的引领者。新型主体文明坚持以人民为中心，发展人与人、人与社会、人与自然之间的和谐统一的生态现代性。新型国际关系文明是指与霸凌主义国际关系理论有着本质区别的，以包括和平共处五项基本原则等在内的新型国际关系理论为指导的，旨在通过创新性、包容性发展，实现各国共荣共进共赢的新文明。

第五章"新型中国文明的持续完善"。新型中国文明虽已初具雏形，但并非完美无缺，尚需在实践中继续完善和发展。以"创新、协调、绿色、开放、共享"五大发展理念为指导，坚持市场的决定性作用与政府的宏观调控的有机统一，建设现代化经济体系，为人的自由全面发展奠定坚实经济基础。完善中国特色社会主义制度，创新协商民主、基层民主、社区民主、网络民主等民主形式，保障每个人的民主权利，持续发挥全国一盘棋的中国之制的独特优势。确立全民族的文化自信，发挥中华优秀传统文化的积极作用，深化马克思主义理论体系的研究，用发展着的马克思主义指导我们的各项事业，汲取西方文化中的合理成分，提升全民的文化素养和精神境界。创新与社会主义市场经济体制相协调的社会服务体制，调动各种资源，共同推进新型社会治理，创造公平正义的社会氛围。大力开拓绿色发展道路，倡导大生态经济价值观，实现人与自然的和谐永续发展，推进工业文明向新型生态文明的转型升级。倡导人与人、人与社会、人与自然和谐共存的生态生存理念，促进人的生态生存方式的转型。继续推进人类命运共同体建设，促进包容性发展，倡导各国互利共荣，实现世界永久和平与持续健康发展。

第六章"新型中国文明的人类意义"。本章主要介绍生成中的新型中国文明的人类意义。新型中国文明为人类从工业文明向新型生态文明的顺利转型提供了中国方案，为广大发展中国家开拓新型现代化发展道路提供了中国经验，为共商共筑人类命运共同体、实现共赢共享贡献了中国智慧。我们要继续从经济文明、政治文明、精神文明、社会文明、生态文明、主体文明及国际关系文明各个层面加强建构，使新型中国文明日臻完善，以推进人类文明的顺利转型。

二、研究意义

学术层面，中国特色社会主义建设取得的经验和成就是我们的宝贵财富，需要从不同角度进行概括。本书依据人类文明发展的历史尤其是中国特色社会主义的发展实践，通过对当代人类文明的困境进行深刻反思，在分析传统中国文明、当代西方文明的基础上，凝练出新型中国文明这一崭新命题并对其进行探究，提供了文明研究的古今、中西比较之新视角。同时，构建全面超越非生态、冲突型当代西方文明的，以新型和谐为特质的，以新型经济文明、新型政治文明、新型精神文明、新型社会文明、新型生态文明、新型主体文明、新型国际关系文明为基本内涵的新型中国文明，阐述其现实生成、"活的灵魂、基本内涵、持续完善、人类意义，对启发学术理论界的文化自觉意识具有独特的价值，也有助于丰富新型中国文明研究的理论成果。

现实层面，立足当代视域，对新型中国文明的现实生成、"活的灵魂"、基本内涵、持续完善及人类意义等进行系统研究和阐述，有助于在一定程度上消除文化虚无主义的影响，进一步坚定我们的文化自信。同时，探究新型中国文明在中国特色社会主义实践中的形成、发展和成熟的演进历程，从文明发展基本规律的层次总结经验，也可以为当代中国从工业文明向新型生态文明转型提供借鉴。

三、研究方法

第一，逻辑与历史、理论与实践相结合的方法。将逻辑分析、理论研究与历史演进、当代实践紧密结合，以理论观照现实发展，以现实问题促进理论创新。

第二，多学科交叉研究法。以历史唯物主义方法为指导，借鉴政治学、经济学、社会学、生态学、人学等学科的理论研究方法，发挥不同学科研究方法的综合效应，力图从不同层面、不同角度充分阐释和展现新型中国文明的丰富内涵。

第三，反思批判法。运用辩证思维对当代西方文明的问题进行反思、批判，总结其中所蕴含的当代人类文明发展的经验和教训。

四、创新之处

第一，学术思想方面的创新：凝练出全面超越非生态、冲突型当代西方文明的，以新型和谐为特质的新型中国文明，着重阐释新型中国文明之现实生成、"活的灵魂"、基本内涵、持续完善及人类意义，为自觉构建新型中国文明提供学理支撑。

第二，学术观点方面的创新：一是新型生态文明是新型中国文明的鲜明标志，新型生态文明以创新为主要驱动力，以实现人与人、人与社会、人与自然和谐共存为价值取向。二是马克思、恩格斯在批判继承西方哲学思想的基础上，通过揭示自由竞争条件下广大劳动人民颠倒的、异化的生存方式的形成根源及其变革诉求，创立了以实现人的自由全面发展为旨归的马克思主义哲学。中国化马克思主义哲学以实现中国人的生态生存方式的转型为根本旨归，因而是生成中的新型中国文明的"活的灵魂"。三是蕴含着"仁爱民本""道法自然""尚贤""均和"及"天下大同"等思想的传统中国文明是以新型和谐为特质的新型中国文明孕育的文化母体。

第三，研究方法方面的创新：突破传统的对西方话语及研究方法的依赖，进行叙事方式和话语表达的重构和创新，运用多种方法，展开对新型中国文明的多层次、全方位研究。

第一章　当代人类文明的困境及转型

文明形态问题是一个总体性和全局性的问题。人创造了文明形态，文明形态塑造着人，人们必须不断反思自己已经习惯于生活其中的文明形态。当代人类文明的主导形态是源于西方的工业文明。西方工业文明代替农业文明，生产力获得极大提高，物质财富巨大增长，社会生活发生了根本变化，但西方工业文明以追求资本无限增殖为根本动力，造成经济与社会发展失衡，资源枯竭，国与国、文明与文明之间关系紧张，人与人、人与社会、人与自然之间对立加剧，各种异化现象日趋严重等问题。因这些弊端是该文明与生俱来的，故而在该文明的核心价值架构内解决不了，这种主宰人类几个世纪的文明形态显然已行至困境，不可持续。当代人类文明亟须转型，时代呼唤新的文明形态。

第一节　相关概念阐释

一、文明的内涵

"文明"这一概念包含着多方面的内涵。从国家层面来讲，文明是指国家发展所处的状态。恩格斯说："文明时代是学会对天然产物进一步加工的时期，是真正的工业和艺术的时期。"[1]因此，文明促进物质财富与精神财富的增长，产生各种价值观念和制度体系，最终目的是推动人的

①《马克思恩格斯全集》第28卷，北京：人民出版社，2018年，第42页。

全面发展。

从社会层面来讲，文明是社会秩序的确立。"按照《辞源》等相关辞书的解释，'文明'一词最早的内涵，主要表示文采光明，文德辉耀。如《周易·大有》就有：'其德刚健而文明，应乎天而时行，是以元亨。'《周易·乾卦》有'见龙在田，天下文明'。孔颖达疏：'天下文明者，阳气在田，始生万物，故天下有文章而光明也。'"①其意指社会文教昌达、文德彰显而形成的王者修德、民风淳朴的和谐景象。因此，文明是国家发展程度的集中体现，是对社会进步状态的基本描述。

从人的层面来讲，文明则是指人的教养和开化状态。《尚书·舜典》称赞舜"浚哲文明，温恭允塞"，就是指他非常谦恭，品德高尚，很受人爱戴。孔颖达注解说"经天纬地曰文，照临四方曰明"。《礼记·乐记》说："是故情深而文明，气盛而化神，和顺积中而英华发外。"文明是指人谦恭有礼、儒雅贤明，是内在的修养显露出来的精神气质。

可见，"在中国古代社会的发展过程中，文明所表达的一是经天纬地，应乎天而时行，人与自然要保持和谐；二是照临，寻求光明，文明就是破除蒙昧黑暗，追求光明。文明是从文采、才德、光明一步步过渡到与野蛮相对的有文化的上层次的人类社会的较高阶段和所取得的成就"②。

西方语义中的"文明"一词包含脱离野蛮的开化之意。"与'开化'等词相比，'文明'（civilization）是一个新词，出现较晚。据布罗代尔研究，它由'civilisee（开化的）'和'civiliser（使开化）'构成。这两个词存在已久，在16世纪就已经得到普遍使用。但直至18世纪，现代词义才确立。1775年，约翰·阿施所编的《英语新大辞典》将具有现代意义的'civilization'文明一词收入其中，对其解释由先前的'礼仪、礼貌、行为规范'等扩展为'the state of being civilized'。18世纪末和19世纪开

①何勤华：《"文明"考》，《政法论坛》2019年第1期。

②何勤华：《"文明"考》，《政法论坛》2019年第1期。

始流行，法语中的情形与此相近，德文中的文明一词由法国传入。"①所以，"文明"有人端庄优雅、有教养之意。

在马克思、恩格斯看来，文明是与社会实践密切联系，并随着社会发展而不断发展的。恩格斯在系统总结了英国在18世纪自然科学以及工业革命等方面的突出成就后，指出："如果说文明是实践的事情，是社会的素质，那么英国人确实是世界上最文明的人"②，"文明程度的提高，这是工业中一切改进的无可争议的结果"③。因此，文明关系到人的自我完善，物质生产进步及建立在此基础上的政治文明、精神文明、社会文明及生态文明等的全面发展进步。恩格斯指出："自由就在于根据对自然界的必然性的认识来支配我们自己和外部自然；因此它必然是历史发展的产物。最初的、从动物界分离出来的人，在一切本质方面是和动物本身一样不自由的；但是文化上的每一个进步，都是迈向自由的一步。"④同时，资本文明进步是建立在阶级对立基础上的，阻碍了人的自由发展，会被新的文明形态所否定："人类分解为一大堆孤立的、互相排斥的原子，这种情况本身就是一切同业公会利益、民族利益以及一切特殊利益的消灭，是人类走向自由的自主联合以前必经的最后阶段。人，如果正像他现在接近于要做的那样，要重新回到自身，那么通过金钱的统治而完成外在化，就是必由之路。"⑤

马克思也认为文明是与物质生产的发展联系在一起的："文明的一切进步"就是"社会生产力的一切增长"⑥。由于阶级对立的存在，包括资本主义文明在内的文明进步是与对抗、对立密不可分的。"当文明一开始的时候，生产就开始建立在级别、等级和阶级的对抗上，最后建立在积

① 叶南客主编：《社会主义核心价值观研究丛书·文明篇》，南京：江苏人民出版社，2015年，第15页。

②《马克思恩格斯文集》第1卷，北京：人民出版社，2009年，第97页。

③《马克思恩格斯文集》第1卷，北京：人民出版社，2009年，第102页。

④《马克思恩格斯文集》第9卷，北京：人民出版社，2009年，第120页。

⑤《马克思恩格斯文集》第1卷，北京：人民出版社，2009年，第95页。

⑥《马克思恩格斯全集》第30卷，北京：人民出版社，1995年，第267页。

累的劳动和直接的劳动的对抗上。没有对抗就没有进步。这是文明直到今天所遵循的规律。"①

马克思着重揭示了工业文明条件下工人进行的劳动即异化劳动对人的自由自觉活动需要的破坏："劳动对工人来说是外在的东西，也就是说，不属于他的本质；因此，他在自己的劳动中不是肯定自己，而是否定自己，不是感到幸福，而是感到不幸，不是自由地发挥自己的体力和智力，而是使自己的肉体受折磨、精神遭摧残。因此，工人只有在劳动之外才感到自在，而在劳动中则感到不自在，他在不劳动时觉得舒畅，而在劳动时就觉得不舒畅。因此，他的劳动不是自愿的劳动，而是被迫的强制劳动。因此，这种劳动不是满足一种需要，而只是满足劳动以外的那些需要的一种手段。劳动的异己性完全表现在：只要肉体的强制或其他强制一停止，人们就会像逃避瘟疫那样逃避劳动。外在的劳动，人在其中使自己外化的劳动，是一种自我牺牲、自我折磨的劳动。"②由此，马克思指出必须通过改变不合理的资本主义生产关系以消除外化劳动、异化劳动，推动人类文明的进步："为了不致失掉文明的果实，人们在他们的交往方式不再适合于既得的生产力时，就不得不改变他们继承下来的一切社会形式。"③

可见，文明是指随着生产力的发展，人类社会在经济、政治、文化、社会、生态文明、国际关系乃至人的发展等各个领域不断进步的过程和状态，是将人与动物相区分同时又将人与人相联系的一系列的准则，其核心是为维护社会秩序而人为规定的各种制度，是指处理人与人、人与社会及人与自然关系时所遵循的制度安排、发展理念、价值取向及道德律令。文明既包括国家的软实力，又包括国民的基本素质，与每个人都息息相关。人人都希望生活在人与人、人与社会及人与自然关系和谐的文明形态中。随着人们对美好生活要求的提高，生产方式以及与之相适应的生存方式的改变，文明形态也面临转型升级。"'文明'不单纯是地理、种族、宗教、语言意义上的范畴，而是指人类在实践中实现自身的本质力量，所创造的物质文化、制度文化与精神文化的总和，是特定历史阶段的经济结构、政治结构和文化精神的综合形态。"[①]人创造了文明，文明也在塑造人，人只有通过自身的实践活动才能不断推进文明的进步，正如马克思所指出的"环境的改变和人的活动或自我改变的一致，只能被看做是并合理地理解为革命的实践"[②]。

文明是人们在应对外来挑战时，为了实现自我保存而采取的共同的行为准则。在人类社会早期，猛兽的袭击、疾病的肆虐、自然灾害的发生、食物的缺乏、恶劣的气候条件等都严重威胁着刚从动物界脱离出来的人类祖先。"自然界起初是作为一种完全异己的、有无限威力的和不可制服的力量与人们对立的，人们同自然界的关系完全像动物同自然界的关系一样，人们就像牲畜一样慑服于自然界，因而，这是对自然界的一种纯粹动物式的意识（自然宗教）。"[③]因此，人们不得不团结在一起，形成各个氏族、部落及民族，来共同应对各种挑战。据此，汤因比提出了文明起源的"挑战—应战"说。汤因比认定，文明的起源既不由于种族的因素也不由于地理环境的因素，而是由两个条件的一种特定结合所造成的。第一个条件是这个社会里要有具有创造力的少数人，另一个条件是那里的环境既不太有利也不太不利。只有这样，互相交替的挑战与应战——文明的诞生活动才得以进行。

"文明"是社会主义核心价值观的一项重要内容。探究传统中国文明的基本特征，诠解新型中国文明之构建及人类意义，有助于不断提升人们对社会主义核心价值观的理性认同、情感认同，进而推进以此为基础

① 景崇：《对西方文明的一种探究——〈西欧文明〉简介》，《国外社会科学》2003年第1期。

②《马克思恩格斯文集》第1卷，北京：人民出版社，2009年，第500页。

③ 马克思、恩格斯：《德意志意识形态（节选本）》，中央编译局编译，北京：人民出版社，2003年，第25—26页。

的行为认同。

二、文明与文化的区别与联系

"文化"一词来源于《易经》。先秦时代,《易经》的"贲卦、象传"中,开始将"文"与"化"连缀使用:"观乎天文以察时变,观乎人文以化成天下。"这里,"天文"指自然规律,"人文"指人伦规范。"所谓'观乎人文以化成天下',唐代孔颖达疏:'言圣人观察人文,则诗书礼乐之谓,当法此教而化成天下也'(见《十三经注疏》)。西汉以后,文献中正式出现了'文化'一词,如刘向在《说苑·指武》中说:'凡武之兴,为不服也;文化不改,然后加诛。'《文选》中,束皙的《补亡传》中,有'文化内辑,武功外悠'的诗句;南齐王融的《三月三日曲水诗序》有'设神理以景俗,敷文化以柔远'句。这些,主要是在与武力征服相对应的文治与教化的意义上使用'文化'一词的。"①可见,在中国古代,"文化"一词是相对于"自然"状态而言的,侧重于后天人为的教化。

相比较而言,文明侧重于社会的整体的进步状态,是指与社会生产力发展水平相一致的阶段,如农业文明、工业文明等。文化则不同,它是同一文明形态条件下的各种不同的人为的程序和为人的取向,如虽然同属于农业文明,儒家文化与道家文化之间有着很大的不同。在个人层面,文化指人们拥有的知识,文明则是指人们的素质和修养,有文化不等于有教养。"人类文化是平等的,各种文化都有存在的权利与必要。但文化的终极目的不是文化本身,而是文明,是全社会文明素质的提高。"②

中国儒家思想中,文化具有以文德化育之意,是教化的意思,侧重

① 张鸣年:《"文化"与"文明"内涵索解与界定》,《安徽大学学报》(哲学社会科学版)2003年第4期。

② 李艳艳、朱继东:《西方文明中心论的演变、本质和应对》,《国外社会科学》2012年第4期。

的是人的境界的提升与人伦关系的和谐。而道家文化更注重超越所有世俗的界限，真正做到"万物一体"。

儒家和道家强调的重点都在于"化"字，只不过儒家更注重"人化"，强调人文化育，提倡通过提升人文修养，打通人与人、人与社会、人与自然之间的壁垒，达到人、社会、自然和谐共处的文明境界。而道家注重"物化"，以物化人，人应放弃不应有的、过多的人为干涉，要像动物一样无拘无束地生活，通过清静无为、回归自然等来实现人与自然和谐共生，达到"天地与我并生，而万物与我为一"的逍遥境界。

除此之外，儒家和道家所追求的人的最高发展境界也有着明显的区别。在儒家看来，作为一个顶天立地的人，必须养浩然之气，舍生取义，奋发向上，"修己以安百姓"（《论语·宪问》）。儒家所追求的人生理想是"老者安之，朋友信之，少者怀之"（《论语·公冶长》），即集体或他人的利益至上，必要时要牺牲小我，成就大我。而道家注重的是超脱，要不断打破束缚自己的名利、得失与各种是非非，达到"至人"的境界："至人神矣！大泽焚而不能热，河汉沍而不能寒，疾雷破山而不能伤，飘风振海而不能惊。若然者，乘云气，骑日月，而游乎四海之外。死生无变于己，而况利害之端乎！"（《庄子·齐物论》）"至人无己，神人无功，圣人无名"（《庄子·逍遥游》）。

儒家文化与道家文化同属中华文明这个大家族，是中华古老文明的象征。因此，文化具有多样性、丰富性、个体性，而文明则是众多文化形态所表现出来的价值观、思维方式等。

亨廷顿在《文明的冲突》中指出："文明是放大了的文化。它们都包括'价值观、准则、体制和在一个既定社会中历代人赋予了头等重要性的思维模式'。"[①] "一个文明是一个最广泛的文化实体……因此，文明是对人最高的文化归类，是人们文化认同的最广范围，人类以此与其他物种相区别。"[②]他认为，全球政治的主要的和最危险的方面将是不同文明

① 亨廷顿:《文明的冲突》,周琪译,北京:新华出版社,2017年,第25—26页。

② 亨廷顿:《文明的冲突》,周琪译,北京:新华出版社,2017年,第27页。

之间的冲突。

斯宾格勒则认为，文化一旦发展到文明阶段，形式便被破坏，表现为无内在形式的生存，意味着停滞不前，无法再发展了。"在我看来，每一种文化都有它自身的文明，每一种文化都按照生老病死有机地发展，这个逻辑的结果、完成和终局就是文明，文明可以视为文化的必然命运。文明是人性充分得到发展之后渐趋衰落的状态，是继生成之物以后的已成之物阶段，是生命完结之后的死亡，或者扩张之后的僵化。它意味着一种不可逆转的终结。而且，由于其内在的必然性，它会呈现出循环往复的特点。简而言之，文明是文化衰落的阶段，而不是文化成熟的阶段。"①他与亨廷顿观点的相同之处在于都看到了文明与文化的区别及文明对于人类社会的重要性，但又都忽视了不同文明之间的交流融通对于促进文明发展的重要性。

在当代视域中，文化与文明之间的区别是显而易见的。"文化与文明的客体虽然都是指物质财富和精神财富的总和，即人化世界，但是所指是截然不同的：文化是指'人化'，文明是指'进化'。'人化'既包括对自然也包括对自身的影响和影响力；'进化'却是对'人化'的进程和成果以及在此过程中所达到的新的高度的认可。可以说，文化是一种主客观性的存在，而文明却是对这种主客观存在的一种历史性的价值判断和取舍。"②因此，相对于文化而言，文明强调一个国家、民族及个人通过努力而取得的多方面的成就。

因此，"一个文明的崛起应是由内而外的，先有民族精神的孕育，然后是宗教信仰或者哲学运动的产生，尔后才是新的政治、法律、道德以及科学思想体系的出现，再发展到技术、操作体系的优化，社会秩序的变革、健全，最后才是经济的繁荣。其中的人文精神和核心价值观念是最原初的民族精神，是人类进行创造的内在动力、力量源泉，也是道德

① 斯宾格勒：《西方的没落》，韩炯编译，北京：北京出版社，2008年，第8—9页。
② 任丽梅：《"文化"与"文明"内涵的马克思主义解读与时代要求》，《学术论坛》2016年第8期。

文明规范的向心力、凝聚力的源泉，更是意识形态领域竞争力、软实力的源泉"①。可见，对于一种文明的进步而言，文化自觉与文化创新是更深层次、更具持久性的力量，"文化兴国运兴、文化强民族强"。而"核心价值观直接表现为社会文明的发展方式和方向，实质又是一种道德文化力量，其形成和发展从属于文化发展规律"②。因此，不断提升社会主义核心价值观的社会认同感，在全社会形成尊崇社会主义核心价值观、践行社会主义核心价值观的良好氛围，推进社会主义文化事业的繁荣兴盛，可以为新型中国文明的发展提供强大凝聚力和引领力。

第二节　西方工业文明的困境及其根源

一、西方工业文明的困境

以资本化、科技化、理性化等为标志的西方工业文明自产生之日起，就给人类社会带来了巨大变化——物质财富获得了极大增长，然而其片面追求物质增长的弊端也日渐凸显，使人类文明发展陷入了难以轻易走出的困境。马克思、恩格斯在批判继承黑格尔、费尔巴哈等思想的基础上，从人的感性物质活动出发，以生态实践观观照人的生存状况，指出工业文明迅速发展，资本逻辑占绝对统治地位，造成人与人、国家与国家及城乡之间的对立："大工业创造了交通工具和现代的世界市场，控制了商业，把所有的资本都变为工业资本，从而使流通加速（货币制度得到发展）、资本集中。大工业通过普遍的竞争迫使所有个人的全部精力处于高度紧张状态……它首次开创了世界历史，因为它使每个文明国家以及这些国家中的每一个人的需要的满足都依赖于整个世界，因为它消灭

---

① 任丽梅:《"文化"与"文明"内涵的马克思主义解读与时代要求》,《学术论坛》2016年第8期。

② 任丽梅:《"文化"与"文明"内涵的马克思主义解读与时代要求》,《学术论坛》2016年第8期。

了各国以往自然形成的闭关自守的状态。它使自然科学从属于资本，并使分工丧失了自己自然形成的性质的最后一点假象。它把自然形成的性质一概消灭掉（只要在劳动的范围内有可能做到这一点），它还把所有自然形成的关系变成货币的关系。它建立了现代的大工业城市——它们的出现如雨后春笋——来代替自然形成的城市。凡是它渗入的地方，它就破坏手工业和工业的一切旧阶段。它使城市最终战胜了乡村。"①

在《共产党宣言》等著作中，他们揭示了西方工业文明条件下追求资本增殖的实践活动的非生态性主要表现在四个方面：物质生产实践的对立性、政治实践活动的对抗性、人的发展的不全面性及世界发展的不平等性。

第一，资本主义社会物质生产实践的对立性。马克思、恩格斯指出，资本主义的物质生产是建立在资本利益至上基础上的，目的是资本增殖，资本逻辑是资本主义社会阶级利益固化的根源，资本主义私人占有制度不可能实现根本改变。相反，这种物质生产实践只能导致资本主义社会生产力与生产关系之间的对立加深，"因为社会上文明过度，生活资料太多，工业和商业太发达。社会所拥有的生产力已经不能再促进资产阶级文明和资产阶级所有制关系的发展；相反，生产力已经强大到这种关系所不能适应的地步，它已经受到这种关系的阻碍；而它一着手克服这种障碍，就使整个资产阶级社会陷入混乱，就使资产阶级所有制的存在受到威胁。资产阶级的关系已经太狭窄了，再容纳不了它本身所造成的财富了"②。这里的"文明过度"，并不是指绝对过度，而是指建立在资本主义所有制基础上的物质生产相对于劳动人民不断下降的购买能力的过度。这种过度必然造成物质生产能力过剩和劳动人民实际需求能力的下降，最终导致经济危机的发生，进而使社会生产遭受极大的破坏。因此，西方工业文明条件下的物质生产是不均衡的、畸形的、片面的，因而是

---

① 《马克思恩格斯文集》第1卷，北京：人民出版社，2009年，第566页。

② 马克思、恩格斯：《共产党宣言》，中央编译局编译，北京：人民出版社，2014年，第33页。

非生态性的。

在当代资本逻辑的推动下，科学技术得到迅猛发展，人们利用自然的深度和广度不断扩大，人类得到了越来越多的商品，但又造成了严重的生态困境。受马克思、恩格斯生态实践思想的影响，生态马克思主义者认为当代西方资本主义国家的危机形式已经从经济危机转向了生态危机。由于资源的有限性，资本主义社会是无法实现持续增长的，相反，规模越来越大的生产会不断加重业已存在的生态危机。奥康纳指出："因为资本主义生产关系所采用的技术类型及其使用方式使得自然以及其他的一些生产条件发生退化，所以资本主义生产关系具有一种自我毁灭的趋势。"①这说明尽管当代资本主义社会创造了工业的繁荣和物质的相对富裕，但是改变不了利益固化问题，必然造成经济危机、生态危机等的交替爆发，这已经成为当代西方社会的痼疾。

第二，资本主义社会政治实践活动的对抗性。马克思、恩格斯用大量犀利的语言揭示了仅仅追求资本增殖、资本利益至上的资本主义非生态实践活动造成的资产阶级与无产阶级之间的对抗，指出资产阶级巨大的物质财富的积累是以无产阶级生存状况的恶化为代价的。"现代的工人却相反，他们并不是随着工业的进步而上升，而是越来越降到本阶级的生存条件下。工人变成赤贫者，贫困比人口和财富增长得还要快……资产阶级不能统治下去了，因为它甚至不能保证自己的奴隶维持奴隶的生活，因为它不得不让自己的奴隶落到不能养活它反而要它来养活的地步。社会再也不能在它的统治下生存下去了，就是说，它的生存不再同社会相容了。"②因此，无产阶级不得不起来反抗资本主义制度。从可能性角度来说，大工业的发展"使工人通过结社而达到的革命联合代替了他们

---

① 奥康纳：《自然的理由：生态学马克思主义研究》，唐正东、臧佩洪译，南京：南京大学出版社，2003年，第331页。

② 马克思、恩格斯：《共产党宣言》，中央编译局编译，北京：人民出版社，2014年，第39—40页。

由于竞争而造成的分散状态"①。这样，由于资本主义私人占有制度仅仅维护资产者的利益，根本不顾无产阶级的生存状况，结果就是它自掘坟墓，促使无产阶级起来推翻不合理的社会制度，以消除非生态实践产生的根源。

生态马克思主义的研究表明，在当代，资本主义社会政治实践活动的对抗性表现为全球生态正义的缺失所造成的国家之间的矛盾。发达国家将大量污染性企业转向发展中国家，使得这些国家的空气、水、土壤、农作物等都受到严重污染，生态危机频发，生态难民的数量不断增加，很多人因此得病，又由于无钱医治而死去。而发达国家却因对污染企业进行严格控制而享有良好的生态环境，富人们将环境优美的地方圈起来，独自享受。福斯特认为：资本主义制度以其无限度地将人类的生产性能源、土地、定型的环境和地球本身建立的生态予以商品化倾向，进一步加强了全球资本主义的主要权力关系②。因此，资本逻辑是全球特别是发展中国家生态环境不断恶化的根源，也是当今世界持续动荡不安的根源。

第三，资本主义私人占有制度条件下人的发展的不全面性。马克思、恩格斯揭示了资本主义大工业的发展对传统产业产生的巨大冲击及对人的生存方式的巨大影响。在资本增殖的目的驱使下，资本主义社会物质财富极大丰富，但与之形成巨大对照的是社会精神生产的萎缩、道德水平的下降及社会关系的冷漠。人与人之间的关系物化，人成为可以用金钱来衡量的商品。人们的情感活动"淹没在利己主义打算的冰水之中"。在资本眼中，只存在赚钱的对象或剥削的对象，"它用公开的、无耻的、直接的、露骨的剥削代替了由宗教幻想和政治幻想掩盖着的剥削"③。"在这种占有下，工人仅仅为增殖资本而活着，只有在统治阶级的利益需

---

① 马克思、恩格斯：《共产党宣言》，中央编译局编译，北京：人民出版社，2014年，第40页。

② 福斯特：《生态危机与资本主义》，耿建新、宋兴无译，上海：上海译文出版社，2006年，第97—98页。

③ 马克思、恩格斯：《共产党宣言》，中央编译局编译，北京：人民出版社，2014年，第30页。

要他活着的时候才能活着"①，人与人、人与社会、人与自然之间亲密无间、和谐共存的基础被破坏了，广大劳动人民沦为资本增殖的工具，自身权益根本得不到保障，底层人民的生活状况尤其恶劣。生产者被剥夺了生产资料，生产的产品不归自己支配，而是被作为商品运送到市场上出售，如果他想拥有这些商品，只能通过出售自己的劳动，为资本服务。资本、商品本来是无产者自己的劳动成果，现在却反过来成为统治自己的力量，这是他无法选择的命运。

在当代，资本为了追求增殖被大量投入科技创新当中，随着科技理性的不断渗透，人的发展的片面性表现为人越来越沦为科技的奴隶，同时随着资本运作下的大众文化和消费文化的流行，人们不再进行批判性反思，只是被动接受现实，不再思考崇高、奉献之类的问题，而是在习惯于嬉戏中过平面化的生活。马尔库塞在《单向度的人：发达工业社会意识形态研究》中深刻揭示了科技作为一种意识形态对人的统治："今天，这一私人空间已被技术现实所侵占和削弱……个人同他的社会、进而同整个社会所达到的直接的一致化。这种直接的、自动化的一致化过程……再现在高度的工业文明之中。"②这种直接的、自动化的一致化过程，表明由于科技异化及全方位渗透，当代发达工业社会的异化已是全面的、总体的异化。人完全成为单向度的人，社会则成为丧失批判和否定向度的单向度的社会。

第四，世界发展的不平等性。资本主义社会实践活动的非生态性不仅表现为对国内阶级关系的影响，也表现为造成了全球范围的不平等发展。为了开辟新的市场，资产阶级奔走于全球各地，到处建立联系，这种联系不是出于落后国家的自愿，而是所谓文明国家借助廉价商品的倾销对落后国家的掠夺和征服。"它迫使一切民族——如果它们不想灭亡的话——采用资产阶级的生产方式；它迫使它们在自己那里推行所谓的文

---

①《马克思恩格斯文集》第2卷，北京：人民出版社，2009年，第46页。

② 马尔库塞：《单向度的人：发达工业社会意识形态研究》，刘继译，上海：上海译文出版社，2008年，第10页。

明，即变为资产者。一句话，它按照自己的面貌为自己创造出一个世界。"①这种依附式发展导致外围落后国家对中心发达国家的从属和依赖，沦为发达国家任意支配的工具，无法获得自主发展。资本主义大工业的发展是世界历史形成的动力。但是，资本主义为达到资本增殖之目的，大肆宣扬西方中心主义，推行文化殖民和霸权，根本忽视民族之间的文化交流和融合，因此，不仅在经济上而且在政治、文化上造成东方对西方的依附，"它尽可能地消灭意识形态、宗教、道德等等，而在它无法做到这一点的地方，它就把它们变成赤裸裸的谎言"②。由于资本文明的侵蚀，非西方民族国家的文化日益衰落，在经济全球化的冲击下，其发展处于日益艰难的境地。同时，由于西方各工业国都以资本增殖为目标，所以各国之间只有残酷的竞争关系，"新发现的土地的殖民地化，又助长了各国之间的商业斗争，因而使这种斗争变得更加广泛和更加残酷了"③。这种竞争从根本上破坏了各国平等发展的基础，加剧了世界发展的不平等性。

依附论和世界体系理论等揭示出当代发达资本主义国家仍竭力维护"中心""边缘""半边缘"的不平等的经济结构和政治秩序，利用自身优势，从世界各地攫取财富，企图把发展中国家永远变成他们的原料供应地、廉价劳动力市场和产品倾销市场。"在边缘国家，从生产和其他金融资源中所获得的利润被中心国家剥夺，以致为现代化积累充分的资本是不可能的。"④

---

① 马克思、恩格斯：《共产党宣言》，中央编译局编译，北京：人民出版社，2014年，第32页。

②《马克思恩格斯选集》第1卷，北京：人民出版社，1995年，第114页。

③《马克思恩格斯选集》第1卷，北京：人民出版社，1995年，第110页。

④ 马蒂内利：《全球现代化——重思现代性事业》，李国武译，北京：商务印书馆，2010年，第114页。

二、西方工业文明陷入困境的根源

关于西方工业文明陷入困境的根源，许多学者从不同视角进行了分析。学者发现导致西方工业文明陷入困境的根源在于以主客二分、二元对立、矛盾斗争为特质的西方哲学思维及与之相一致的物质主义、极端个人主义、西方中心主义价值观。

首先，重物质利益、轻精神价值的物质主义价值观。英国思想家卡莱尔指出，以追求金钱、资本增殖为动力的资本文明导致了人与人之间关系的冷漠："我只知道一件事：在这世上，人与人的关系绝不是唯有通过现金交易才能得以长久维持。不论何时，只要以自由放任、竞争和供求关系的哲学来说明人与人之间的关系，那么这种关系也就不会长久了……真理、理想与崇高的事物都惨死在这种哲学里，唯有赤裸裸的毫无生命力的利己主义和贪得无厌的欲望存在，但它们也将不可避免地为宇宙所淘汰。"[①]因此，西方工业文明在促进经济增长等方面是比较成功的，它将人的各种欲望，尤其是追求金钱的欲望不断激发出来，人们不惜代价地满足自己的欲望，将与人的生命息息相关的意义、价值、信仰及德行等问题都抛之脑外。其必然结果是当代经济社会的发展日益失衡，社会竞争加剧，人与人、人与社会、人与自然乃至国与国、文明与文明等之间的关系日趋紧张。

马克思、恩格斯首次从唯物史观的高度分析了西方工业文明在推动资本主义世界历史形成、发展中的重要作用，同时揭示了"金钱至上"文明的片面性、狭隘性及被新的文明所替代的必然性。一方面西方工业文明极大地促进了生产力发展，大规模的机器生产代替了传统的小农经济生产，推翻了封建专制制度的统治，打破了不同民族之间相互割裂、交流不畅的状况，开拓了全球市场，将整个世界变成了一个相互联系的统一整体；但另一方面随着传统共同体被打破，人的依赖关系被以物的

---

① 卡莱尔：《文明的忧思》，郭凤彩译，北京：金城出版社，2011年，第35—36页。

依赖关系为基础的人的独立性所代替。人沦为物的奴隶，因此只具有片面的独立性。工业文明是以资本为载体的，见物不见人，社会财富不断增长的同时是人的精神价值的失落。资本主义社会是金钱至上的社会，社会的一切都变成商品，都可以用金钱来交换。马克思、恩格斯认为，资本主义"使人与人之间除了赤裸裸的利害关系，除了冷酷无情的'现金交易'，就再也没有任何别的联系了"①。在资本主义制度下，私有财产神圣不可侵犯，"金钱"（以资本、工厂、机器等为表现形式）具有决定一切的力量，构成一切事物的"普遍价值"。这样一来，不能不让人对金钱顶礼膜拜，产生所谓"金钱拜物教"。这就导致了包括神在内的一切被人崇拜的东西的退位，导致了金钱本体地位的确立。在金钱面前，"一切神都要退位。金钱贬低了人所崇奉的一切神，并把一切神都变成商品。金钱是一切事物的普遍的、独立自在的价值。因此它剥夺了整个世界——人的世界和自然界——固有的价值。金钱是人的劳动和人的存在的同人相异化的本质；这种异己的本质统治了人，而人则向它顶礼膜拜"②。西方马克思主义者霍克海默、阿多尔诺、马尔库塞、哈贝马斯等继承了马克思的工业文明批判精神，深刻指出工业社会与资本勾连的理性主义危机，认为自启蒙运动以来，理性特别是技术理性越来越成为控制人、统治人的异化力量，并且导致社会与人的发展的失控。

其次，重个体利益、轻集体利益的极端个人主义价值观。个人主义价值观是西方启蒙运动以来现代性的重要支柱之一，个人主义在批判宗教神学对个体的压抑、激发个体创造力等方面起到了极大的作用。而西方自由主义思想家将个人主义的作用片面夸大，形成了极端个人主义价值观，并将它作为批判、谴责集体主义原则的工具。新自由主义思潮的代表人物弗里德里希·奥古斯特·哈耶克在他的代表作《通往奴役之路》中，极力为个人主义、自由主义辩护，片面夸大社会主义发展历程中的

① 马克思、恩格斯:《共产党宣言》,中央编译局编译,北京:人民出版社,2014年,第30页。

②《马克思恩格斯文集》第1卷,北京:人民出版社,2009年,第52页。

失误，分析了他自认为站得住脚的集体主义、社会主义的弊端。"集体主义者哲学的内在矛盾之一是，虽然它将自身建筑在个人主义所发展起来的人本主义道德基础之上，但它只能够在一个比较小的范围里行得通。社会主义只有停留在理论的层面上时，它才是国际主义的，但一经付诸实施，无论是在德国还是在俄国，它就马上会变成强烈的民族主义。这就从一个方面说明了西方世界大多数人所想象的那种'自由社会主义'何以是纯理论的，而各处实行的社会主义为什么却是极权主义的。集体主义不能容纳自由主义那博大的人道主义，它只能容纳极权主义的狭隘的门户之见。"①在这里，哈耶克将集体与个体对立起来，将集体主义等同于极权主义、极端民族主义，片面强调集体利益与个人利益的区别，看不到集体主义精神是建立在充分尊重个人利益、保护个人利益及实现个人利益的基础上的，离开了集体个人就失去了发挥作用的条件与保障。

在当代，随着经济社会的发展和竞争的日趋激烈，标榜个体至上、私有财产神圣不可侵犯等原则的极端个人主义价值观，"引发了一系列人与社会、人与自我之间的矛盾冲突，使现代性问题在个体身上得以集中体现出来……个体由于丧失了社会有机体的和谐，成为莱布尼兹所说的'单子'存在，注定了存在主义的精神焦虑与孤立无援状态，仿佛被抛入此世，孤独、烦、畏，还有无法得以自我解脱的死。这种孤独的个体注定要承受存在主义生存焦虑与虚无主义精神困境的现代命运。既然是坚持个人主义的信条，那么一切抉择都得自己负责，自我成为自己唯一可靠的上帝，没有任何外部的权威，不存在任何值得信仰和敬畏的超越存在，生命必然处于孤苦无告的窘境。现代人在精神方面的困惑，直接由这种脱离人与人、人与自然、人与信仰的永恒联系的个体主义的极端化导致"②。

---

① 哈耶克：《通往奴役之路》，王明毅、冯兴元等译，北京：中国社会科学出版社，1997年，第135—136页。

② 漆思：《现代性的命运——现代社会发展理念批判与创新》，北京：中国社会科学出版社，2005年，第170—171页。

最后，重西方国家利益、轻非西方国家利益的西方中心主义价值观。伴随着工业革命的发生和资本主义世界市场的开辟，西方被认为是文明的象征，西方之外的民族被认为是野蛮的。事实上，发达国家正是通过对殖民地赤裸裸的掠夺才积累了大量的财富。正如马克思所指出的："资本来到世间，从头到脚，每个毛孔都滴着血和肮脏的东西。"①在资本主义文明的强力推动下，不平等的国际政治经济秩序得以确立。"随着西方资本主义国家的快速发展，以及随之而来形成的霸权地位，西方发达国家逐渐在制度和文化方面形成了优越感，'西方中心论'由此应运而生。'西方中心论'是西方通过殖民化全球后逐步形成的一种优等心理，是对人类文明、文化和历史的误解。在'西方中心论'看来，西方是世界的中心，西方文明和文化是世界上最优秀的文明和文化，高于、优于非西方文明和非西方文化，人类的历史围绕西方文明和西方文化展开，西方文明和西方文化的特征或价值具有普遍性，代表着非西方国家和民族的未来发展方向，世界各国的现代化道路只有一条，西方的道路就是世界的普遍道路。在西方国家眼中，'全球化就是西方化'，世界其他地区的国家和民族理所当然地应当遵从西方标准。"②

英国历史学家汤因比对根深蒂固的西方中心主义价值观进行了反思，"当我们西方人称呼一些人是'土著'的时候，我们就在我们对他们的看法中暗中剔除了文化的色彩。我们把他们看作是在当地大量孳生的野兽，我们只是在那里恰好碰到了他们，如同碰到了当地的部分动植物一样，而没有把他们看成与我们一样具有各种情感的人。只要我们将他们视为'土著'，我们就可以消灭他们，或者更有可能像今天这样驯化他们，并真诚地（大概并非全然错误地）认为，我们正在改良品种，但我们却从一开始就没有理解他们。除了由于西方文明在物质领域所取得的世界性成功而产生的错觉之外，对历史统一性的误解——包括这样一种假设，即只有我们自己的西方文明一条河流，所有其他河流要么是它的支流，

① 马克思：《资本论》第1卷，北京：人民出版社，2004年，第871页。

② 李建国：《马克思主义视野下的"西方中心论"》，《思想教育研究》2017年第4期。

要么就是消失在沙漠中的内陆河——还可以追溯到三个来源：自我中心的错觉，'东方不变'的错觉，进步是直线运动的错觉"①。在西方文明占主导地位的时间里，西方中心主义价值观与西方优越论、西方优先论等密切结合在一起，向世界各地传播，导致不合理、不公正的国际政治经济秩序的形成与固化，也使"文明冲突论"甚嚣尘上。

西方中心主义者对非西方国家特别是中国的快速发展持忧虑态度。哈佛大学商学院教授尼尔·弗格森提出了"Chinamerica"的概念，主张中美共生发展。具体来说，"中国责任论"要求中国在经济、政治、文化、军事、外交等各方面向美国负责、向美国模式靠拢，要求中国主动配合美国来共同维护美国主导的世界秩序。这种文明观显然表露了西方中心主义的情感②。这种所谓的"中国责任论"正表明了美国企图主宰世界的想法。实际上，各种文明都应拥有平等参与国际事务的权利，而不应在所谓"文明优先论"的论调下丧失发展机遇。

可见，以资本增殖为驱动力，崇尚西方国家利益高于非西方国家利益、个体利益高于集体利益、物质利益高于精神价值的西方工业文明，其与生俱来的非生态性导致其只能做到使物质财富不断增长，在促进人与人、人与社会、人与自然之间和谐相处的生态文明及生态社会的构建方面则显得无能为力。而在经济全球化的背景下，人类共同面对重大疫情、恐怖主义、跨国犯罪、全球环境恶化等问题，需要打破仅仅追求资本增殖的逻辑的支配，打破国家、民族及文明之间的人为的藩篱，跳出"主客对立论"、"发展至上论"和传统工业文明模式的束缚，以全球化视野、国际性合作来构建新的有利于人与人、人与社会、人与自然和谐相处的文明形态。

---

① 汤因比：《历史研究》上卷，郭小凌等译，上海：上海人民出版社，2010年，第39页。
② 李艳艳：《马克思主义文明理论及其当代价值》，北京：人民出版社，2017年，第7页。

第三节　当代人类文明的转型诉求

当今世界，不同国家、民族及文明间的交往日益加深，全球性挑战也在不断增加。"人们应超越社会制度和意识形态分歧，在不同程度上突破民族、国家利益的制约，意识到人类所应共同承担的责任，从全球视野认识和考察各行为体之间的关系和整个人类社会生存和发展的共同利益。坚持从各国人民共同利益和本国利益相统一的角度出发，谋求共赢，应成为当今世界各国利益原则的基本内容。人类所面临的全球性问题单靠一国的力量是无法解决的，因此，各国应加强在诸如自然灾害防治、传染病控制等项目中的广泛合作，而这些无疑都将极大地促进全球交往的发展。"①也就是说，我们需要超越狭隘的国家、地域、民族的界限，树立全球意识及与之相适应的新型文明理念。

首先，从强调对立、对抗转向强调合作、和谐。随着经济的发展，科技的进步，人类改造自然界的力量空前强大，然而，自然界对人类的报复也变得更加猛烈。自然灾害频发、气候反常、病毒肆虐、资源枯竭等各种全球性问题接踵而至，像过去一样单靠某一个国家来解决问题的想法无疑太天真了。只有集全球之力共同面对，才能战胜来自各方面的挑战。文明就是在不断地应对各种挑战的过程中实现进步的，成功地应对挑战是文明进步的必要条件。

中华文明历来重视合作、和谐，主张宽以待人，在灾难面前团结一致，这些思想包含着人类文明转型的方向。"君子和而不同，小人同而不和"（《论语·子路》），"樊迟问仁。子曰：'爱人'"（《论语·颜渊》），"博学于文，约之以礼，亦可以弗畔矣夫"《论语·颜渊》，"子曰：'志士仁人，无求生以害仁，有杀身以成仁'"（《论语·卫灵公》）等思想，表明了中华民族与人为善、爱好和平的精神品质。

---

① 方芳:《马克思世界历史性思想与中国特色社会主义》,芜湖:安徽师范大学出版社,2014年,第33页。

其次，从重物质利益转向重精神品质。在重物质利益的文明观的指导下，人们的欲望被一次次激发出来："在今天的思想家对于所谓的机械化进步的态度里，我们觉察到了一种变化，赞美中开始掺杂着批判，沾沾自喜已经让位于怀疑，怀疑正在变成惊恐，出现了茫然困惑的情绪，就像一个人走了很长的路猛然发现走错了方向似的。回头不可能，但他应该怎样前进呢？如果他继续沿着这条路或别的路一直走下去，他将走向哪里呢？因此，可以原谅的是，一个老应用机械发明者站在旁边，正在以无法控制的喜悦之情欣赏着那些发现和发明席卷一切的壮观场面的时候，突然感到某种理想破灭了，但是人们仍然还会继续询问：这种巨大的进步将走向何方？它的目标究竟是什么？它可能会给人类的未来带来怎样的影响？"[①]在无限追求经济利益的动机支配下，由于缺乏强有力的宏观调控的措施，结果必然是各种危机的爆发。"资本主义的历史一直被描绘成经济扩张被各种危机打断或各种危机伴随经济扩张一起出现的历史。这些危机产生主要是因为缺乏能够将资本的单个目标协调为共同的社会需求的机制。市场机制，尽管具有非常高的资源配置效率，但不足以遏制典型的资本主义问题，如经济衰退、通胀、收入分配不均、公共和私人供应不均衡、人口的'外部性'，等等，事实上，市场机制正是这些问题的根源。这些问题持续存在为马克思分析的基本逻辑提供了大量的证明，因为资本主义的这些无政府状态特征是从该制度最深层次的社会和历史特征中推断出来的，而不是从间接的意外事件中推断出来的。"[②]

西方工业文明这种对外在财富的无止境的欲望使人们感到不知何处才是尽头，不知意义何在。相反，对于精神品质的追求，却会给人以愉悦之情。儒家认为，要时时刻刻关注人的精神追求及思想境界的提高。

① 汤因比：《历史研究》上卷，郭小凌等译，上海：上海人民出版社，2010年，第205页。

② 海尔布隆纳：《马克思主义：支持与反对》，马林梅译，北京：东方出版社，2014年，第96页。

孔子说："饭疏食，饮水，曲肱而枕之，乐亦在其中矣！不义而富且贵，于我如浮云"（《论语·述而》），"士志于道，而耻恶衣恶食者，未足与议也"（《论语·里仁》），"君子怀德，小人怀土；君子怀刑，小人怀惠"（《论语·里仁》）。物质利益是第二位的，而对真理、对道义的追求是第一位的，只要获得了真理与道义，就可以获得无限的乐趣，超过了仅仅获得物质财富的快乐。在当代，随着人类开发自然的节奏加快，自然资源被大量消耗，人类必须控制自己的行为，而不能过度地去占有自然资源。

再次，从注重个人利益转向注重集体利益。在资产阶级民主制度战胜封建专制制度的过程中，个人主义思想起了积极的促进作用，它使人的自我意识、权利意识等不断觉醒。然而，个人主义如果不加以制约，任其发展，结果必然走向极端个人主义，导致人无法真正理解人生的价值和意义，陷入自我膨胀的泥淖之中无法自拔。在马克思主义哲学视域中，个体与集体之间是相互依存、不可分割的，无数个体构成集体，集体包容着个性迥异的个人。只有人人都意识到自己所承担的责任，意识到要为集体发展添砖加瓦，而不是患得患失、自怨自艾，集体才能获得前进的动力。

中华文明的精髓表现为注重集体利益，不斤斤计较个人的利害得失。2020年9月8日，习近平总书记在全国抗击新冠肺炎疫情表彰大会上的讲话中，对抗疫斗争中所体现出来的集体主义精神进行了概括："舍生忘死，集中体现了中国人民敢于压倒一切困难而不被任何困难所压倒的顽强意志。危急时刻，又见遍地英雄。各条战线的抗疫勇士临危不惧、视死如归，困难面前豁得出、关键时刻冲得上，以生命赴使命，用大爱护众生。他们中间，有把生的希望留给他人而自己错过救治的医院院长，有永远无法向妻子兑现婚礼承诺的丈夫，也有牺牲在救治岗位留下幼小孩子的妈妈……面对疫情，中国人民没有被吓倒，而是用明知山有虎、偏向虎山行的壮举，书写下可歌可泣、荡气回肠的壮丽篇章！中华民族能够经历无数灾厄仍不断发展壮大，从来都不是因为有救世主，而是因为在大灾大难前有千千万万个普通人挺身而出、慷慨前行！"①

综上所述，启蒙运动以来，西方工业文明凭借着强大的力量一直占据着主导地位，但是由于片面追求经济增长，信奉科技理性、工具理性至上，忽视经济、政治、文化、社会、生态文明建设的整体发展，忽视促进人的全面发展，忽视价值理性、生态理性等，虽然促进了人们物质生活水平的提高，但是人与人、人与社会、人与自然之间的矛盾却在不断加剧，全球性的生态危机、经济危机、信任危机、重大疫情等频发，人与自然的可持续发展受到严重威胁。为了尽快脱离险境，人类必须找到解决问题的方法，那就是要摒弃以无止境地追求物质财富为目标的工业文明增长模式，实现从工业文明向新型文明形态的转型。

---

① 习近平：《在全国抗击新冠肺炎疫情表彰大会上的讲话》，北京：人民出版社，2020年，第14—15页。

第二章　新型中国文明的现实生成

西方工业文明的弊端表明，发展中国家在推进现代化建设的过程中不能完全模仿西方，必须坚持从本国国情出发，探索适合自己的发展道路。中国始终坚持走自己的路，不断推进中国特色社会主义事业。在此基础上，新型中国文明经历了从酝酿、生成、发展到完善的过程。新型中国文明是在创造性继承传统中国文明、批判借鉴西方文明积极成果、扎根于当代中国现代化建设实践的基础上生成的，有着深厚的思想渊源、理论根基和现实基础。其中，传统中国文明是新型中国文明生成的文化母体，西方文明的积极成果是新型中国文明生成的理论借鉴，当代中国现代化建设实践是新型中国文明生成的实践根基。

第一节　新型中国文明生成的文化母体

中国是历史悠久的文明古国，创造了灿烂的文化，形成了系统的道德准则、完整的礼仪规范，被世人称为"文明古国，礼仪之邦"。作为极具原创性的文明，中华文明的影响力非常大。"博大精深、灿烂辉煌的中华民族优秀文化，积淀着中华民族最深层的精神追求，包含着中华民族最根本的精神基因，代表着中华民族独特的精神标识，不仅为中华民族发展壮大提供了丰厚滋养，也为人类文明进步作出了卓越贡献。"[1]

宋以前中华文明的发展大致可分为三个阶段。缘起阶段：先秦时期百家争鸣标志着中华文明开始从神本走向人本，步入"轴心时期"。成型

---

[1] 胡耀武：《推动新时代社会主义文化繁荣兴盛的思考》，《国防》2018年第6期。

阶段：汉朝的独尊儒术及儒学的经学化，标志着儒学思想体系开始形成。多元化及成熟阶段：魏晋南北朝时玄学盛行，隋唐时期形成了儒、释、道并立的格局。同时，中华文明还经历了两次转型。第一次转型是宋明理学、陆王心学的形成，标志着儒、释、道三教合一，传统儒家思想向以朱熹、程颢、程颐、陆九渊、王阳明等为代表的新儒家转型。第二次转型是随着近代中国被迫开放，西方文明涌入，从洋务运动开始，不少人主张吸收西方文明注重科技、崇尚民主、自由、个性的精华以实现中体西用的目的。同时，五四运动前后，中国先进知识分子大力宣传马克思主义，并着力推进马克思主义中国化。在这一进程中，马克思主义理论与中华文明互融互通、互促互进，这使马克思主义普遍真理真正地扎根于中国土壤，同时在马克思主义指导下中华文明实现了真正的转型，为新型中国文明的形成奠定了重要的理论基石。

以儒家思想为主要代表的传统中国文明主要包括三个方面的内容。

一是以仁、义、礼、智、信为核心的伦理观。儒家提出立德、立功、立言的目标。这说明人在本质上是一种德性的存在，人要留给社会的无非是德、功和言，人的德性至上，人说的话要对社会有用，人还要做到为社会立功，言行一致。在处理人际关系时，要遵从不同的伦理原则，不能率性而为。如君臣之间要遵守"君使臣以礼，臣事君以忠"（《论语·八佾》）的原则；管理阶层要做到"道千乘之国，敬事而信，节用而爱人，使民以时"（《论语·学而》）；为人要做到孝敬父母、宽厚待人，同时还要不断提升自己的能力以报效国家，"弟子入则孝，出则悌，谨而信，泛爱众，而亲仁。行有余力，则以学文"（《论语·学而》），"贤贤易色，事父母，能竭其力，事君，能致其身，与朋友交，言而有信"（《论语·学而》）。这些做人的准则是不同的人能够和谐相处的保障。

二是以修身、齐家、治国、平天下为目标的价值观。儒家认为，人不能仅仅热衷于获取名与利，而应该加强仁义、诚信、孝悌等的修养，"子罕言利，与命，与仁"（《论语·子罕》）。个人的责任在于为国家、社会奉献自己，将个人的命运与家国天下的命运相结合，通过个人的努力达到国家兴盛、社会和谐的目标。在孔子看来，人格修炼是一个永无止境的过程。"孔子以君子、仁者和圣人三重人格境界来定位历史人物和评价自己的学生。君子重在'修身'，道德修养是进阶入善最为重要的标准，是个体独善其身的入门功夫，是社会秩序良性发展的大众要求。仁者立足'齐家与治国'，在君子个体人格修炼之上，进而以自己的修养关注身边人事，从入门进而登堂影响周围更多人。圣人放眼于'治国与平天下'，以自身更大的政治能量造福天下苍生，从登堂进而入室为万世开太平。"①因此，要完成修身、齐家、治国、平天下这样的目标，首先必须成为君子。《论语》中关于君子的修养、境界的论述有很多，千百年来激励着无数仁人志士淡泊名利、志存高远，坚守自己的理想、舍身成仁。如，"君子不器"（《论语·为政》），主张君子不能仅仅关注形而下的器物方面的知识，还要注重探索人生的意义、理想、价值等形而上的、本体层面的知识，同时也说明君子不能像器皿那样仅仅有单一的作用，而要拥有更多的才能。"君子去仁，恶乎成名？君子无终食之间违仁，造次必于是，颠沛必于是"（《论语·里仁》），提示君子要时时刻刻秉持仁义的原则，不仅要不断加强修养，提升自己的精神境界，还要善待家人、奉献国家，要使广大的黎民百姓过上平等安宁的生活，即树立鸿鹄之志，即使遇到再大的磨难也不言放弃。对于物质的需求，要适可而止，不能过分，要像颜回一样，做到"一箪食，一瓢饮，在陋巷。人不堪其忧，回也不改其乐"（《论语·雍也》）。

"君子人格和君子文化，作为中华民族千锤百炼的人格基因和文化精髓，既是精英文化的中心内容，又是大众文化的重要内涵，既在高雅文化中居于中心地位，又在通俗文化里占据焦点位置。它是构造主流价值观的标志性话语，也是中国人立身处世共识度较高的信仰原则，它是文人雅士欣赏的阳春白雪，也是群众百姓喜爱的下里巴人。君子文化不仅

① 汤洪：《孔子人格修炼的三重境界》，《光明日报》2018年6月9日第11版。

雅俗共赏，而且历久弥新。它从遥远的商周时期跋涉启程，跨越数千年的历史沧桑，至今仍以矫健身影在中华文化蓬勃发展的大道上阔步前行，以不言之教潜移默化地滋润和涵养每个中华儿女的心田。就此而言，君子文化又是打通传统与当代、涵盖传统与当代，使传统与当代互联互通的桥梁和纽带，是让中华民族传统最基本的文化基因与当代文化相适应、与现代社会相协调的传输宽带和融合平台，是中华优秀传统文化与当代核心价值观活态嫁接的生长沃土和丰收晒场。"①

三是以万物一体、天人合一、乐天知命为特征的世界观。在道家看来，人与万事万物之间没有本质的区别，"故为是举莛与楹，厉与西施，恢诡谲怪，道通为一。其分也，成也；其成也，毁也。凡物无成与毁，复通为一"，"天地与我并生，而万物与我为一"（《庄子·齐物论》）。人不应过分在意得与失、生与死、进与退、成与败等之间的区别，要做到顺其自然，这样就能接近"道"。"唯达者知通为一，为是不用而寓诸庸……因是已。已而不知其然，谓之道"（《庄子·齐物论》）。儒家也认为，人副天数，人不是独立于自然万物的存在，人应通过自己的思想和行动来参赞化育，感悟自然，以获取人生的意义。"未能事人，焉能事鬼？""未知生，焉知死？"（《论语·先进》）"子不语怪、力、乱、神。"（《论语·述而》）人的主要精力应该放在奉献社会的大目标中去，而不应该在怪异、强力、暴乱、鬼神及死后会怎样等这样的问题上浪费太多时间。这反映了中国人注重现世修为、不断提升人生境界的人本论哲学观。孔子所向往的生活是与自然亲近、与艺术亲近，在亲近自然的过程中提升自己的思想境界："莫春者，春服既成，冠者五六人，童子六七人，浴乎沂，风乎舞雩，咏而归"（《论语·先进》）。荀子将儒家思想进一步发展，提出了"制天命而用之"（《荀子·天论》），认为人要通过自觉的活动来认识规律，利用规律，以达到人与人、人与社会、人与自然之间的和谐共存。

---

① 钱念孙：《君子文化浸润中国人的日常生活》，《光明日报》2018年11月20日第16版。

传统中国文明的特征包括以下几点。

第一，整体性。在儒家看来，四海之内皆兄弟，人与人、人与社会、人与自然之间是密不可分的，局部的利益要服从整体的利益，只有不断地团结拼搏才能战胜一切困难。"那种用西方历史学的观念，把夏、商、周三代图解成三个小的彼此孤立的地方部落慢慢向外由点到面扩展的解释是错误的。中华民族是一个不可分割的整体。在中国漫长的历史发展演进中，各部落各民族从史前走向联盟走向联合，彼此认同，共同创造了中华文明。这显示了人类进步的高度智慧。这么多的人群集聚在这块面积虽然辽阔但资源却极为贫乏的大陆上，居然产生了这样高度的文明，这需要极高的人类智慧和人类自我组织的能力和技巧。更重要的是，化众多人群为一体需要人类极高的政治智慧和彼此合作团结的文化精神。中国特色的民族学理论从中国历史文化中得出的结晶是，彼此尊重。即在政治、宗教、历史文化等各个方面，长期彼此尊重和互相包容，各民族携起手来，互相帮助共同走向未来。中华民族的这一精神文化对全人类、对世界今天面临的各种种族冲突和民族冲突，应该是一个极为重要的启示。"[①]

第二，原创性。中华文明中诸多人文理念如重生、乐道、协天、共进等都具有原创性，且在当代有着重要的启示意义。如当代的严峻生态危机，与西方文明片面追求经济增长以满足人们不断高涨的消费需求，忽视人与人、人与社会、人与自然的和谐有着密切关系。道家崇尚道法自然，认为人与自然共生共存，人应当秉持尊道贵德、自然而然、无为而无不为、复归婴儿等理念，采取绿色、循环、节俭的生态生产方式和生活方式，杜绝奢侈浪费。《老子》中的"三宝"具有重要的现实意义。"我有三宝，持而保之。一曰慈，二曰俭，三曰不敢为天下先"（《老子》第六十七章），其中的"俭"指的是节俭。这与我们今天倡导的在经济社会发展过程中，要顾及自然界的承受能力，保持绿色发展方式、坚持能

① 龙西江：《中国文明的当代贡献》，《战略与管理》1999年第3期。

源节约等生态环保理念是一致的。因此，道家生态哲学思想极具原创性、生态性，为当代生态危机的解决提供了可资利用的丰富的思想资源。"中国是一个历史悠久的文明古国，中华民族以自己的勤劳和智慧创造了光辉灿烂的科学文化。中国古代的农业、畜牧业和手工业，曾经居于世界先进水平；中国古代的科学技术，在很多方面超过西方；特别是指南针、造纸、火药、印刷术四大发明，以及天文学、数学、医学、农学等四大领域，曾经遥遥领先于世界各国；中国的思想、语言和文学艺术，也自成独特的体系。中国文明在世界文明史上占有重要的地位，对人类社会的发展进步产生了深刻的影响。"①

第三，包容性。中华文明之所以不曾断裂，是因为它内在地包含着普惠、和谐、和平、包容的文化因子，这使得它可以吸收外来文化的一切积极因素，在与不同文明的相互交融中得以生存，并不断发展。"在中国传统的'天人合一'理念的视角下，尊重规律，尊重人性，顺应自然，崇尚自由是中国人民美好生活的基本要素。我们的先人，一直以来，本着主客交融、天人合一的思维方式，安顿顺应天道、敬畏自然的个体人生，无论是'日出而作、日落而息'的日常，还是'外师造化、中得心源'的创造，自然而然、素朴归真，青山绿水、翠竹黄花永远是美好生活的光景。除此之外，尊重规律、尊重自然的态度也生发了平等包容的社会观念，在以道观之、道法自然的视野下，荒诞的、伪饰的、不合理的一切被排除在美好生活之外，合理的、有序的、平等的、包容的、多样的价值追求则徜徉在美好生活之中。"②不仅如此，在梁启超看来，中国儒家思想与科学精神是一致的，并不是像全盘西化论者所说的那样是反科学的："儒家与科学，不特两不相背，而且异常接近。因为儒家以人作本位，以自己环境作出发点，比较近于科学精神，至少可以说不违反

---

① 李忠杰：《马克思恩格斯怎样看待中国文明和中国经济社会结构》，《科学社会主义》2018年第4期。

② 王月清：《在承续传统中创造个人美好生活》，《光明日报》2018年7月9日第15版。

科学精神。所以我们尽管在儒家哲学上力下功夫，仍然不算逆潮流、背时代。"①

第四，人本性。中华文明重要的精神标识就是人本思想，尽管是以"民本"的提法出现的，但也表达了对广大劳动人民作用的重视，起到了告诫统治者、减轻劳动人民的负担、促进社会发展的作用。"早在先秦时期，相传为夏代文献的《尚书·五子之歌》就提出了'民惟邦本，本固邦宁'之说，周初政治家周公则以'敬德保民'的政治理念为周代殷的合理性作了背书。其后，儒家思想家把天意与民心相联系，建构了对君主的约束机制，以'民者，君之本也'、'民为贵，社稷次之，君为轻'、'君者，舟也；庶人者，水也。水则载舟，水则覆舟'等论断告诫君主'修己以安百姓'，强调惟有重视民生、推行德治方能安邦定国。"②儒家提出的仁、义、礼、智、信等道德规范一方面起着维护社会稳定、推进社会发展的作用，另一方面具有促进个体身心健康、提升精神修养的作用，目的是使人有追求，而不是浑浑噩噩、得过且过。道家也有要营造宽松的环境以使百姓生活安宁的思想。"闻在宥天下，不闻治天下也。在之也者，恐天下之淫其性也；宥之也者，恐天下之迁其德也。天下不淫其性，不迁其德，有治天下者哉！昔尧之治天下也，使天下欣欣焉人乐其性，是不恬也；桀之治天下也，使天下瘁瘁焉人苦其性，是不愉也。夫不恬不愉，非德也。非德也而可长久者，天下无之。"（《庄子·在宥》）可见，在庄子看来，治天下不如宥天下，要善于引导百姓按其本性生活，既不能使其安于享乐而不思进取，也不能让他们整天疲于奔命而无法获得舒畅欢愉的生活，应该调动其积极性，锻炼他们处理各种事务的能力。这样有利于使百姓安于他们的生活，使国家处于长久安宁的良好状态之中。

在当代中国马克思主义者看来，中华文明是我们弥足珍贵的文化遗

---

① 梁启超：《儒家哲学》，上海：上海人民出版社，2009年，第41页。

② 范赟、王月清：《论习近平总书记系列重要讲话中的中华传统文化理念与情怀》，《理论学刊》2014年第9期。

产，需要不断总结和学习。"抗日战争展开以后，毛泽东在延安召开的中共六届六中全会上作了《论新阶段》的报告。他号召全党开展一个学习马克思主义的竞赛，紧接着又指出：'学习我们的历史遗产，用马克思主义的方法给以批判的总结，是我们学习的另一任务。我们这个民族有数千年的历史，有它的特点，有它的许多珍贵品。对于这些，我们还是小学生。今天的中国是历史的中国的一个发展；我们是马克思主义的历史主义者，我们不应当割断历史。从孔夫子到孙中山，我们应当给以总结，承继这一份珍贵的遗产。这对于指导当前的伟大的运动，是有重要的帮助的。'毛泽东之所以能够成为马克思主义中国化的代表，并领导中国共产党和中国人民夺取新民主主义革命的胜利，是同他善于把马克思主义理论与中国文化遗产结合分不开的。"①毛泽东的这些思想成为科学对待中华文明的指导思想，成为坚持从中国实际出发进行社会主义现代化建设的指导思想。

在纪念孔子诞辰2565周年的讲话中，习近平总书记明确指出："世界上一些有识之士认为，包括儒家思想在内的中国优秀传统文化中蕴藏着解决当代人类面临的难题的重要启示，比如，关于道法自然、天人合一的思想，关于天下为公、大同世界的思想，关于自强不息、厚德载物的思想，关于以民为本、安民富民乐民的思想，关于为政以德、政者正也的思想，关于苟日新日日新又日新、革故鼎新、与时俱进的思想，关于脚踏实地、实事求是的思想，关于经世致用、知行合一、躬行实践的思想，关于集思广益、博施众利、群策群力的思想，关于仁者爱人、以德立人的思想，关于以诚待人、讲信修睦的思想，关于清廉从政、勤勉奉公的思想，关于俭约自守、力戒奢华的思想，关于中和、泰和、求同存异、和而不同、和谐相处的思想，关于安不忘危、存不忘亡、治不忘乱、居安思危的思想，等等……我们要结合时代条件加以继承和发扬，赋予其新的涵义。希望中国和各国学者相互交流、相互切磋，把这个课题研

<hr />

① 汪澍白：《传统下的毛泽东》，北京：中国青年出版社，1996年，第92页。

究好，让中国优秀传统文化同世界各国优秀文化一道造福人类。"①

综上所述，传统中国文明是孕育新型中国文明的文化母体，是新型中国文明得以生成的思想渊源。前辈们所创造出来的宝贵精神财富，是我们取之不尽、用之不竭的源泉。

第二节　新型中国文明生成的理论借鉴

西方文明的积极成果是新型中国文明生成的理论借鉴。1840年鸦片战争以后，西方凭借坚船利炮打开了中国的大门，中国人的眼界开阔了，然而却不得不以艳羡的眼光看待当时十分先进的西方文明。"1840年，古老中国的大门被西方列强的坚船利炮轰开了。中国的农业文明与资本主义的工业文明开始正面交锋。显然，自给自足的自然经济抵挡不住市场经济的大潮，高度中央集权体制的效率比不上资产阶级民主政治的功能，以'尊尊、亲亲'为核心的农业社会价值观必然落后于自由、平等、博爱的西方文化，因为它不可能张扬人的个性，激发社会活力。'底子薄、人口多、耕地少'，经济文化相对落后，发展很不平衡的基本国情最终定型。这个'相对'的对象也由此成为中国先进分子模仿学习的榜样。"②

在林则徐、魏源睁开眼睛看世界，提出"师夷长技以制夷"以后，历经洋务运动、戊戌变法、辛亥革命及新文化运动，西方文明被大量引入中国，东西文明之间不断交流、碰撞。中国人对中西文明关系的认识经历了从早期的中体西用、中西融合到全盘西化再到反思超越西方文明等几个阶段。"第一次世界大战爆发以后，中国知识界进一步对全盘模仿西方的文明观念进行了反思。西方文明内部的矛盾日益尖锐，物质进步而精神颓废、生产发展而地区间冲突升级，这种危机四伏的西式现代化

---

① 习近平:《在纪念孔子诞辰2565周年国际学术研讨会暨国际儒学联合会第五届会员大会开幕会上的讲话》,北京:人民出版社,2014年,第6—7页。

② 刘海涛:《走向世界历史——中国特色社会主义的成长历程》,北京:中共中央党校出版社,2012年,第33页。

模式导致了国内有识之士对于西方经济技术和物质发展模式的质疑与日俱增。例如，此时的梁启超认为，西方文明处于'病的状态'，'中国人对于世界文明之大责任'在于'人人存一个尊重爱护本国文化的诚意'。章炳麟甚至直接提出，要以文化概念取代文明概念。这种对本民族文化的尊重之情，以及对西方文明一尊独大的抵触情绪，与德国历史哲学家奥斯瓦尔德·斯宾格勒的文化形态史观可谓异曲同工。"①五四运动前后，马克思主义传入中国，毛泽东等人开始尝试将马克思主义基本原理与中国传统文化相结合，以实现救国救民目标。新中国成立以后，中国人开始重新审视欧美等发达资本主义国家，开创了适合中国国情的发展道路。改革开放以来，在坚持以马克思主义为指导，继承中华优秀传统文化及借鉴西方文明精华的基础上，中国特色社会主义理论体系得以构建。随着现代化建设事业的迅速发展，中国人对西方文明的认识更加客观。

西方文明的积极成果主要包括以下几个方面。

第一，西方有着悠久的制度文明建设的经验，我们可以批判地吸收其积极成果。制度是人类创造出的重要文明成果，是指人们行为应当遵循的一系列准则。制度提供了人类相互影响的一个框架，它确定一整套行为规范，以调节人与人、人与社会、文明与文明等之间的关系。制度文明是文明体系的架构，为社会进步及人的发展提供支撑。西方制度文明主要包括："第一，法律制度。西方的法律传统从古希腊一直到现代，绵延不绝；虽然不同时期的法律制度之间有相当大的变迁和差异，并且这种差异之大足以让人视之为不同的法律制度。但是，从这些法律制度之中可以概括出一些共同的特点，这就是经合议而颁行的成文法、人民审判或人民陪审制、辩护和作为奥援的民主或权力分立制度。法律与法治的观念是在这些制度之中得以养成、落实和强化的……第二，民主。民主制度与法律制度一样，是西方文明中古老悠久的传统。但是一般来说，相较于法律而言，民主可以说乃是西方文明所特有的因素，世界其

---

① 李艳艳：《马克思主义文明理论及其当代价值》，北京：人民出版社，2017年，第28—29页。

他文明的民主制度都是后于西方民主制度而发展起来并受到其影响的。"①这些制度及与之相联系的制度文明对当前我国推进国家治理体系和治理能力现代化有着重要的借鉴作用。

第二，西方文明中的理性主义精神为科技发展奠定了基础。早在古希腊、古罗马时期，理性就成为哲学家们非常注重的品质，斯多葛学派的代表人物奥勒留指出："在任何工作都能按照符合于神和人的理性做出的地方，也没有任何东西值得我们害怕，因为我们能够通过按我们的结构成功并继续进行的活动而使自己得益，而在这种地方，无疑不会有任何伤害。"②到了近代，笛卡尔提出了"我思故我在"，认为经得住理性的批判思考是一切理论知识成立的前提。这一思想打破了包括基督教神学在内的一切权威的统治地位，为西方的自由、平等、民主、人权等现代观念的确立奠定了思想基础。康德指出："启蒙就是人类对他自己招致的不成熟状态的摆脱。这个不成熟状态就是这样的一种状态，即人们在没有别人的指点时，无力使用自己的知性。这种不成熟状态之所以是自己招致的，其原因不在于缺乏理性，而在于，当没有别人的指点时，他缺乏使用理性的决心和勇气。要勇于认识！'要有勇气使用你自己的理性！'——这就是启蒙的口号。"③可见，启蒙运动是在理性主义精神的推动下发展的，它打破了基督教神学思想的束缚，促进了现代科技革命的发生。"马克思主义辩证地评价了近代理性主义进步观念：第一，理性主义把被宗教所压抑与束缚的人性重新发掘出来，坚持了历史决定论的原则立场。但它在理论上极度崇拜理性力量，既排挤了非理性，又割裂了完整的人性；形式上虽重视主体力量，但实质上却把人的活动、自由意志视为历史运动的工具、玩偶，最终导向了历史宿命论。第二，肯定了理性主义对社会不合理现象的批判，吸取了进步具有阶段性以及进步方

① 韩水法：《如何理解西方文明的核心因素？》，《华东师范大学学报》（哲学社会科学版）2008年第1期。

② 奥勒留：《沉思录》，何怀宏译，北京：生活·读书·新知三联书店，2008年，第85页。

③ 康德：《道德形而上学基础》，孙少伟译，南昌：江西教育出版社，2014年，第71页。

向是理性力量的扩展等合理思想；同时，批判了关于进步图式的非历史性、进步目标的预成性以及进步的线性模式等偏狭观念。"①以此为指导，我们应该辩证地看待西方理性主义传统，吸收其思想精华，同时抛弃其不全面性、狭隘性等糟粕，以更好地使用理性这一思维工具。

第三，西方文明注重培养主体的独立精神。辩证地看，对主体独立精神的培养对西方文明的发展有着重要的推进作用。"17、18世纪，随着欧洲资本主义经济的发展和资产阶级的壮大，反对封建专制和教权主义的斗争已经成为时代要求。当宗教改革运动将个体主义作为文化价值观加以确立之后，个体主义就需要全面变成现实。那就是：必须将个体主义的全部丰富内容予以充分展开……启蒙运动的思想家们无论在个体主义的内容还是形式上，他们的思想都比之前的人们更加深刻、新颖。跟文艺复兴局限于文艺领域和宗教改革局限于宗教领域不同，启蒙运动涉及到了各个思想领域，特别是涉及到了如何用法律和政治制度来保障个性自由与人权等个体主义最核心的价值观，其深度和广度要比以往的个体主义倡导者们高出许多。"②可见，主体独立精神的确立源自宗教改革运动，并贯穿近代西方逐渐挣脱宗教思想、专制制度统治的整个过程。

总之，作为一种成熟的文明形态，西方文明具有丰富的文化内涵、独特的价值理念和制度安排，这与西方所处的地理环境、人口状况、风俗人情、历史传承等有着密切关系。在文化多元化的时代，不同文明之间应该加强交流，友好相处。习近平总书记指出："每一种文明都扎根于自己的生存土壤，凝聚着一个国家、一个民族的非凡智慧和精神追求，都有自己存在的价值。人类只有肤色语言之别，文明只有姹紫嫣红之别，但绝无高低优劣之分。认为自己的人种和文明高人一等，执意改造甚至取代其他文明，在认识上是愚蠢的，在做法上是灾难性的！如果人类文明变得只有一个色调、一个模式了，那这个世界就太单调了，也太无趣

① 郝永平：《理性主义进步观念批判》，《中共中央党校学报》2006年第2期。

② 何云峰、胡建：《西方"个体主义"文化价值观的演变、历史意义与局限》，《上海师范大学学报》（哲学社会科学版）2009年第6期。

了！我们应该秉持平等和尊重，摒弃傲慢和偏见，加深对自身文明和其他文明差异性的认知，推动不同文明交流对话、和谐共生。"①

第三节　新型中国文明生成的实践根基

当代中国现代化建设实践是新型中国文明生成的实践根基。中国共产党自成立之日起，就把为中国人民谋幸福、为中华民族谋复兴作为自己的初心和使命。经历了艰苦卓绝的斗争之后，中华民族终于迈向了伟大复兴的新征程，中国特色社会主义事业取得了辉煌成就。新型中国文明也在社会主义革命、建设及改革开放的伟大实践中，在不断融入、引领世界现代化发展的历程中得以孕育、形成和完善。新型中国文明的构建可分为三个阶段。

第一阶段为孕育阶段，时间跨度为从中国共产党成立到1978年。以毛泽东同志为主要代表的中国共产党人在新民主主义革命、社会主义革命和建设的实践中，为中华民族的独立和复兴进行了艰辛的探索，实现了马克思主义中国化的第一次飞跃，实现了使中国人民站起来的目标，并为实现富起来的目标奠定了坚实的基础。"民主革命是寻找不同于苏联的中国革命道路，这就是工农武装割据、农村包围城市的中国独特的革命道路；社会主义革命和建设时期是探索在一个国家经济落后、一穷二白的基础上如何建立一个完整的工业体系，使站起来的中国社会主义立得住、站得牢。在前三十年，我们经历过几次战争的考验，经历过灾患的考验，经历过挫折和失误的考验，积累了经验，也得到了教训，为改革开放奠定了社会主义基本的经济制度和政治制度基础。"②在这一阶段，党和国家领导人主要围绕中国革命道路和社会主义建设道路而不断探索。

---

① 习近平：《深化文明交流互鉴　共建亚洲命运共同体：在亚洲文明对话大会开幕式上的主旨演讲》，北京：人民出版社，2019年，第6页。

② 陈先达：《伟大的马克思：做新时代马克思主义者》，天津：天津人民出版社，2019年，第57—58页。

在这一过程中，我们经历了大大小小的挫折，这些惨痛的教训值得我们深刻反省。同时我们也积累了丰富的经验。

首先，新型中国文明建设必须建立在中国人自己建设的基础上，不能建立在别国施舍的基础上。毛泽东明确指出："在一个半殖民地的、半封建的、分裂的中国里，要想发展工业，建设国防，福利人民，求得国家的富强，多少年来多少人做过这种梦，但是一概幻灭了。许多好心的教育家、科学家和学生们，他们埋头于自己的工作或学习，不问政治，自以为可以所学为国家服务，结果也化成了梦，一概幻灭了。"①"中国必须独立，中国必须解放，中国的事情必须由中国人民自己作主张，自己来处理，不容许任何帝国主义国家再有一丝一毫的干涉。"②只有建立独立自主的、人民当家作主的民主政权，才能凝聚起中国人民的力量，实现向现代化国家迈进的理想。

其次，新型中国文明建设要立足于中国国情，致力于促进生产力的发展。在新民主主义革命时期，毛泽东就十分重视经济建设，通过土地改革、减租减息、大生产运动等不断激发广大军民投身于生产劳动中的积极性，为抗日战争和解放战争的胜利奠定了坚实的物质基础。新中国刚成立，经济建设就成为党和国家关注的重点。在过渡时期，毛泽东统筹谋划，致力于将生产力发展和生产关系的完善紧密结合，并将二者作为推进社会主义事业的重要方面，指出："党在过渡时期的总路线的实质，就是使生产资料的社会主义所有制成为我国国家和社会的唯一的经济基础。我们所以必须这样做，是因为只有完成了由生产资料的私人所有制到社会主义所有制的过渡，才利于社会生产力的迅速向前发展，才利于在技术上起一个革命，把在我国绝大部分社会经济中使用简单的落后的工具农具去工作的情况，改变为使用各类机器直至最先进的机器去工作的情况，借以达到大规模地出产各种工业和农业产品，满足人民日益增长着的需要，提高人民的生活水平，确有把握地增强国防力量，反

① 《毛泽东选集》第3卷，北京：人民出版社，1991年，第1080页。
② 《毛泽东选集》第4卷，北京：人民出版社，1991年，第1465页。

对帝国主义的侵略，以及最后地巩固人民政权，防止反革命复辟这些目的。"①过渡时期总路线的实施对我国从新民主主义社会向社会主义社会的顺利过渡起到了积极作用。

进入全面建设社会主义时期后，毛泽东一直强调统筹、协调发展，强调要增加城乡居民收入，特别是农民的收入。1956年4月，他在《论十大关系》的讲话中指出："苏联的办法把农民挖得很苦……农民的生产积极性受到极大的损害。你要母鸡多生蛋，又不给它米吃，又要马儿跑得好，又要马儿不吃草。世界上哪有这样的道理！"接着强调："必须在增加农业生产的基础上争取百分之九十的社员每年的收入比前一年有所增加，百分之十的社员的收入能够不增不减，如有减少，也要及早想办法加以解决。"②1957年2月，在《关于正确处理人民内部矛盾的问题》的讲话中又强调："在分配问题上，我们必须兼顾国家利益、集体利益和个人利益。对于国家的税收、合作社的积累、农民的个人收入这三方面的关系，必须处理适当……我们要尽可能使农民能够在正常年景下，从增加生产中逐年增加个人收入。"③他还强调要提高工人的收入："工人的劳动生产率提高了，他们的劳动条件和集体福利就需要逐步有所改进……随着整个国民经济的发展，工资也需要适当调整。关于工资，最近决定增加一些。"④工农群众的收入提高了，就能逐步地提高消费水平和质量，更好地为社会主义现代化建设服务。

最后，新型中国文明建设要放眼全球，不断学习国外现代化建设的先进经验。现代化是自鸦片战争以来中国人民始终追求的梦想，中国的现代化是中国走向世界也是世界了解中国的双向互动的过程，是中国人民励精图治、奋发图强不断推进经济、政治、文化、社会、生态文明建设及人的发展的过程，"离不开马克思主义的指导，离不开中华民族五千

①《毛泽东文集》第6卷,北京:人民出版社,1999年,第316页。

②《毛泽东文集》第7卷,北京:人民出版社,1999年,第29、30页。

③《毛泽东文集》第7卷,北京:人民出版社,1999年,第221页。

④《毛泽东文集》第7卷,北京:人民出版社,1999年,第28页。

年深厚的文化底蕴和历史渊源，离不开人类社会的文明成果"①。尽管新中国面临着资本主义国家的封锁，但是，毛泽东坚持向发达国家学习、借鉴对我国现代化建设有益的经验。他明确指出："我们现在也面临着和苏联建国初期大体相同的任务。要把一个落后的农业的中国改变成为一个先进的工业化的中国，我们面前的工作是很艰苦的，我们的经验是很不够的。因此，必须善于学习。要善于向我们的先进者苏联学习，要善于向各人民民主国家学习，要善于向世界各兄弟党学习，要善于向世界各国人民学习。"②

第二阶段为形成阶段，时间跨度为从1978年十一届三中全会的召开到党的十八大的召开。中国共产党人在推进改革开放伟大事业的进程中，实现了马克思主义中国化的第二次飞跃，形成了中国特色社会主义理论体系，中国人民在富起来的道路上不断前进。"在改革开放和社会主义现代化建设时期，邓小平找到了一条使仍然处于比较贫穷和被封锁的社会主义中国迅速变成一个富起来的中国的道路，制定了'一个中心、两个基本点'的基本路线。经过四十多年的建设，中国特色社会主义取得了举世瞩目的成就，成为世界第二大经济体，成为在世界上有重大影响的大国。"③

新型中国文明的形成是与作为伟大的理论家、思想家、改革家的邓小平的智慧密不可分的。1992年初，邓小平在视察南方时谈道："农村改革初期，安徽出了个'傻子瓜子'问题。当时许多人不舒服，说他赚了一百万，主张动他。我说不能动，一动人们就会说政策变了，得不偿失。像这一类的问题还有不少，如果处理不当，就很容易动摇我们的方针，影响改革的全局。""不冒点风险，办什么事情都有百分之百的把握，万

① 刘海涛：《走向世界历史——中国特色社会主义的成长历程》，北京：中共中央党校出版社，2012年，第2页。

②《毛泽东文集》第7卷，北京：人民出版社，1999年，第117页。

③ 陈先达：《伟大的马克思：做新时代马克思主义者》，天津：天津人民出版社，2019年，第58页。

无一失，谁敢说这样的话？……每年领导层都要总结经验，对的就坚持，不对的赶快改，新问题出来抓紧解决。"①在1980年和1984年，邓小平曾在重要场合提到"傻子瓜子"品牌创始人年广久。1980年、1984年、1992年，是改革开放的三个重要转折点。年广久这个个体私营经济的代表人物的命运和我国个体私营经济的发展进程联系在一起。年广久本人就说："我对邓小平的感激，一天也说不完。"可见，正是深深植根于中国改革开放和现代化建设的实践，邓小平才说出了很多前人没有说过的话，开创了中国特色社会主义发展道路，也推进了新型中国文明的形成。

随着中国对外开放大门的打开，资本主义腐朽思想和生活方式等的影响不可避免地产生了，特别是在经济领域出现了日渐严重的经济犯罪行为。邓小平在强调"物质文明和精神文明两手抓，两手都要硬"的同时，阐明了社会主义建设过程中"两手抓"的科学内涵，同时论述了物质文明和精神文明，经济建设和法制建设，对内搞活经济和坚决打击经济犯罪、惩治腐败等之间的辩证统一关系。"邓小平提出的'两手抓'方针，不仅承认了建设有中国特色社会主义过程中，物质文明和精神文明、建设和法制、改革开放和打击经济犯罪、惩治腐败这三对对立面的存在，而且深刻地揭示了这三对对立面的同一性和斗争性，正是这些对立面的同一和斗争，推动着我国建设有中国特色社会主义事业的不断向前发展。"②

正如习近平总书记所指出的："邓小平同志第一次比较系统地初步回答了在中国这样经济文化比较落后的国家如何建设社会主义、如何巩固和发展社会主义的一系列基本问题，深刻揭示了社会主义的本质，实现了马克思主义同中国实际相结合的又一次历史性飞跃。邓小平同志的南方谈话，从理论上深刻回答了长期困扰和束缚人们思想的许多重大问题，推动改革开放和社会主义现代化建设进入新阶段。正是在邓小平同志倡导和支持下，改革大潮汇聚成时代洪流，使中国人民的面貌、社会主义

---

① 《邓小平文选》第3卷，北京：人民出版社，1993年，第371、372页。

② 叶秀峰：《谈谈"两手抓"方针中的辩证法》，《社会主义研究》1999年第6期。

中国的面貌、中国共产党的面貌发生了历史性变化。"①因此，中国特色社会主义道路的开辟、中国特色社会主义理论体系的形成，邓小平所起的作用应该给予高度的评价。

20世纪、21世纪之交，国际形势风云变幻，各种不确定性因素增加，非传统安全问题威胁着社会稳定与发展。面对我国经济社会发展的新形势、新任务，江泽民适时把党的领导、人民当家作主、依法治国作为中国特色社会主义政治文明的三大基本特征，并提出"不断促进社会主义物质文明、政治文明和精神文明的协调发展，推进中华民族的伟大复兴"②，从而形成了中国特色社会主义"三位一体"的总体布局。2006年党的十六届四中全会正式提出了"推动社会建设与经济建设、政治建设、文化建设协调发展"③，形成了中国特色社会主义经济建设、政治建设、文化建设、社会建设"四位一体"的总体布局。"胡锦涛在2012年7月23日的省部级主要领导干部专题班开班仪式上发表重要讲话以及党的十八大报告中进一步指出，必须把生态文明建设的理念、原则、目标等深刻融入和全面贯穿到我国经济、政治、文化、社会建设的各方面和全过程，建设'美丽中国'。生态文明建设的新要求被写入了党章，成为中国特色社会主义事业总体布局的重要组成部分。这表明，胡锦涛等中央领导不仅在党领导社会主义文明建设事业的历史上首次明确提出了生态文明建设的思想，而且形成了全面推进物质文明、精神文明、政治文明、社会文明和生态文明'五位一体'的社会主义文明建设总体布局。"④"五位一体"社会主义文明体系的形成充分显示出新型中国文明的合理性和科学性。

① 习近平：《在纪念邓小平同志诞辰110周年座谈会上的讲话》，北京：人民出版社，2014年，第16页。

②《江泽民文选》第3卷，北京：人民出版社，2006年，第574页。

③ 本书编写组：《构建社会主义和谐社会新思想新论断新举措》，北京：新华出版社，2006年，第4页。

④ 李艳艳：《马克思主义文明理论及其当代意义》，北京：人民出版社，2017年，第156页。

第三阶段为完善阶段，时间跨度为从党的十八大至今。党的十八大以来，以习近平同志为主要代表的中国共产党人深入推进五大发展理念，将党的建设、国家的前途、人民的幸福、民族的命运结合起来统筹谋划，把建成富强民主文明和谐美丽的社会主义现代化强国及实现中华民族伟大复兴的中国梦作为新型中国文明的价值目标，使统筹推进"五位一体"总体布局、协调推进"四个全面"战略布局成为引领新型中国文明发展的根本动力。在国际关系方面，提出"一带一路"倡议，主张构建新型国际关系和人类命运共同体，为世界和平发展贡献了中国智慧、中国方案。

首先，习近平总书记非常重视中华文明，强调要保持文化自觉和文化自信，推动中华文明创造性转化和创新性发展。绵延五千年的中华文明是中华民族生生不息、世代相传的精神瑰宝，是全体中华儿女凝心聚力、一心一意投身于社会主义现代化建设的强大支撑。"首先，要保持文化自觉。文化自觉是文明传承的前提。习近平指出：'文明特别是思想文化是一个国家、一个民族的灵魂。无论哪一个国家、哪一个民族，如果不珍惜自己的思想文化，丢掉了思想文化这个灵魂，这个国家、这个民族是立不起来的。'因此，我们要深刻体悟和把握中华文明，做到知其根、知其底、知其长，珍惜和守护自己的思想文化，做到正本清源、守正创新，为进行文化传承奠定坚实的基础。其次，要坚定文化自信。文化自信是文明传承的动力。习近平指出：'文化自信，是更基础、更广泛、更深厚的自信，是更基本、更深沉、更持久的力量。'我们要坚定对中华优秀传统文化的自信，对革命文化的自信以及对社会主义先进文化的自信，实现中华优秀传统文化的创造性转化和创新性发展，赋予革命文化以全新的时代价值，激荡社会主义先进文化的蓬勃朝气、昂扬锐气、浩然正气，进而努力扫除近代时期文化自卑的阴霾，高扬走向复兴的中华文化，夯实中华民族进行文化传承的文化心理根基。"①

---

① 陈明琨:《理解习近平文明交流互鉴重要论述的四重维度》,《党的文献》2019年第3期。

其次，习近平总书记非常重视不同文明的交流互鉴、互促互进、美美与共。随着经济全球化进程的加快，不同国家、民族、文明之间的交流合作也在不断加快。然而，西方一些国家却仍顽固坚持"文明冲突论""历史终结论""西方中心论"等陈旧论调，设置各种障碍阻止各国之间的平等交流、友好合作。作为负责任大国，中国一直秉承加强不同文明交流互鉴的理念，推进文明之间的互促互进、美美与共。"党的十八大以来，习近平在继承中国共产党历代领导集体的文明交流思想的基础上，深刻指出，'人类文明多样性是世界的基本特征，也是人类进步的源泉'，'文明因多样而交流，因交流而互鉴，因互鉴而发展'，'每个国家、每个民族不分强弱、不分大小，其思想文化都应该得到承认和尊重'。为此，习近平强调，不同文明之间要取长补短、去粗取精、去伪存真。他还强调，要传承中华优秀传统文化，将之作为'……我们在世界文化激荡中站稳脚跟的坚实根基'；要树立平等、互鉴、对话、包容的文明观，以文明交流超越文明隔阂，以文明互鉴超越文明冲突，以文明共存超越文明优越；要通过构建人类命运共同体，'让文明的光芒熠熠生辉'。这些论述是对中国共产党历代领导集体的文明交流思想的历史承继和创新发展。"[1]"2017年，在'一带一路'国际合作高峰论坛上，习近平号召以'一带一路'为载体，打造新闻、音乐等人文合作平台；2019年，在亚洲文明大会上，习近平提出，要同各国开展亚洲文化遗产保护行动，实施亚洲旅游促进计划；等等。这些实践和战略为多元文明包容相处搭建了平台，拓宽了路径。"[2]

再次，习近平总书记非常重视对中华优秀传统文化的保护和利用。"文化保护和利用是文明传承的支撑。习近平指出：'要系统梳理传统文化资源，让收藏在禁宫里的文物、陈列在广阔大地上的遗产、书写在古

---

① 徐艳玲、张光哲：《论习近平关于文明交流互鉴重要论述生成的理论逻辑》，《学习论坛》2020年第1期。

② 徐艳玲、张光哲：《论习近平关于文明交流互鉴重要论述生成的理论逻辑》，《学习论坛》2020年第1期。

籍里的文字都活起来。'在习近平关于文明交流互鉴重要论述的指导下，《关于实施中华优秀传统文化传承发展工程的意见》《关于推动文化文物单位文化创意产品开发的若干意见》《关于加强文物保护利用改革的若干意见》等相继发布，为文化传承提供了政策和制度保障。我们要通过'活态传承''生产性保护'等方式，通过建设'中华古籍数字资源库'、开展国家珍贵古籍数字化项目等途径，充分展示传统文化的深厚魅力，深刻发掘传统文化的当代价值，更要在深刻把握中国特色社会主义本质的基础上，以超越资本主义价值观的视野，积极培育和践行社会主义核心价值观，在推进中国特色社会主义事业的伟大实践中，展现出创造人类新文明的强大生命力。"①

综上所述，新型中国文明经历了从孕育到形成再到完善的演进历程，表明中国致力于构建超越于西方资本主义文明的新型社会主义文明形态，积极探求人类新文明生成、发展的中国道路。新型中国文明的孕育、形成与完善，是我们党坚持从具体国情出发，以马克思主义为指导，对传统中国文明和当代西方文明积极成果进行继承创新的必然结果。构建新型中国文明是实现中华民族伟大复兴中国梦的重要选择。

---

　　① 陈明琨：《理解习近平文明交流互鉴重要论述的四重维度》，《党的文献》2019年第3期。

第三章 新型中国文明的"活的灵魂"

马克思指出:"任何真正的哲学都是自己时代的精神上的精华,因此,必然会出现这样的时代:那时哲学不仅在内部通过自己的内容,而且在外部通过自己的表现,同自己时代的现实世界接触并相互作用。那时,哲学不再是同其他各特定体系相对的特定体系,而变成面对世界的一般哲学,变成当代世界的哲学。各种外部表现证明,哲学正获得这样的意义,哲学正变成文化的活的灵魂,哲学正在世界化,而世界正在哲学化,——这样的外部表现在一切时代里曾经是相同的。"①马克思、恩格斯自觉承担起时代所赋予的使命,毕生致力于推进人从对物的依赖的生存方式向人的自由个性的生态生存方式的转变,在对欧洲当时的经验主义哲学、实证主义哲学等进行批判继承的基础上,立足于现实的"个人的全部活生生的感性活动",创立了马克思主义哲学,揭露了掠夺型、冲突型、对抗型的资本主义文明对人的生态生存方式的破坏,指出要通过变革资本主义制度,构建真正的自由人联合体,实现每个人的生态生存方式的转型。因此,马克思主义哲学是时代精神的精华,中国化马克思主义哲学则是新型中国文明的"活的灵魂"。

第一节 哲学与人类文明进步

哲学尤其是真正的哲学是人类文明皇冠上的宝石,千百年来,从世界观、人生观、价值观、文明观等高度,以其至大无外的理论特质,观

①《马克思恩格斯全集》第1卷,北京:人民出版社,1995年,第220页。

照着人及人类社会的生存与发展。黑格尔指出："'哲学'所关心的只是'观念'在'世界历史'的明镜中照射出来的光辉。'哲学'离开了社会表层上兴风作浪、永无宁息的种种热情的争斗，从事深刻观察；它所感觉兴趣的，就是要认识'观念'在实现它自己时所经历的发展过程。"①因此，哲学不同于其他学科，它来源于实践，又高于实践，以自己特有的理论逻辑来把握世界及其发展规律，从整体性、统一性视域观照现实生活，以理性思辨的力量为人们提供关于人生意义、价值、目标等方面的解答，事关人类的终极关怀和精神归属。真正的哲学不是书斋里哲学家的呓语，它是自己时代精神的精华，以其特有的形式服务于时代，推动时代进步，从而成为文明的"活的灵魂"。

一、作为时代精神精华的哲学

人不同于动物的根本特征在于人不仅仅停留于物质欲望的满足，还有关于人生意义、价值、目标等方面的思考。面对浩瀚无垠的宇宙，人萌生了利用工具去探索其奥秘的冲动。在古希腊早期自然哲学家看来，人与自然是密不可分的，"水""气""原子"等被看作世界的本原，人来源于自然，又回归于自然，生而为人，目的就是要观察自然、发现自然本身的规律，同时又要按照自然规律来生活。从苏格拉底开始，关于人的本质是什么、人与社会的关系如何等问题就成为哲学家关注的重点。苏格拉底认为，人应该认识自己，反思自己，打破常识的束缚，不断追求真理。柏拉图在《理想国》中阐述了政治哲学的思想，对使人与人、人与社会之间和谐相处的政治制度进行了探索。亚里士多德在吸收前辈哲学家思想成果的基础上进行了超越，创立了系统的政治哲学思想。古希腊城邦制经历了创立、兴盛及衰亡的过程。在此过程中，人与人、人与社会之间的问题不断凸显出来。哲学家们自觉承担起以理性思考的方

---

① 黑格尔:《历史哲学》,王造时译,上海:上海世纪出版集团、上海书店出版社,2001年,第450页。

式来回应时代发展所提出的问题的任务。而近代西方哲学之所以会发生"认识论转向",原因正是当时物理学、化学、生物学等自然科学的迅猛发展以及近代工业革命的不断推进。因此,"西方近代哲学的'认识论转向',以及由此而形成的'认识论反省的辩证法',是西方近代的'时代精神的精华'。它反映了近代资产阶级革命以及近代工业和近代实验科学发展的要求。这种要求的实质是弘扬人的理性权威,确立人的主体地位,发挥人的主观能动性"①。

在18世纪法国启蒙哲学家那里,哲学成为抨击封建专制制度、揭露统治阶级罪恶的有力武器。卢梭以每个人生而有之的自由为准绳,揭示了私人占有的不合理的社会制度使人与人之间本来并不大的差距无限扩大,让少数人占有社会绝大多数财富的行为合法化。由于私有制的存在,文明进步、科技发展、艺术创作等活动对社会贫富分化的加剧起到了推波助澜的作用。卢梭的政治哲学以制度分析为着力点:"如果我们冷静地思考、客观地观察,就会发现人类社会首先展示出来的仅仅是强者的暴力和弱者的受压迫。我们厌恶强者的冷酷无情;同时,我们为弱者的愚昧无知悲痛。似乎没有东西比人们之间被称为强弱贫富的外部关系更不稳定的了。这些关系往往由于机缘而非智慧产生。因此,人类的各种制度乍一看似乎是建立在流沙上。我们只有对这些制度进行更加细心的研究,只有在清除了大厦周围的浮沙和灰尘之后,才能够看到大厦下面的坚实根基,并且学会尊重这一基础……当我们考虑到,如果任由我们自然发展,我们将会成为什么样子,我们应该学会为这样一个人祝福:在他的仁慈的手修正了我们的制度并且给了这些制度坚实的基础的时候,他就已经预防了从这些制度中可能产生的种种混乱,并通过一些看似一定会给我们带来苦难的方法,创造出我们的幸福。"②

启蒙运动的领军人物伏尔泰通过对当时英国资本主义制度的赞美,

---

① 孙正聿:《理论思维的前提批判——论辩证法的批判本性》(第2版),北京:中国人民大学出版社,2010年,第124页。

② 卢梭:《论人类不平等的起源》,吕卓译,南昌:江西教育出版社,2014年,第14页。

表达了对法国封建专制制度的不满和对宽容的政治制度的向往：“他赞叹在这里'理性'是自由的，'才能'得到尊重，科学家牛顿的葬礼极备哀荣；在这里有国家的自由，贸易的自由，还有宗教的宽容，甚至连三种传统模式的政体——君主政体、贵族政体和民主政体，都能够相互制约，以一种恰当的方式组合在一起。”①

可见，启蒙哲学家们不仅博学多才，具有深厚的学养，而且勤于思考，具备对时代变革的敏锐的洞察力。面对变幻莫测的时代风云，他们超越一己之得失，审时度势，敢于冲破一切陈规陋习，高高举起变革创新的旗帜，创立了反映自己时代精神的哲学，为后人提供了宝贵的精神财富。

哲学，尤其是真正的哲学之所以是时代精神的精华，首先在于其所具有的反思批判的特质。“批判是哲学的本性。哲学的批判首先是针对哲学自身的，批判是哲学发展和变革的方式。”②哲学拒绝人云亦云、简单地重复前人的观点，不满足于仅仅描绘现实世界，仅仅做事实的阐述，它通过提供某种世界观、方法论等对现实进行反思，提醒人们注意存在的问题，引起人们的思考，从而让人们的生活更加美好。

在笛卡尔看来，一切都值得怀疑。他“对一切都持一种批判和怀疑的态度，他的全部哲学的第一个信条就是'怀疑一切'。他在其《哲学原理》一书中的第一句话就是：'要想追求真理，我们必须在一生中尽可能地把所有事物都来怀疑一次。'”③正是通过对以往所形成的知识、理论进行深刻反思，笛卡尔得出了“我思故我在”这一个在他看来能经得住检验的观点。

卡西尔在《人论》一书中指出：“即使连最极端的怀疑论思想家也从不否认认识自我的可能性和必要性。他们怀疑一切关于事物本性的普遍原理，但是，这种怀疑仅仅意味着去开启一种新的和更可靠的研究方式。

---

① 陈嘉明：《现代性与后现代性十五讲》，北京：北京大学出版社，2006年，第7页。

② 郭湛：《马克思主义哲学的实践批判理论》，《哲学研究》2006年第7期。

③ 胡军：《哲学是什么》，北京：北京大学出版社，2002年，第155页。

在哲学史上，怀疑论往往只是一种坚定的人本主义的副本而已。借着否认和摧毁外部世界的客观确实性，怀疑论者希望把人的一切思想都投回到人本身的存在上来。怀疑论者宣称，认识自我乃是实现自我的第一条件。为了欢享真正的自由，我们就必须努力打破把我们与外部世界联结起来的锁链。蒙田写道：'世界上最重要的事情就是认识自我。'"①因此，哲学上的怀疑批判精神是与主体性认知密切相连的，是主体性弘扬的标志。

尼采是具有鲜明特色的西方哲学家之一。他的哲学思想被看作后现代主义思想的源泉，其对启蒙运动和现代性的反思批判是极其深刻的。"尼采以他所具有的激情乃至偏狂，对构成欧洲悠久文明、同样也构成现代性底蕴的理性主义传统与基督教的道德信念展开猛烈的攻击，将它们视为'虚无主义'而要予以扫荡，以革新文化、奋发精神、造就新人为其哲学的根本目标。尼采以一种'狂人'的面貌出现，向传统文明乃至现代社会进行挑战，他为哲学注入一种新的以生命为本的人文精神，开拓了一种张扬生命意志的非理性的视野。"②尽管尼采提出的反叛一切传统的观点是失之偏颇的，但是作为非理性哲学的创立者，尼采表现出了一种敢为人先、不断突破的精神。

哲学批判的目的不是否定一切、颠覆一切，而是在对现实进行深刻反思的基础上对现实进行改进，使现实变得能够适应人们的各种需要，使人们的生活变得更加美好："所有哲学都必须从可疑的并且常常是有害的未经批判的常识开始，其目的是要达到澄明的、经过批判的意识，达到一种更接近真理并对人类生活更少有影响的常识。"③

面对资本主义生产方式的迅猛发展所造成的财富不断集中、无产阶级生活日益贫困的时代课题，马克思、恩格斯自觉拿起哲学的武器，以人类解放为目标和尺度，"对现存的一切进行无情的批判"，特别是对资

---

① 卡西尔：《人论》，甘阳译，北京：西苑出版社，2003年，第3—4页。

② 陈嘉明：《现代性与后现代性十五讲》，北京：北京大学出版社，2006年，第158页。

③ 胡军：《哲学是什么》，北京：北京大学出版社，2002年，第101页。

本逻辑一统天下带来的"人的以物的依赖性为基础"的生存方式进行反思和批判，"破除了把哲学的'统一性原理'视为某种与人类的历史发展无关的、绝对确定的真理性认识的形而上学的思维方式，为人类提供了对整个世界进行辩证思维的理论思维方式。它引导人类不断地批判反思和重新建构自己的知识体系和理想模式，为人类的彻底解放而不懈地奋斗"①。

由上可见，哲学层面的反思和批判是人类追求真理、发展真理所必不可少的。我们需要借助哲学思维对自我进行深刻的认识，对前人的理论成果进行全面的反思，对时代发展进行严格的审视。也只有如此，哲学才能成为自己时代精神的精华。

二、作为文明的"活的灵魂"的哲学

文明是在一定的生存方式基础上产生的积极的思想成果，对社会生产发展起着极大的促进作用。而哲学，作为一种理论化、系统化的世界观及与其相一致的方法论，对人类文明体系的组成部分诸如宗教、艺术、文学、历史等起着尤为重要的指导作用。

作为人类文明成果的创建者，哲学家以"为天地立心，为生民立命，为往圣继绝学，为万世开太平"的担当，努力钻研前贤的丰富思想，并立足于现实问题，致力于将自己的丰富学识运用于文明发展道路及规律的思考中去。正如冯友兰先生所指出的哲学家的使命是通过加强修养，不断提升人生境界，从自然境界、功利境界到"超越个人而关怀他人"的道德境界，最终达到"超越自然而又融入自然"的天地境界。

马克思、恩格斯非常注重发挥哲学在人类思想文化发展进程中的作用。马克思指出："人民的最美好、最珍贵、最隐蔽的精髓都汇集在哲学思想里。"② "德国人的解放就是人的解放。这个解放的头脑是哲学，它

---

① 孙正聿:《理论思维的前提批判——论辩证法的批判本性》(第2版)，北京:中国人民大学出版社，2010年，第111页。

② 《马克思恩格斯全集》第1卷，北京:人民出版社，1995年，第219—220页。

的心脏是无产阶级。哲学不消灭无产阶级，就不能成为现实；无产阶级不把哲学变成现实，就不可能消灭自身。"①可见，哲学在精神文明成果当中居于核心地位，起着引领作用，没有哲学领域的变革就不可能有无产阶级的解放。必须抛弃抽象的思辨思维方式，立足现实的具体的问题，联系特定的时空条件来谈人的解放。在恩格斯看来，"一个民族要想站在科学的最高峰，就一刻也不能没有理论思维"②。而人的理论思维能力必须加以培养，"为了进行这种培养，除了学习以往的哲学，直到现在还没有别的办法"③。

哲学之所以能够成为文明的"活的灵魂"，和哲学自觉地进行何谓文明，文明发展的目的、动力、衡量标准是什么等涉及文明观的问题的反思，自觉地进行思维方式的变革有关。黑格尔指出："追求真理的勇气和对于精神力量的信仰是研究哲学的第一个条件。"④正是出于对真理的追求，哲学致力于思维方式的变革，使人们对关于文明发展的根本问题的文明观保持清醒的认识。

其一，哲学以其整体性思维关注文明发展，以实现每个人的自由为最高准则。马克思指出："从前的研究国家法的哲学家是根据本能，例如功名心、善交际，或者虽然是根据理性，但并不是社会的而是个人的理性来构想国家的。现代哲学持有更加理想和更加深刻的观点，它是根据整体观念来构想国家的。它认为国家是一个庞大的机构，在这里，必须实现法律的、伦理的、政治的自由，同时，个别公民服从国家的法律也就是服从他自己的理性即人类理性的自然规律。"⑤在这里，马克思吸收了卢梭的"公意"思想，突破了仅仅从个别人或某一部分的利益出发的旧哲学的限制，从整体性、社会性的高度来考察国家的构建及对个人自

①《马克思恩格斯选集》第1卷,北京:人民出版社,1995年,第16页。

②《马克思恩格斯文集》第9卷,北京:人民出版社,2009年,第437页。

③《马克思恩格斯文集》第9卷,北京:人民出版社,2009年,第436页。

④ 黑格尔:《哲学史讲演录》第1卷,贺麟、王太庆译,上海:上海人民出版社,2013年,第5页。

⑤《马克思恩格斯全集》第1卷,北京:人民出版社,1995年,第228页。

由的保障。

其二，哲学不是哲学家自说自话，满足自我的需要，而是要紧紧贴近现实、贴近实践，回应时代提出的各种新的问题。面对哲学与具体科学的研究对象有何不同的现实问题，马克思主义哲学以实践为基础，在反思批判法国机械唯物主义及费尔巴哈直观唯物主义思想的基础上，科学地解决了哲学的研究对象问题，使它成为指导无产阶级获得自身解放进而解放全人类的科学指南："马克思主义哲学的产生，实现了哲学研究对象的深刻变革，结束了那种企图包括一切科学并凌驾于一切科学之上的'科学之科学'的统治。马克思主义哲学是关于外部世界和人类思维运动的一般规律的科学。这样，就把哲学同其他具体科学知识和其他意识形态严格区分开来，哲学和精神文明的其他方面或要素的关系才明确了，哲学对精神文明的其他方面或要素的指导作用才从自发变为自觉。哲学总是贯穿于精神文明的科学文化知识和思想政治道德的各个领域之中，这充分显示出它是精神文明的活的灵魂。"①

其三，哲学致力于实现思维方式的变革，推进文明的不断进步。哲学思维方式与自然科学发展密不可分，它在吸收了自然科学发展的积极成果的基础上产生，又随着自然科学的发展而不断变革。哲学思维以其整体性、有机性、统一性，全面观照自然科学及人类文明的发展。在《反杜林论》中，恩格斯批判了与近代自然科学发展息息相关的形而上学孤立、静止、片面的思维方式："在形而上学者看来，事物及其在思想上的反映即概念，是孤立的、应当逐个地和分别地加以考察的、固定的、僵硬的、一成不变的研究对象。他们在绝对不相容的对立中思维；他们的说法是：'是就是，不是就不是；除此以外，都是鬼话。'……形而上学的思维方式，虽然在依对象的性质而展开的各个领域中是合理的，甚至必要的，可是它每一次迟早都要达到一个界限，一超过这个界限，它就会变成片面的、狭隘的、抽象的，并且陷入无法解决的矛盾，因为它

① 杨亮：《哲学：精神文明活的灵魂》，《平原大学学报》2004年第4期。

看到一个一个的事物，忘记它们互相间的联系；看到它们的存在，忘记它们的生成和消逝；看到它们的静止，忘记它们的运动；因为它只见树木，不见森林。"①可见，形而上学思维方式割裂整个世界的普遍联系，否认世界的永恒发展，无法指导人们获得关于世界发展的客观规律，因此必须使形而上学思维方式向辩证思维方式转变，"要精确地描绘宇宙、宇宙的发展和人类的发展，以及这种发展在人们头脑中的反映，就只有用辩证的方法，只有不断地注视生成和消逝之间、前进的变化和后退的变化之间的普遍相互作用才能做到"②。

在哲学史上，形而上学思维方式由于无法把握哲学思维方式与自然科学思维方式的本质区别，表现出明显的机械性。拉·美特利在《人是机器》一书中指出，人是精致的机器。"他就是这样把人体看成是一架巨大的、极其精细、极其巧妙的'钟表'机器，钟表需要钟表匠不断上紧发条，人体这个'钟表'机器也要不断从自然里吸取养料，以在人生百年之内维持不断的生命运动。可见，由于当时历史条件和自然科学发展水平的限制，他的机械论观点表现得特别突出、典型，反映了十八世纪法国唯物论哲学固有的局限性。"③机械唯物主义虽然坚持从物质统一性的视角来考察人的本质，但是没有正确区分自然界不同运动形式之间的本质区别，将高级的具有主观能动性的人的运动形式简单地等同于低层次的机械运动。

形而上学思维方式还表现为直观性。马克思以实践为基础，批判费尔巴哈唯物主义的直观思维忽视了人的主体性。他指出："从前的一切唯物主义（包括费尔巴哈的唯物主义）的主要缺点是：对对象、现实、感性，只是从客体的或者直观的形式去理解，而不是把它们当做感性的人

---

① 《马克思恩格斯选集》第3卷，北京：人民出版社，1995年，第360页。

② 《马克思恩格斯选集》第3卷，北京：人民出版社，1995年，第362页。

③ 谢应瑞：《评拉·美特利的〈人是机器〉》，《厦门大学学报》（哲学社会科学版）1983年第1期。

的活动，当做实践去理解，不是从主体方面去理解。"①直观性思维虽然承认人是感性的，但是认为人只是被动地、照镜式地认识世界，面对不合理的现实世界，只能寄希望于别人发善心，看不到革命的实践活动的决定作用。通过批判费尔巴哈直观唯物主义，马克思、恩格斯创立了实践唯物主义。坚持从实践的观点去理解人及其与世界的关系，并通过人的实践现实地改变世界，是马克思主义哲学论纲的精髓，也是马克思主义哲学在哲学史上所实现的"实践的转向"②。马克思主义实践哲学坚持以改变世界为宗旨，既继承历史上哲学思想的精华，又实现了对先前哲学思想的革命性变革，是推进人类文明发展及人类解放事业的科学指南。

第二节　马克思主义哲学是时代精神的精华

马克思、恩格斯从"现实的、有生命的个人"出发，以整体性、辩证性思维来考察人的生存及发展。他们认为，人的生存方式经历了前资本主义社会人对人依赖的生存方式、资本主义社会人对物依赖的生存方式及未来共产主义社会人的自由个性的生态生存方式三个发展阶段。所谓"人的自由个性的生态生存方式"是超越了人对人的依赖、人对物的依赖的生存方式的束缚，实现了人与人、人与社会、人与自然及国家与国家、文明与文明之间和谐共存的生存方式，其主要特质是绿色、和谐、健康、共享。马克思主义哲学以人的生态生存方式的实现和人的解放为关注点，揭露资本主义经济、政治、文化、社会制度的颠倒性、异化性和对抗性，创立了以人与自然和谐共生，人与人、人与社会和谐相处为鲜明特质，以每个人的自由全面发展为目标的马克思主义哲学。

---

①《马克思恩格斯文集》第1卷，北京：人民出版社，2009年，第499页。

②孙正聿：《理论思维的前提批判——论辩证法的批判本性》（第2版），北京：中国人民大学出版社，2010年，第153页。

一、马克思主义哲学产生的历史必然性

首先，马克思主义哲学是顺应时代发展的需要而产生的。

时代发展的风云变幻是哲学创生的沃土。"任何一种社会思想理论的产生都有其社会需要。马克思主义这种具有历史变革意义的科学理论体系，只有社会物质生产和文化积累达到一定水平时才可能产生。毛泽东指出：'由于欧洲许多国家的社会经济情况进到了资本主义高度发展的阶段，生产力、阶级斗争和科学均发展到了历史上未有过的水平，工业无产阶级成为历史发展的最伟大的动力，因而产生了马克思主义的唯物辩证法的宇宙观。'这一科学论断不仅对于概括马克思主义哲学的产生，而且对于整个马克思主义的产生是同样适用的。"[①]19世纪，资本主义生产力迅猛发展，自由竞争的资本主义制度无法解决生产力与生产关系之间的固有矛盾，经济危机不断爆发，工人阶级的反抗斗争此起彼伏，但是由于没有科学理论的指导相继失败。马克思、恩格斯自觉承担起指导无产阶级斗争的历史使命，积极投身于革命实践，以高度的使命感、过人的学识及坚强的毅力创立了革命性与科学性、完整性与开放性、继承性与创新性有机统一的马克思主义哲学，实现了人类哲学史上的伟大变革。马克思主义哲学成为丰富和武装全世界工人阶级头脑的宝贵精神财富。

其次，马克思主义哲学是在批判继承人类思想史中优秀成果的基础上产生的，有着深厚的理论渊源。

一是理性主义哲学。欧洲有着浓厚的理性主义哲学传统，笛卡尔将理性提到了前所未有的高度，认为理性决定人的本质特征，是促进人类文明进步的根本动力。"十八世纪西方的理性主义者并不笼统地反对专制主义。他们以牛顿古典物理学为理论张本，认为人类社会犹之自然，受自然法的支配。他们所说的自然法，就是人的理性所能认知的合理的法。

---

① 陈先达：《伟大的马克思：做新时代马克思主义者》，天津：天津人民出版社，2019年，第85—86页。

只要对自然法不作人为的干扰和破坏，社会就能实现自然的'和谐'。"①

以理性主义为工具，卢梭批判了建立在"君权神授"基础上的封建专制制度，主张天赋人权，提出了集合所有人的理性精神的"公意"概念。他认为由于自然状态中存在着阻碍人类自我保存的力量，所以必须改变人类的生存方式，进入建立在社会契约之上的文明社会。文明的社会，是每个人让渡了其全部权利，进而使得政治共同体中"每个人都以其自身及其全部的力量共同置于公意的最高指导之下，并且我们在共同体中接纳每一个成员作为全体之不可分割的一部分"②。

黑格尔是理性主义哲学的集大成者，他指出："理性就是意识确知它自己即是一切实在这个确定性。"③黑格尔创立了思辨哲学，指出国家作为精神表现出来的特殊形式，是一个能够承认自身之理性与自觉性的共同体。"用黑格尔的话来说，国家就是自在自为的理性东西，是'在地上的精神'，是理性绝对目的的体现。一方面，理性的国家与自由之关系可以概括为'自在自为的国家就是伦理性的整体，是自由的现实化；而自由之成为现实乃是理性的绝对目的'。另一方面，理性的国家与个人的关系，则体现在'由于国家是客观精神，所以个人本身只有成为国家成员才具有客观性、真理性和伦理性'。"④因此，黑格尔认为是理性的国家决定个体的现实存在，而不是相反。

二是经验主义哲学。一切知识都导源于经验，是经验主义的基本命题。洛克认为经验是认识论的基础和出发点。"在洛克看来，一切知识都是建立在经验上的，而且最后是导源于经验。人们因为能观察所知觉到的外部客观事物，能观察所知觉、所反省到的内心的心理活动，所以人的理解才能得到思想的一切材料。洛克说，人们'在理性和知识方面所

---

① 吴于廑:《吉本的历史批判与理性主义思潮——重读〈罗马帝国衰亡史〉第十五、十六章书后》,《社会科学战线》1982年第1期。

② 卢梭:《社会契约论》,何兆武译,北京:商务印书馆,2003年,第20页。

③ 黑格尔:《精神现象学》上卷,贺麟等译,北京:商务印书馆,1981年,第155页。

④ 黄璇:《现代政治的理性主义路向及其限度》,《社会科学战线》2016年第11期。

有的一切材料，都是从哪里来的呢？我可以一句话答复说，它们都是从"经验"来'。这表明，洛克的认识论是以承认主体能力即主体能动性的存在为前提的……洛克认为，人类凭借着自己的理智，不仅可以获得确定性知识，还可以增长关于对自然界的知识，拓宽对社会和道德关系的理解，从而获得幸福的生活。"①

休谟将洛克的经验主义哲学向前发展了，创立了怀疑主义哲学，运用普遍怀疑的原则从根本上否定理性的作用。"休谟的世界就仅是一个经验的知觉印象世界，理性在经验的世界中是无效的。这样休谟通过知觉这个界限，拒绝着纯粹理性加入，而拒绝的理由缘于理性这种思维对外部实体与先验本质预设的依赖……休谟的人不是一个静止的实体，它是非实体化的，是由人的看、触、爱、憎、欲的各类活动，构成的一个不断生成、变化、运动着的人，因而人还可以是行动的集合体……这种由知觉集合体，向行为集合体的转换，使人的角色由单一的认识主体向生命存在者转换，当然这种转换在休谟那并不是非常显明的，它更多的体现在休谟对人的日常生活的关心中。也是在这个意义上，他认为'哲学的结论不是别的，只是系统化的修正过的日常生活的反省'。他不仅将哲学视为对日常生活的系统反省，他还时时刻刻要求人们把自己的想象力'限于日常生活中，限于实践和经验的题目上'。"②可见，休谟从怀疑论的视角拓展了哲学的自我批判、理论批判及实践批判的维度，引起人们对系统反省日常生活的重视。

三是人本主义哲学。人本主义是相对于神本主义而言的，主张恢复人的主体地位，否认宗教神学对人的宰制。"人本主义作为一种较系统的思想形态是和14—16世纪欧洲文艺复兴运动联系在一起的。人本主义（Humanism）这个词也是在欧洲文艺复兴时期才出现的。近代人本主义思

① 蒙莉、雷金星：《洛克经验主义认识论中的理性主义探析——再读〈人类理解论〉》，《广西社会科学》2014年第6期。

② 唐桂丽：《休谟经验论与现代西方哲学思想的"神会"》，《中南民族大学学报》（人文社会科学版）2005年第5期。

想的形成主要是由欧洲文艺复兴时期的人文主义运动来完成的。"①费尔巴哈吸收了人文主义思想的精髓，并在批判黑格尔思辨哲学的基础上创立了人本主义哲学。"费尔巴哈明确提出感性存在思想。他以自然属性的'感性人'代替和超越了黑格尔哲学中的'抽象的人'。诚如阿尔都塞指出，费尔巴哈发现了人的真实世界，扯破了世界史的面纱，破除了迷信、盲从和谎言，发现了人的真实，并把它重新交回给人。费尔巴哈认为人是以自然为基础的感性存在……他还进一步指出：'感性的本质，并不是精神的一个属性或一个附属物，反之，精神是感性的本质的一个属性……只有感性的本质，才感到有进行思维的需要……感性是理性、精神的前提。'费尔巴哈甚至提出'新哲学是光明正大的感性哲学'。"②

四是空想社会主义思想。空想社会主义者对资本主义制度进行了猛烈批判，探索了未来公正合理的社会制度。欧文揭示了资本主义社会贫富差距不断扩大的现实——随处可见"两种极端现象的反常结合，即知识与无知的结合，富有与贫穷的结合，豪华奢侈与忍辱负重的结合"③。"现存的社会制度已经过时，迫切要求实行人类事业中的巨大变革"④。

傅立叶认为，"情欲引力"是促进社会发展的动力："人的情欲虽然一再为哲学家们所贬低和鄙视，可是它在宇宙运动方面却发挥了仅次于上帝所发挥的作用。"⑤"人的情欲就是人不断超越现有的指向可能的超越本身，它就是人的存在。这样，我们就可以理解傅立叶根本不是要建立一个一劳永逸的封闭式理想社会或者是乌托邦，他的和谐社会是一个

---

① 胡敏中：《论人本主义》，《北京师范大学学报》（社会科学版）1995年第4期。

② 张富文：《马克思主义人本思想与费尔巴哈人本主义比较研究》，《广西社会科学》2014年第10期。

③《欧文选集》第2卷，柯象峰、何光来、秦果显译，北京：商务印书馆，2017年，第50页。

④《欧文选集》第2卷，柯象峰、何光来、秦果显译，北京：商务印书馆，2017年，第52页。

⑤ Charles Fourier, *The Theory of the Four Movements*, Cambridge University Press,1996, p.38.

动态过程，因为人的情欲引力不断推动人超越现有走向未来。我们也能够理解为什么第八期和谐社会之后还有二十四个时期，直至人类地球生活的灭亡。在傅立叶看来，启蒙哲学的问题的症结在于'宁愿否定上帝的存在，并把被他们在背后嫌弃的文明制度公开奉为至宝'，从而通过否认上帝，到达否定人的超越性存在，使得人们沉浸在给定的现状中，丧失了批判的意志。"①可见，人的生存过程就是不断改变现实，以满足情欲的过程。

圣西门认为人的良好的生存必须建立在公正、文明的社会制度基础上。"优良的社会组织会是这样的制度：首先，它尽可能使社会的大多数人过着幸福的生活，拥有最多的资料和便利条件来满足自己的日常生活的需要；其次，在这个社会组织中，最有才能和最有德行的人，拥有最多的机会居于社会的前列，而不管他们出身于什么家庭；再次，这种社会组织能把数量最多的人团结在一个社会里，使他们拥有最多的手段来抵御外敌；最后，这种社会组织能鼓励劳动，因而可以出现重大的发明，导致文明和教化的最大进步。"②同时，他认为只有建立实业制度，发展实业阶级才能保障良好的社会秩序。"我认为，在所有的社会成员当中，实业财产的持有者最关心维护公共秩序、保持政治安定和管理好公有财产"，所以，"只有劳动人民可以拥有政治权利"③。

由上可见，随着社会生产力的发展和新的社会阶级的出现，人的现实生存状况发生改变，新的哲学思想会取代陈旧的思想。比如，伴随着资产阶级推翻封建专制制度的斗争，理性主义哲学有了极大发展，通过考察人的自由、权利的来源及其实现，理性被认为是推进社会发展的动力。在黑格尔那里，绝对理性及其在现实中的体现——国家具有保障个人自由的力量。在资本主义制度固有矛盾激化、资产阶级与无产阶级对立加深的背景下，空想社会主义思想应运而生。空想社会主义者揭露了

---

① 丁东宇：《论傅立叶对人的存在理解》，《学术交流》2008年第3期。
② 《圣西门选集》第2卷，董果良译，北京：商务印书馆，1982年，第253—254页。
③ 《圣西门选集》第2卷，董果良译，北京：商务印书馆，1982年，第15页。

资本主义条件下人的生存的对抗性、不和谐性，然而由于看不到无产阶级的力量，他们将变革社会的希望要么放在理性身上，要么放在发善心的资本家那里，无法真正实现社会变革。到了19世纪三四十年代，无产阶级的力量不断壮大，开始作为独立的政治力量登上历史舞台，无产阶级争取自身合法权利的斗争不断发展壮大，迫切需要指导革命运动的科学理论，马克思主义哲学就是在这样的时代条件下，在批判继承以往哲学的基础上产生的。

二、马克思主义哲学的演变过程

马克思、恩格斯在对以往哲学进行批判反思的基础上，结合主体（个体主体、社会主体等）、客体（社会客体、自然客体等）、环境（自然环境、人文环境等）等相关要素，围绕人与自然、个体与社会、资本与人、经济建设与生态环境等之间的关系，从制度变革、规律遵循、共识培育、实践转型等不同视角来探讨打破人对物的依赖的生存方式，建立真正的联合体，促进人的自由个性的生态生存方式转型的路径方法。在马克思主义哲学视域中，万事万物构成相互联系、不可分割的网络，人是自然界中的一分子，不能以自己的活动破坏自然原有的平衡。与此同时，个体与共同体之间既相互区别，又相互联系，个体生存的意义不仅仅在于个体自身，更重要的是通过变革不合理现实的实践打破虚假共同体，构建家庭、民族、国家乃至人类等的真正共同体，以实现每个人的自由全面发展。

（一）孕育与萌芽

中学时期的马克思，"受到了具有进步思想的教师和校长的影响，他们反对蒙昧主义、崇尚科学和理性并努力引导学生追求进步的行为对马克思的思想发展具有积极的作用。可以说，家庭的熏陶，学校的教育以及整个社会的黑暗和反对专制制度的民主运动的兴起，都是激发马克思向往光明、憎恨黑暗，树立为人类谋幸福的崇高理想的动力"①。年仅17岁的马克思认真思考了什么才是人生真正的幸福。他围绕着青年人如何选择职业这一主题来思考人的生存问题，提出个体生存的最高价值就在于"选择最能为人类福利而劳动的职业"，而不仅仅是寻求仅属于个体的、可怜的、有限的、自私的乐趣，要将自己的幸福与千百万人的幸福事业紧紧结合在一起。"在这里，马克思对个人的作用、对个人的价值和理想、个人与他人、个人与整个人类的利益关系所作的论述，是在那个时代所能达到的较高认识。"②

在博士论文中，马克思选择以伊壁鸠鲁的自然哲学思想作为研究对象，力求证明伊壁鸠鲁并没有抄袭德谟克利特的自然哲学，而是提出了与之迥异的原子偏斜运动，目的就是阐明他自己的既继承又批判黑格尔的哲学思想的立场。一方面，马克思承袭了黑格尔以"自我意识"为本体的理性主义哲学观，把"自我意识"看作现象世界的本原和基础。他认为，"感性的自然也只是对象化了的、经验的、个别的自我意识，而这就是感性的自我意识"③。"自我意识"被看作现实世界的本原和基础的观点，无疑是黑格尔理性决定论的逻辑延伸。另一方面，马克思并没有局限于此，而是通过研究原子的偏斜运动，阐明人的自由生存问题。原子偏斜运动反映了马克思对打破必然性束缚，追求自由自在的、符合自己个性的生态生存方式的诉求。

在《莱茵报》和《德法年鉴》时期，马克思在积极投身实践、解决一系列与劳动人民切实利益相关的现实生存问题的过程中，实现了从唯心主义到唯物主义、从革命民主主义到共产主义的转变。马克思吸收了费尔巴哈自然主义、人本主义哲学思想的合理因素，批判了黑格尔理性

① 李士菊、郝瑞斌：《学生时代马克思宗教思想的变化——从〈中学毕业作文〉到〈博士论文〉》，《河北师范大学学报》（哲学社会科学版）2001年第2期。

② 李士菊、郝瑞斌：《学生时代马克思宗教思想的变化——从〈中学毕业作文〉到〈博士论文〉》，《河北师范大学学报》（哲学社会科学版）2001年第2期。

③ 《马克思恩格斯全集》第1卷，北京：人民出版社，1995年，第54页。

国家观及自我意识思想的局限性。囿于思辨理性的立场，黑格尔并没有从现实的人的实然的生存状况出发去研究、把握国家及其本质，而仅仅从应然的视角去构建理性国家观。马克思指出："之所以会有这些谬论，是因为黑格尔抽象地、孤立地考察国家的各种职能和活动，而把特殊的个体性看作与它们对立的东西；但是，他忘记了特殊的个体性是人的个体性，国家的各种职能和活动是人的职能；他忘记了'特殊的人格'的本质不是它的胡子、它的血液、它的抽象的肉体，而是它的社会特质，而国家的职能等等只不过是人的社会特质的存在方式和活动方式。"①因此，国家的基础不是人的理性、绝对观念，而是个体、家庭与市民社会等这些世俗形式："政治国家没有家庭的自然基础和市民社会的人为基础就不可能存在"②，即"家庭和市民社会都是国家的前提，它们才是真正活动着的；而在思辨的思维中这一切却是颠倒的"③。由此，马克思解开了"国家之谜"，冲破了黑格尔思辨哲学的束缚。

在《论犹太人问题》中，马克思围绕宗教、市民社会、国家等问题，揭示了资产阶级政治革命的本质特征，批判了资产阶级民主、自由和人权的历史局限性和虚伪性，强调必须消灭资本主义所有制，消灭资本主义国家。因为"政治革命把市民生活分解成几个组成部分，但没有变革这些组成部分本身，没有加以批判。它把市民社会，也就是把需要、劳动、私人利益和私人权利等领域看做自己持续存在的基础，看做无须进一步论证的前提，从而看做自己的自然基础"④，其结果是"利己的人"与"公民"、个体与类存在物之间的对立。因此，"只有当现实的个人把抽象的公民复归于自身，并且作为个人，在自己的经验生活、自己的个体劳动、自己的个体关系中间，成为类存在物的时候，只有当人认识到自身'固有的力量'是社会力量，并把这种力量组织起来因而不再把社

①《马克思恩格斯全集》第3卷，北京：人民出版社，2002年，第29页。
②《马克思恩格斯全集》第3卷，北京：人民出版社，2002年，第12页。
③《马克思恩格斯文集》第1卷，北京：人民出版社，2009年，第46页。
④《马克思恩格斯文集》第1卷，北京：人民出版社，2009年，第46页。

会力量以政治力量的形式同自身分离的时候，只有到了那个时候，人的解放才能完成"①。可见，正是出于对资本主义社会条件下劳动人民生存状况的关注，马克思才能深入研究宗教及其影响、政治解放与人的解放之间的关系等复杂的社会问题，确立他的解放理论的最高旨归："任何解放都是使人的世界即各种关系回归于人自身。"②所谓"人自身"，即指具有自由个性的，且实现了人与人、人与社会、人与自然及人与自身和谐的，生态化、自然化生存的人。

恩格斯在这一时期写作的《国民经济学批判大纲》中，通过批判分析包括自由主义经济学在内的资产阶级政治经济学的起源和影响，揭露了资本主义社会生产方式的矛盾，强调只有消灭私有制、全面变革不合理的社会关系，才能消除资本主义对工人生存方式的不利影响。"自由主义的经济学竭力用瓦解各民族的办法使敌对情绪普遍化，使人类变成一群正因为每一个人具有与其他人相同的利益而互相吞噬的凶猛野兽——竞争者不是凶猛野兽又是什么呢？自由主义的经济学做完这个准备工作之后，只要再走一步——使家庭解体——就达到目的了。为了实现这一点，它自己美妙的发明即工厂制度助了它一臂之力。共同利益的最后痕迹，即家庭的财产共有被工厂制度破坏了，至少在这里，在英国已处在瓦解的过程中。"③因此，自由主义经济学所维护的资本主义私有制是人的非生态生存方式产生的根源，然而"他不知道，他的全部利己的论辩只不过构成人类普遍进步的链条中的一环。他不知道，他瓦解一切私人利益只不过替我们这个世纪面临的大转变，即人类与自然的和解以及人类本身的和解开辟道路"④。

在《英国工人阶级状况》一文中，恩格斯指出正是资本主义剥削制度造成了资产阶级与无产阶级之间的尖锐对立，使工人阶级哪怕再怎么

①《马克思恩格斯文集》第1卷，北京：人民出版社，2009年，第46页。

②《马克思恩格斯文集》第1卷，北京：人民出版社，2009年，第46页。

③《马克思恩格斯文集》第1卷，北京：人民出版社，2009年，第62—63页。

④《马克思恩格斯文集》第1卷，北京：人民出版社，2009年，第63页。

辛勤工作，也会由于制度的制约，无法获得基本的生活资料的保障。"工人阶级处境悲惨的原因不应当到这些小的弊病中去寻找，而应当到资本主义制度本身中去寻找。""这就是这样一个制度的基础，这个制度使文明社会越来越分裂，一方面是一小撮路特希尔德们和万德比尔特们，他们是全部生产资料和消费资料的所有者，另一方面是广大的雇佣工人，他们除了自己的劳动力之外一无所有。产生这个结果的，并不是这个或那个次要的弊端而是制度本身，这个事实目前已经在英国资本主义的发展过程中十分鲜明地显示出来。"①对资产阶级及工人阶级真实生存状况的考察，为马克思、恩格斯创立科学的唯物史观奠定了坚实的基础。

《1844年经济学哲学手稿》是马克思用哲学、政治经济学和共产主义理论来集中分析揭露异化劳动、私有制对人的生态生存方式的破坏的著作。马克思并没有抽象地探讨人的生存问题，而是在对工人在资本主义经济发展的不同状态下的生存状况进行理性分析的基础上，批判继承了德国古典哲学关于劳动、异化、对象化、类本质等思想，揭示了英国古典国民经济学、黑格尔精神现象学及粗陋的共产主义思想等的弊端。马克思批判英国古典国民经济学只会从维护资本家的利益出发，对"人自身"包括人的本质、人的真实需求等作了错误理解，把人仅仅看作追求私有财产的物质性存在，忽视人对情感、道德等的需求，它表面上承认人，"其实是彻底实现对人的否定，因为人本身已不再同私有财产的外在本质处于外部的紧张关系中，而是人本身成了私有财产的这种紧张的本质"②。他同时指出："黑格尔是站在现代国民经济学家的立场上的。他把劳动看做人的本质，看做人的自我确证的本质；他只看到劳动的积极的方面，没有看到它的消极的方面。"③马克思考察了异化劳动四个方面的规定性，认为正是私有制与异化劳动的产生，造成了人的存在与本质、能动与受动、活动与享受及个体与类等的对立。"异化既表现为我的生活

①《马克思恩格斯文集》第1卷,北京:人民出版社,2009年,第368页。

②《马克思恩格斯文集》第1卷,北京:人民出版社,2009年,第179页。

③《马克思恩格斯文集》第1卷,北京:人民出版社,2009年,第205页。

资料属于别人，我所希望的东西是我不能得到的、别人的占有物；也表现为每个事物本身都是不同于它本身的另一个东西，我的活动是另一个东西，而最后，——这也适用于资本家，——则表现为一种非人的力量统治一切。"①因此，必须彻底扬弃私有制，恢复人与人、人与社会、人与自然及人与自身的有机统一，从而消除异化劳动，使劳动真正成为人的自由的有意识的活动，实现"对私有财产的积极的扬弃，作为对人的生命的占有，是对一切异化的积极的扬弃，从而是人从宗教、家庭、国家等等向自己的合乎人性的存在即社会的存在的复归"②。这里的社会是自然主义与人道主义相统一的，消除了由于异化劳动所带来的人与人、人与社会、人与自然及人与自身的各种矛盾，从而使人能以全新的方式实现自己的本质规定性的共产主义社会。

（二）确立与发展

1845年马克思在《关于费尔巴哈的提纲》中通过揭示费尔巴哈直观唯物主义、抽象人本主义的缺陷，阐述了建立在感性活动基础上的实践活动对于理论的决定性意义，揭示了"人的本质不是单个人所固有的抽象物，在其现实性上，它是一切社会关系的总和"③，指出"哲学家们只是用不同的方式解释世界，问题在于改变世界"④，从而确立了科学的、生态的实践观，为人的生态生存方式的实现提供了立足点和根本动力，也标志着马克思主义哲学新世界观的形成。

马克思、恩格斯在《德意志意识形态》中批判了青年黑格尔派只注重从观念出发、忽视揭示观念产生的社会现实及费尔巴哈忽视社会实践、看不到实践在社会发展中的推动作用的做法，认为应从分工、物质生产、生活方式、交往方式等出发来探讨人的生态生存方式受到制约的原因，揭示人的生态生存方式实现的条件。

①《马克思恩格斯文集》第1卷,北京:人民出版社,2009年,第233页。
②《马克思恩格斯文集》第1卷,北京:人民出版社,2009年,第186页。
③《马克思恩格斯文集》第1卷,北京:人民出版社,2009年,第501页。
④《马克思恩格斯文集》第1卷,北京:人民出版社,2009年,第502页。

其一，马克思、恩格斯明确了人的感性实践活动及自然环境的基础地位，指出："全部人类历史的第一个前提无疑是有生命的个人的存在。因此，第一个需要确认的事实就是这些个人的肉体组织以及由此产生的个人对其他自然的关系"，"任何历史记载都应当从这些自然基础以及它们在历史进程中由于人们的活动而发生的变更出发"[①]。

其二，马克思、恩格斯揭示了工业文明的发展对人的生态生存方式的破坏。他们在批判费尔巴哈关于在"存在"与"本质"关系不一致时只能被动接受的观点时指出："鱼的'本质'是它的'存在'，即水。河鱼的'本质'是河水。但是，一旦这条河归工业支配，一旦它被染料和其他废料污染，成为轮船行驶的航道，一旦河水被引入水渠，而水渠的水只要简单地排放出去就会使鱼失去生存环境，那么这条河的水就不再是鱼的'本质'了，对鱼来说它将不再是适合生存的环境了。"[②]因此，资本主导下的工业化进程就是对人的生态生存环境不断破坏的过程，是以牺牲人的特别是劳动人民的生态生存权利为代价的，是建立在人与自然对立的基础上的。

其三，马克思、恩格斯指出了必须打破旧的、不利于个体个性自由发展的分工的束缚，代之以新的交往形式，以适应生产力的发展，使个体的生态生存需求得以满足，从而由"偶然的个人"转化为"有个性的个人"。马克思、恩格斯指出，由于城市与农村、脑力劳动与体力劳动、不同行业之间不合理的分工的存在，个体只能使自己某一方面的能力得以发展，无法使自己各方面的能力同时得到发展，"只要分工还不是出于自愿，而是自然形成的，那么人本身的活动对人来说就成为一种异己的、同他对立的力量，这种力量压迫着人，而不是人驾驭着这种力量"[③]。因此，必须促进生产力极大发展，消灭旧式分工，打破阻碍人的生态生存方式实现的一切束缚，这样人才可以依照自己的兴趣和爱好选择适合自

①《马克思恩格斯文集》第1卷，北京：人民出版社，2009年，第519页。

②《马克思恩格斯文集》第1卷，北京：人民出版社，2009年，第549—550页。

③《马克思恩格斯文集》第1卷，北京：人民出版社，2009年，第537页。

己个性的活动。他们认为，狭隘的民族、国家、地域限制了生产力、生产关系等的发展。通过利用世界市场配置各种资源，促进合理的分工与合作，进行合目的性和合规律性的自由自觉的对象化劳动，个体的本质力量不断对象化，自然界与社会交往关系发生合乎自身需要的变化，更加适合人的生存和发展。在这一过程中，阻碍人的生态生存方式的各种束缚被打破，个体获得自由发展所需的各种条件，成为"世界历史性的个人"。

在《共产党宣言》中，马克思、恩格斯运用唯物史观分析资本主义的必然灭亡和共产主义的必然胜利，明确指出："代替那存在着阶级和阶级对立的资产阶级旧社会的，将是这样一个联合体，在那里，每个人的自由发展是一切人的自由发展的条件。"[①]因此，必须通过改变现实的革命实践，推进资本主义生产关系的变革，建立真正的自由人联合体。随着真正的自由人联合体的建立，异化劳动与剥削制度被消灭，个体在这种联合体中按照符合自己个性的方式生活，并自觉维护联合体的利益，得到全面发展的机会。这时，个体通过对自然规律、社会规律及思维规律的把握，成为真正自由全面发展的人。

（三）成熟与完善

马克思通过批判资产阶级政治经济学，创立了剩余价值学说，为无产阶级争取自身解放提供了科学的方法论指导。在《政治经济学批判（1857—1858年手稿）》中，马克思把人的生存方式划分为人的依赖关系，以物的依赖性为基础的人的独立性及建立在个人全面发展和他们共同的、社会的生产能力成为从属于他们的社会财富这一基础上的自由个性三个发展阶段。其中第二阶段为第三阶段作准备。而"自由个性"是指"个人重新占有异化的或物化的社会性与普遍性"[②]，是将公共性与个

① 马克思、恩格斯：《共产党宣言》，中央编译局编译，北京：人民出版社，2014年，第51页。

② 古尔德：《马克思的社会本体论：马克思社会实在理论中的个性和共同体》，王虎学译，北京：北京师范大学出版社，2009年，第33页。

性有机结合的"公共的个人"所具有的特性。

在《资本论》中，马克思指出资本主义社会雇佣劳动的存在是无产阶级生态生存方式受到破坏的根本原因。由于资本家占有生产资料，不劳而获，资本主义生产过程就同时表现为资本家对工人个人的有组织的压制。也就是说，在资本主义社会里，工人只有劳动时间，却无法拥有属于自己的生活时间。利润、利息、地租等特殊形态结晶起来的剩余价值实质上都是无酬劳动时间的化身。马克思深刻地揭示了资本主义生产方式是建立在不断满足人的物质欲望的基础上的，因此，对利润的攫取从手段变成了目的。"一旦有适当的利润，资本就胆大起来。如果有10%的利润，它就保证到处被使用；有20%的利润，它就活跃起来；有50%的利润，它就铤而走险；为了100%的利润，它就敢践踏一切人间法律；有300%的利润，它就敢犯任何罪行，甚至冒绞首的危险。如果动乱和纷争能带来利润，它就会鼓励动乱和纷争。走私和贩卖奴隶就是证明。"[1]资本拜物教和商品拜物教的存在，导致各种妨碍自由实现的现象产生。例如，本来作为人的本质力量对象化的商品与货币，反而成了统治人的力量，以致人们唯金钱独尊；满足人们需要的使用价值成了交换价值的物质承担者，以致人们宁愿把相对过剩的产品销毁也不愿送给别人；等等。人们把对外在东西的追求看作人的本性，把对物的追求与占有看作人生的最高目标和衡量自由的唯一尺度，其结果是物质财富增加了，但人的本真的、自由自觉的生态生存方式却被遗忘了。由于本真的生态生存方式被忽视，人也就无法获得真正的自由。

马克思还着重从自由与必然、物质劳动和精神劳动的辩证关系角度阐述了从必然王国向自由王国的飞跃问题，指出："自由王国只是在必要性和外在目的规定要做的劳动终止的地方才开始；因而按照事物的本性来说，它存在于真正物质生产领域的彼岸。"[2]也就是说，只要个体还没

① 马克思：《资本论》第1卷，中央编译局译，北京：人民出版社，2004年，第871页注释(250)。

② 马克思：《资本论》第3卷，中央编译局译，北京：人民出版社，2004年，第928页。

有真正进行体现"作为目的本身的人类能力"的物质劳动和精神劳动，就不可能有真正的自由，也不可能获得符合自由个性的生态生存方式。因此，"这个领域内的自由只能是：社会化的人，联合起来的生产者，将合理地调节他们和自然之间的物质变换，把它置于他们的共同控制之下，而不让它作为一种盲目的力量来统治自己；靠消耗最小的力量，在最无愧于和最适合于他们的人类本性的条件下来进行这种物质变换"①，这时，随着各种阻碍人的自由的政治、经济及思想等的消失，人与人、人与社会之间不再是根本对立的，每个人都成为联合体中地位平等的成员，人与自然之间的物质交换得以合理调节，个体获得了最大程度的自由，这是通向自由王国和人的生态生存方式的必经之途。"但是，这个领域始终是一个必然王国。在这个必然王国的彼岸，作为目的本身的人类能力的发挥，真正的自由王国，就开始了。"②所谓"作为目的本身的人类能力"是指真正体现个体自由自觉本性的物质劳动和精神劳动。现代社会，虽然人们创造的物质财富在不断增长，但存在着大量的破坏人与人、人与社会及人与自然和谐关系的非生态生存方式甚至反生态生存方式等。这说明人的生态生存方式的实现是一个个体与社会、物质劳动与精神劳动、人与自然等之间相互促进、不断发展的漫长过程。同时，自由王国的到来并不意味着完全抛弃物质劳动，而是真正实现了个体与社会、物质劳动与精神劳动、人与自然等的有机统一。因为"这个自由王国只有建立在必然王国的基础上，才能繁荣起来。工作日的缩短是根本条件"③。

在晚年，马克思继续拓展关于人的生态生存方式及其实现问题的研究。他为了把握俄国社会发展道路，坚持学习俄语，提出了跨越"卡夫丁峡谷"的设想。为了弄清人类远古社会的状况，他研读了大量人类学

① 马克思：《资本论》第3卷，中央编译局译，北京：人民出版社，2004年，第928—929页。

② 马克思：《资本论》第3卷，中央编译局译，北京：人民出版社，2004年，第929页。

③ 马克思：《资本论》第3卷，中央编译局译，北京：人民出版社，2004年，第929页。

和古代史著作，从人类的自身生产和人类的社会生产中来把握史前社会结构及其演进历史，进一步论证了生存技术、婚姻家庭形式、财产关系与社会变革的必然联系。马克思晚年关于人类学和古代史的研究为实现无产阶级和人类的解放提供了新的思想资料和理论佐证。

恩格斯则在《反杜林论》《家庭、私有制和国家的起源》等著作中，集中探讨了人类文明产生、发展的根源、动力等问题，探讨了与人的生态生存方式密切相关的平等、正义、民主等问题。"恩格斯指出，'从资产阶级由封建时代的市民等级破茧而出的时候起，从中世纪的等级转变为现代的阶级的时候起，资产阶级就由它的影子即无产阶级不可避免地一直伴随着。同样地，资产阶级的平等要求也由无产阶级的平等要求伴随着。'资产阶级的平等要求对消除封建不平等虽然起了巨大的作用，但从现代平等观念，即一切人就他们是人而言是平等的来看，资产阶级的平等要求又是不彻底的。这是因为它还只停留在政治权利的平等上，而未涉及社会和经济上的平等，而没有后者的进一步实现，前者的实现就是空话。"①他以唯物史观为武器，揭示了资本主义经济危机爆发时，工人阶级越生产，生态生存状态越遭到破坏的现象，表明资本主义制度是社会不平等、不公正等问题产生的根源："自从1825年第一次普遍危机爆发以来，整个工商业世界，一切文明民族及其野蛮程度不同的附属地中的生产和交换，差不多每隔十年就要出轨一次。交易停顿，市场盈溢，产品大量滞销积压，银根奇紧，信用停止，工厂停工，工人群众因为他们生产的生活资料过多而缺乏生活资料，破产相继发生，拍卖纷至沓来。"②

从马克思主义哲学孕育与萌芽、确立与发展、成熟与完善的演变过程可以看出，人与人、人与社会、人与自然及人与自身之间和谐共存的生态生存方式的实现并不是自然而然的或等待救助的过程，而是人不断

---

① 段忠桥：《平等是正义的表现——读恩格斯的〈反杜林论〉》，《哲学研究》2018年第4期。

②《马克思恩格斯选集》第3卷，北京：人民出版社，1995年，第626页。

打破强加于"人本身"的种种不合理的主客观条件束缚，不断实现变革和超越的实践过程。人只有从现有的前提出发，投入消灭现存的各种不合理现象的运动中去，才能解决"应有"与"现有"、存在与本质、个体与社会、自由与必然、精神与物质等之间的对抗性矛盾，才能不断满足自身对自由个性的生态生存方式的需要。

三、马克思主义哲学的基本维度

马克思主义哲学是随着时代的发展而产生的，注重对包括"人何以生存，人的自由个性的生态生存何以实现"等在内的现实性问题的思考和回答。马克思主义哲学实现了形而上本体层面和形而下经济政治文化等层面的统一，是包括人的经济生存、政治生存、文化生存、社会生存等在内的系统的哲学理论。概括地说，马克思主义哲学具有以下基本维度。

（一）批判维度

马克思主义哲学的批判维度表现为马克思、恩格斯不断追求实现变革与超越的精神。他们"从来不是以理论传承者的姿态出现的，而是以理论创生者的身份崛起的"①。他们以满足人对生态生存方式的需要为准则，直接切入资本文明条件下人的生存状况的非生态性问题，进行宗教哲学批判、政治哲学批判及经济哲学批判等，打破陈规，坚持不断变革和超越，其批判反思的力度之大是前所未有的。

第一，宗教哲学批判。马克思在博士论文中，通过树立"自我意识"的至高无上的地位来批判宗教神学。"虽然伊壁鸠鲁未能通过原子论彻底地贯彻对'神'的否定，而被迫在天体问题上止住了脚步，但是，他对哲学、自由以及个体化自我意识的充分肯定、对'神'及宗教信仰的坚决反对，却是马克思极为欣赏的。并且，通过哲学与自我、哲学与自我

---

① 张传开、牛菲:《探索、建构、确立和展开——马克思人与自然理论的历史发展》，《巢湖学院学报》2005年第1期。

意识的同一关系来达到对'神'的否定，也构成马克思这一阶段宗教批判的基本特色。"①在《〈黑格尔法哲学批判〉导言》中，马克思揭示了宗教产生的根源在现实世界，"宗教里的苦难既是现实的苦难的表现，又是对这种现实的苦难的抗议。宗教是被压迫生灵的叹息，是无情世界的情感，正像它是无精神活力的制度的精神一样。宗教是人民的鸦片"②。因此，只有对产生虚幻的宗教观念的世俗世界进行改造，使之适应人的生态生存方式的需要，才能彻底消除宗教。"真理的彼岸世界消逝以后，历史的任务就是确立此岸世界的真理。人的自我异化的神圣形象被揭穿以后，揭露具有非神圣形象的自我异化，就成了为历史服务的哲学的迫切任务。于是，对天国的批判变成对尘世的批判，对宗教的批判变成对法的批判，对神学的批判变成对政治的批判。"③在《反杜林论》中，恩格斯"批判了杜林反对一切宗教，企图用强制性方法消灭宗教的观点。他第一次完整地揭露了宗教的本质：'一切宗教都不过是支配着人们日常生活的外部力量在人们头脑中的幻想的反映，在这种反映中，人间的力量采取了超人间的力量的形式。'接下来，恩格斯从历史维度剖析了宗教的产生、演变和发展过程。他认为宗教的形成是客观规律支配下的反映活动，仅靠意识层面的认识并不足以'使社会力量服从于社会的支配'，问题的关键在于消灭宗教赖以存在的事实基础。只有'当这种行动完成的时候，当社会通过占有和有计划地使用全部生产资料而使自己和一切社会成员摆脱奴役状态的时候，当谋事在人，成事也在人的时候，现在还在宗教中反映出来的最后的异己力量才会消失，因而宗教反映本身也就随着消失'，也因此，恩格斯强烈批判杜林采用武装力量强行消灭宗教的形而上学观点"④。

---

① 李志：《马克思的个人概念》，北京：人民出版社，2014年，第73页。

②《马克思恩格斯文集》第1卷，北京：人民出版社，2009年，第4页。

③《马克思恩格斯文集》第1卷，北京：人民出版社，2009年，第4页。

④ 张智、李金平：《〈反杜林论〉的思想政治教育意蕴》，《思想政治教育研究》2019年第6期。

第二，政治哲学批判。"马克思的思想阐发，以批判精神著称于世。他的语言和文字，如同一支支投枪和匕首，义无反顾地刺向错误的思想、陈旧的制度、不公的现实。从中学毕业论文《青年在选择职业时的考虑》起，马克思就表现出了一种强烈的忧患意识，正是这一意识使马克思在纷繁复杂的现实面前显得十分深沉并富有远虑，能从风平浪静中洞察到潜在的危机和方向。"①在《莱茵报》工作期间，马克思通过对现实问题的关注，揭示出包括新闻出版、林木保护、议会辩论等在内的制度存在的问题。他通过批判黑格尔法哲学思想，指出国家不是理性思辨的产物，而是建立在维护统治阶级利益的基础上的。在《论犹太人问题》中，马克思指出资产阶级政治解放的局限性在于并没有根本废除导致人的双重存在的制度，因此，必须通过变革资本主义制度实现人的解放。在《〈黑格尔法哲学批判〉导言》中，马克思大声疾呼："向德国制度开火！一定要开火！……在同这种制度进行的斗争中，批判不是头脑的激情，它是激情的头脑。它不是解剖刀，它是武器。它的对象是自己的敌人，它不是要驳倒这个敌人，而是要消灭这个敌人。"②马克思、恩格斯指出，资本主义世界历史的形成一方面打破了狭隘的地域、民族的界限，给人的发展提供了更多条件，但另一方面又催生了世界资本市场等压迫力量，使人变得更加不自由，因此，必须通过革命实践推翻不合理的资本主义制度，使资本主义世界历史向社会主义世界历史转变。

第三，经济哲学批判。为了对工人运动进行科学的指导，从1844年至1883年去世近40年时间，马克思持之以恒地对资本主义制度进行经济哲学批判研究。在《1844年经济学哲学手稿》中，马克思揭示了古典国民经济学家们无视资本家与工人对立的现实社会状况，阐明异化劳动与私有财产的形成对工人生态生存状况的破坏，同时批判了蒲鲁东、黑格尔等哲学家维护资产阶级的立场。马克思还揭示出资本主义社会通过交换领域的表面上的平等掩盖了物质生产领域的实质上的不平等。古尔德

---

① 姜延军：《应该如何研究马克思》，《光明日报》2018年5月23日第4版。

② 《马克思恩格斯文集》第1卷，北京：人民出版社，2009年，第6页。

指出，马克思"系统地提出了异化与财产的关系。马克思的论证策略在于：表明交换领域（在交换领域，交换者都相互把彼此看作是自由的和平等的）的交互性是怎样被生产领域（在生产领域，个人都是不自由的和不平等的）的异化和剥削这些非交互性关系所破坏并让位于这些关系的"①。因此，私有制和雇佣劳动制度是资本主义社会不公正的根源，"资本主义条件下的社会关系所体现出的特征就是在一个更为深层的意义上的物的依赖性。具体而言，对马克思来说，大量的个人即雇佣劳动者都被资本这种站在他们之上并反对他们的客观力量所支配"②。

在《资本论》中，马克思集中批判了资产阶级庸俗经济学将资本主义制度看作天然合理的、无可挑剔的制度的观点，一针见血地指出了建立在资产阶级、土地所有者等有产阶级与工人阶级对立基础上的、所谓的"三位一体"的资本主义制度的颠倒性、剥削性本质："在资本—利润（或者，更恰当地说是资本—利息），土地—地租，劳动—工资中，在这个表示价值和财富一般的各个组成部分同其各种源泉的联系的经济三位一体中，资本主义生存方式的神秘化，社会关系的物化，物质的生产关系和它们的历史社会规定性的直接融合已经完成，这是一个着了魔的、颠倒的、倒立着的世界。在这个世界里，资本先生和土地太太，作为社会的人物，同时又直接作为单纯的物，在兴妖作怪。"③恩格斯在《国民经济学批判大纲》《英国工人阶级状况》等著作中指出，随着分工的扩大和机器的大量使用，人只有获得某一方面的能力发展的机会，无法实现自由全面发展。"由于我们的文明，分工无止境地增多，在这种情况下，一个工人只有在一定的机器上被用来做一定的细小的工作才能生存，成年工人几乎在任何时候都根本不可能从一种职业转到另一种新的职业，

① 古尔德:《马克思的社会本体论:马克思社会实在理论中的个性和共同体》,王虎学译,北京:北京师范大学出版社,2009年,第129页。

② 古尔德:《马克思的社会本体论:马克思社会实在理论中的个性和共同体》,王虎学译,北京:北京师范大学出版社,2009年,第128页。

③ 马克思:《资本论》第3卷,中央编译局译,北京:人民出版社,2004年,第940页。

这一点为什么经济学家又忘记了呢？"①

总之，马克思主义哲学的批判矛头指向资本主义社会的各个方面，表现在："要对现存的一切进行无情的批判，所谓无情，就是说，这种批判既不怕自己所作的结论，也不怕同现有各种势力发生冲突。"②马克思、恩格斯指出，资本主义文明的根本缺陷是"人的完全丧失""社会的全面异化"，"完整的人""有个性的个人""世界历史性的个人"被"异化的人""偶然的个人""地域性的个人"所取代，人被置于存在与本质、目的与手段、过程与结果等的背离式存在状态，沦为仅仅追求经济利益的单向度的、片面的人。通过反思批判资本主义文明条件下人的生存方式的非生态性，马克思、恩格斯阐明了从根本上变革资本主义制度、为促进人从非生态生存方式向生态生存方式的转变奠定基础的必要性。

（二）人本维度

西方学者指出："马克思的整个生涯显现出一条明显的从哲学经政治学到政治经济学的道路。马克思最初可以说是作为一位人本主义激进分子出现的，简言之是一位左派黑格尔主义哲学的追随者；然后他成为了一位革命的共产主义者，带着'共产主义'和'革命'的双重特征（即展现他所发展激进人本主义的直接的和实践的方向），马克思生涯的最高峰是作为一位社会科学家，资本主义经济运行规律的独特理论的创立者和倡导者。"③因此，在马克思主义哲学体系中，关于人的生态生存方式及其实现，使人成为"完整的人""有个性的个人""世界历史性的个人"的人本精神犹如一根红线贯穿始终。

首先，马克思、恩格斯从人的类本质、生态性本质出发探索人的生存问题。"马克思恩格斯从人的生存的异化状态出发，提出恢复人的自由的有意识活动这一类本质，实现人的自我做主、自我主导、自我支配。

①《马克思恩格斯文集》第1卷，北京：人民出版社，2009年，第86页。

②《马克思恩格斯文集》第10卷，北京：人民出版社，2009年，第7页。

③ 伯尔基：《马克思主义的起源》，伍庆、王文扬译，上海：华东师范大学出版社，2007年，第142—143页。

因而，人的自由的有意识活动这一类本质是马克思恩格斯人本思想的逻辑起点。马克思恩格斯在对人的类本质阐释中，尽管可以看到费尔巴哈的影响，但因为马克思恩格斯从劳动的视角对人类类本质进行了分析，无疑又从现实的经济话语中超越了费尔巴哈的类本质概念。在随后的马克思恩格斯思想体系的发展过程中，特别是在唯物史观视角下，他们阐述了人的类本质的复归要以现实的生活和现实的生产活动为基础，在人类历史发展的过程中才能实现。"①可见，在马克思、恩格斯看来，人的生态生存状态也就是"人本身"的生存状态，是指人的自由自觉活动的类本质、生态性本质的实现，即摆脱社会强加的、不合理的经济、政治、文化等关系的束缚，自主从事自己所感兴趣的、有利于社会及个体发展的一切活动。并且，他们认为，随着世界范围内生产力的发展，个体将不断突破狭隘的民族、种族、地域、阶级等的束缚，形成世界性交往，利用全球资源发展自己的自由个性，成为"世界历史性的个人"。

其次，马克思、恩格斯深刻揭示了人的非生态生存方式产生的根源在于资本统治。海尔布隆纳指出："资本主义生产方式中的资本是作为一种统治的社会关系存在的，是所有社会中都存在的阶级结构等级的一种体现。在其他社会中显而易见的东西，在资本主义社会中却被掩盖起来了。资本主义社会中，资本看似作为人类掌控下的巨大杠杆而存在，而不是对人类的一种惩戒工具而存在。因此，我们'服从'的是机械的节奏并跟着金钱的调子起舞，几乎没有意识到，我们遵从的是一种社会而非自然需要的支配。"②可见，在资本主义制度下，人不再是有着自然化、生态化需求及进行社会交往、得到应有的人的尊严等多元化需求的、有血有肉的具体存在，而是作为资本剥削的对象、商品倾销的对象及机器生产的工具而存在。一旦人作为剥削、倾销对象或工具的价值丧失了，人就再也无法获得生存的可能，只能挣扎在生命的边缘，随时听从死神

①　张富文：《马克思恩格斯的人本思想及当代意义》，《理论探索》2017年第4期。

②　海尔布隆纳：《马克思主义：支持与反对》，马林梅译，北京：东方出版社，2014年，第83—84页。

的召唤。在《1844年经济学哲学手稿》中，马克思致力于解决人的非生态生存方式产生的制度根源："我们现在必须弄清楚私有制、贪欲以及劳动、资本、地产三者的分离之间，交换和竞争之间、人的价值和人的贬值之间、垄断和竞争等等之间以及这全部异化和货币制度之间的本质联系。"①私有财产制度与异化劳动是相互作用的关系，它们相互勾连，形成牢不可破的联盟，成为统治阶级进行统治的工具，是导致人的异化及非生态生存方式的根源。

再次，马克思、恩格斯从促使现实社会关系变革的视角来探讨人的解放及生态生存方式的实现。"马克思恩格斯关于无产阶级的解放和人类的解放不同于费尔巴哈神学视域中的解放，也不同于施蒂纳类哲学批判中的人的解放，也不同于资产阶级所谓的政治解放，而是以人的感性物质活动为基础的解放。马克思恩格斯超越了资产阶级视域下的政治解放，提出了无产阶级政治解放的问题。资产阶级的政治解放只是使人获得一定的政治权利，并不是人的彻底解放。资产阶级的政治解放是以资产阶级为基础，并没有带来私有财产的彻底废除，以承认私有财产为前提。只要承认私有财产的合法性，无产阶级遭受奴役的经济形式就不能被打破，无产阶级的解放就不能实现，全人类的解放更谈不上。在此基础上，无产阶级的政治解放就提上日程，就是无产阶级要获得政权，为自己的解放提供保障。无产阶级的政治解放不是抽象的，而是具体的，需要以现实的生产力的发展为基础，这就会涉及人的经济解放。人的经济解放主要是指要在生产力的巨大发展基础上，无产阶级、劳动者才能从资本主义的经济压迫形式中解放出来。"②可见，必须从根本上变革资本主义制度，改善生产关系、分配关系、交换关系及消费关系等，为人的解放及人的生态生存方式的实现提供条件，因为"当人们还不能使自己的吃喝住穿在质和量方面得到充分保证的时候，人们就根本不能获得解放。'解放'是一种历史活动，不是思想活动，'解放'是由历史的关系，是

---

① 《马克思恩格斯文集》第1卷，北京：人民出版社，2009年，第156页。

② 张富文：《马克思恩格斯的人本思想及当代意义》，《理论探索》2017年第4期。

由工业状况、商业状况、农业状况、交往状况促成的"①。

最后，马克思主义哲学的终极目标是实现每个人自由而全面的发展。马克思、恩格斯指出，随着资本主义的发展，机器大生产和商品经济逐渐取代建立在手工劳动基础上的自给自足的自然经济，广大劳动人民失去了赖以生存的土地，只能成为"自由得一无所有"的工人阶级，"变成了机器的单纯的附属品"②。由于生产资料被资本家占有，劳动产品与工人分离，作为人的本质规定性的自由自觉的、创造性的劳动成为人的谋生手段，人根本无法在异常枯燥、艰辛的劳动中获得快乐。"资本具有独立性和个性，而活动着的个人却没有独立性和个性。"③人的价值只能以所占有的资本进行衡量，这种金钱拜物教必然导致拜金主义、金钱至上、极端个人主义等思潮盛行。在资本主义制度下，"工人仅仅为增殖资本而活着，只有在统治阶级的利益需要他活着的时候才能活着"④。工人苦苦挣扎于生存与死亡的边缘，忍受巨大的生存压力，生命变成无法承受的重负。为了维持自身及家庭的生存，工人阶级被迫到处奔波，成为现代性条件下的无法主宰自己命运的、无处安身的流浪者，一不小心就会落到社会最底层。人们不断思考"我是谁？我何以存在？意义何在？"等关乎人的存在的最根本的问题，却难以获得持续的、一致的自我身份认同感，人格分裂、精神错乱、情感失控、破坏成瘾等现代心理疾病经常发生，根本谈不上全面发展。而"人的全面发展是'作为一个完整的人，占有自己的全面的本质'。人的全面发展是针对资本主义旧式劳动分工与生产关系造成人的片面发展而提出的。工人的片面发展'同整个社会的分工也是分不开的……特有的分工才从生命的根源上侵袭着个人。'在资

---

① 《马克思恩格斯文集》第1卷，北京：人民出版社，2009年，第527页。

② 马克思、恩格斯：《共产党宣言》，中央编译局编译，北京：人民出版社，2014年，第34页。

③ 马克思、恩格斯：《共产党宣言》，中央编译局编译，北京：人民出版社，2014年，第44页。

④ 马克思、恩格斯：《共产党宣言》，中央编译局编译，北京：人民出版社，2014年，第43页。

本主义社会下，片面的劳动分工、畸形的社会关系对人的发展特别是全面发展带来了巨大的障碍。在资本主义生产关系下，人越发钝化、越发片面化，人的素质能力越来越窄化，人仅仅变成为生产资本而固定化为资本主义社会中的零部件，这是对人的发展的摧残、对人性的压抑。人的全面发展首先要立足于社会生产力的发展，没有生产力的发展，人的全面发展只能是纸上谈兵、画饼充饥，生产力的发展是人的全面发展的前提。合理的生产关系基础上的合理的社会关系的构建对人的全面发展也至关重要，因而人的全面发展只有在'自由人联合体'中才能实现"①。

马克思、恩格斯指出，随着生产力的高度发展，以公有制为基础的生产关系持续完善，人们建立了人与人、人与社会、人与自然和谐共存的"自由人联合体"，每个人获得利用各种社会关系来发展自己能力的机会，可以根据自己的喜好来选择适合自己的生产生活方式。"而在共产主义社会里，任何人都没有特殊的活动范围，而是都可以在任何部门内发展，社会调节着整个生产，因而使我有可能随自己的兴趣今天干这事，明天干那事，上午打猎，下午捕鱼，傍晚从事畜牧，晚饭后从事批判，这样就不会使我老是一个猎人、渔夫、牧人或批判者。"②

（三）发展维度

马克思主义哲学坚持从生产力发展与生产关系改善的唯物史观视域来考察人的发展问题。人的发展要经历三个阶段：在前资本主义社会向资本主义社会转变时期，资产阶级通过促进社会生产力的不断发展和生产关系的不断改善，打破各种封建专制制度的束缚，使人从各种"人的依赖性"的状态中解脱出来，进入资本主义社会"以物的依赖性为基础"的发展阶段。在资本主义社会向社会主义社会转变时期，无产阶级在促进现代生产力发展的基础上推进生产关系的变革，推翻资本主义制度，消除异化劳动，使人从虚假共同体与雇佣劳动中获得解放，从"偶然的

---

① 张富文：《马克思恩格斯的人本思想及当代意义》，《理论探索》2017年第4期。
② 《马克思恩格斯文集》第1卷，北京：人民出版社，2009年，第537页。

个人"转变为把握自身命运的"有个性的个人"。在社会主义社会和未来共产主义社会即真正的"自由人联合体"中，生产力水平极大提高、生产关系极大改善，人的物质劳动与体现"作为目的本身的人的能力"的精神劳动得以相互统一，既实现了物质财富的极大丰富，又使人的精神境界得以不断提升，这样就使人的自由全面发展成为现实。

恩格斯在《反杜林论》中指出了自由与必然之间的辩证关系，阐述了从资本主义社会向共产主义社会发展的路径。"自由是对必然的认识"，"必然只有在它没有被理解时才是盲目的"[1]。这就是说，自由是以对自然规律的正确认识为前提的。他强调指出："自由不在于幻想中摆脱自然规律而独立，而在于认识这些规律，从而能够有计划地使自然规律为一定的目的服务。"[2]"社会力量完全像自然力一样，在我们还没有认识和考虑到它们的时候，起着盲目的、强制的和破坏的作用。但是，一旦我们认识了它们，理解了它们的活动、方向和作用，那么，要使它们越来越服从我们的意志并利用它们来达到我们的目的，就完全取决于我们了。"[3]这也就是说，"只要我们真正认识、掌握和自觉运用了自然规律和社会发展的规律，就能够使我们的行为由自发达到自觉，由必然王国进入自由王国。而要达到这一目的就必须按照生产力的本性对待生产力，使'资本主义的占有方式'（即产品起初奴役生产者而后又奴役占有者的占有方式）让位于'以现代生产资料的本性为基础的产品占有方式'（一方面由社会直接占有，作为维持和扩大生产的资料，另一方面由个人直接占有，作为生活资料和享受资料），使'社会的生产无政府状态'让位于'按照社会总体和每个成员的需要对生产进行的社会的有计划的调节'。这样才能克服人们自身的社会结合的'不自由'和'被自然界和历史强加'的特点，使人们在'已经成为自身的社会结合的主人'的基础上'第一次成为自然界的自觉的和真正的主人'，从而真正实现恩格斯所

---

① 《马克思恩格斯文集》第9卷,北京:人民出版社,2009年,第120页。

② 《马克思恩格斯文集》第9卷,北京:人民出版社,2009年,第120页。

③ 《马克思恩格斯文集》第9卷,北京:人民出版社,2009年,第296页。

说的'两大和解'"①。

　　马克思主义哲学的发展维度还体现为它不是僵化的教条，而是在与具体国情相结合过程中不断与时俱进的鲜活的理论。中国化马克思主义哲学就是对马克思主义哲学关于社会基本矛盾、生产力与生产关系辩证关系、人民群众是历史的创造者等基本原理创造性运用和发展的成果。习近平新时代中国特色社会主义思想就是活学活用马克思主义哲学的典范。"习近平对马克思主义哲学十分熟悉，从他的一系列重要讲话中都可以感受到马克思主义哲学的思想和智慧。他善于运用马克思主义哲学的思维来阐述问题，他的许多来自生活的通俗话语都包含着深刻的哲理。他提出要树立几种思维，比如战略思维、历史思维、辩证思维、创新思维、底线思维等，都具有突出的哲学意蕴。他十分注重思想方法和工作方法，比如坚持实事求是、坚持战略定力、坚持问题导向、坚持全面协调、坚持底线思维、坚持调查研究等基本方法，此外还有学会'弹钢琴'，善于'转盘子'，坚持'钉钉子'，牵住'牛鼻子'等具体方法，其中都蕴含着马克思主义哲学智慧。"②

　　以上考察表明，马克思主义哲学以改变世界为己任，深刻批判资产阶级哲学家维护极少数人利益的不公正立场，阐述了通过变革不合理的社会制度改变以物的依赖性为基础的生存方式，实现人与人、人与社会及人与自然的和解等思想，对当代中国的发展有着重要的指导意义。"马克思恩格斯人的类本质思想以及对资本主义制度下'异化'的批判，对矫正我国社会主义市场经济的弊端、清理'异化'的社会空间具有重要意义，为'以人民为中心'思想的实现提供现实合理性基础。"③

　　在当代，我们要以实现和保障人的生态生存方式为核心，推进国家、

---

　　① 耿步健：《生态集体主义是生态共同体的价值基础——基于〈反杜林论〉的生态文明价值观思考》，《毛泽东邓小平理论研究》2016年第8期。

　　② 陈先达：《伟大的马克思：做新时代马克思主义者》，天津：天津人民出版社，2019年，第187页。

　　③ 张富文：《马克思恩格斯的人本思想及当代意义》，《理论探索》2017年第4期。

政府及个体等各个层面的协同共行，围绕经济、政治、文化、社会及生态文明等各个方面，加强包括社会主义市场经济体制在内的各项体制机制建设。国家积极加强同其他国家的联系，为个体充分利用全球性资源促进自身发展创造条件。政府加快经济建设步伐，不断提高居民收入，使人们的物质生活水平不断提高；通过完善税收制度、健全社会保障体系等措施缩小贫富差距，保障社会公平、正义等。个体要不断丰富自身的科学文化知识，掌握自然、社会、思维发展的客观必然性，不断提高自身的精神境界和思想道德水平，培养公民意识，增强进行文化传承和变革创新的个体意识，"通过发展自己的兴趣等方式来探索自由的与有个性的生活方式，从而在一定程度上避免那种单纯依靠占有'物'的拜金主义等意识形态"①。同时，个体还要积极投身到生态文明建设行动中去，在此过程中，逐步形成健康、和谐、绿色的生态生存方式。

第三节　中国化马克思主义哲学
是新型中国文明的"活的灵魂"

新中国的成立标志着中国人摆脱了被奴役、被剥削的生存状态，开始了自主探索满足人的自由个性的生态生存方式需要的进程。70多年的探索实践表明，满足人的生态生存方式的需要，必须摆脱资本增殖逻辑的束缚，倡导生态实践观，提升生态生产力，增强生态治理能力，在不断提高人们物质生活水平的同时，大力推进既内涵自然生态文明，又包括政治生态文明、精神生态文明、社会生态文明及国际关系文明等的全面的、全方位的新型生态文明建设。新中国成立以来，中国的马克思主义者在领导社会主义革命、建设和改革开放等伟大实践的过程中，始终以马克思主义哲学理论为指导，在对中华优秀传统文化进行继承创新，对冲突型、对抗型、非生态型西方工业文明进行批判反思的基础上，坚

① 李志:《马克思的个人概念》，北京:人民出版社，2014年，第257页。

持从国情出发，不断探索满足人的生态生存方式需要的方法，取得了巨大的历史性成就，积累了丰富的经验。这些成就和经验凝练为中国化马克思主义哲学，构成新型中国文明的"活的灵魂"。

一、遵循天地人贯通、物我一体、天人合一的大生态观

人的生态生存方式首先是指人与自然和谐共存的生存方式，要求消除冲突型、对抗型、非生态型文明形态所造成的人与自然的严重对立，遵循有机自然主义哲学理念，把自然界与人类社会看作一个休戚与共的生命体。

新中国成立后，党和国家领导人在探索适合本国国情的社会主义现代化建设道路上，不断挖掘传统生态文化资源，突破西方工业文明的藩篱，初步形成了自己的生态文明建设思想。面对中国人口众多、自然资源有限、生态环境遭到破坏的现状，毛泽东不断探索正确处理人与自然、经济发展与生态环境保护之间关系的方法。"在这个历史阶段，我们党领导全国人民开展绿化祖国、兴修水利、加强环保等生态修复、环境保护等建设行动，体现出党对于人与自然和谐的不懈努力。"[1]虽然由于时代条件的限制，这一时期人们的生态文明建设意识还不够明确，生态环境保护的观念还不够深刻，但是人们对治荒治沙、消灭虫害、变废水荒山为绿水青山、利用自然为人民造福等的探索却一直在进行之中，为以后的建设提供了重要的启示。

改革开放以来，我国大规模的现代化建设不断推进。"以邓小平同志为主要代表的中国共产党人认识到了生态环境在中国特色社会主义事业中的重要地位，以及资源环境问题在经济社会发展中的整体性，制定'环境保护基本国策'并以此为主题促进经济与人口资源环境相协调。"[2]

---

① 刘希刚：《中国共产党追求人与自然和谐历程中的思想成果》，《南京师大学报》（社会科学版）2019年第4期。

② 刘希刚：《中国共产党追求人与自然和谐历程中的思想成果》，《南京师大学报》（社会科学版）2019年第4期。

正是由于对生态文明的重视和关注，在我国经济社会等各方面建设取得令世界瞩目的成就的同时，我国的生态环境状况总体有所好转。20世纪90年代，可持续发展成为世界各国的共识，我国也制定了实现人与自然和谐发展的战略。江泽民强调："我国是人口众多、资源相对不足的国家，在现代化建设中必须实施可持续发展战略。"①胡锦涛明确指出："自然界是包括人类在内的一切生物的摇篮，是人类赖以生存和发展的基本条件。保护自然就是保护人类，建设自然就是造福人类。"②党的十七大旗帜鲜明地把建设生态文明作为一项战略任务摆在全党全国人民的面前。

党的十八大以来，面对我国存在的生态环境问题，以习近平同志为核心的党中央果断把生态文明建设提升到前所未有的高度，从根本理念、政策举措、制度保障、文化熏陶、市场引导等各个层面加大生态保护力度。习近平总书记强调："用最严格的制度、最严密的法治保护生态环境，健全自然资源资产管理体制，加强自然资源和生态环境监管，推进环境保护督察，落实生态环境损害赔偿制度，完善环境保护公众参与制度。"③习近平总书记提出的"两山论"，揭示了生态文明建设与经济发展之间并行不悖、相得益彰的辩证关系，为生态治理和环境质量的根本好转提供了理论指导。在党的十九大报告中，针对生态文明制度建设，习近平总书记提出了一系列指导性意见，为我国生态文明制度创新指明了方向。这些都表明我们党始终坚持建设美丽中国，开创绿色发展道路，倡导大生态观。有机马克思主义理论重要创始人菲利普·克莱顿和贾斯廷·海因泽克在进行了充分调查研究后明确表示，在地球上所有的国家当中，中国最有可能引领其他国家走向可持续发展的生态文明④。

可见，新中国成立以来，我们党始终坚持继承中国传统生态文明精

① 《江泽民文选》第2卷,北京:人民出版社,2006年,第26页。

② 中共中央文献研究室编:《十六大以来重要文献选编》(上),北京:中央文献出版社,2005年,第853页。

③ 《习近平谈治国理政》第2卷,北京:外文出版社,2017年,第396页。

④ 克莱顿、海因泽克:《有机马克思主义:生态灾难与资本主义的替代选择》,孟献丽、于桂凤、张丽霞译,北京:人民出版社,2015年,第7页。

华，突破西方工业文明的藩篱，秉持天地人贯通、物我一体、天人合一的大生态观，不断提升生态治理能力，大力推进生态文明建设，积极倡导与自然承载力相适应的生态生产方式、绿色简朴的生态生活方式、低碳环保的生态消费方式以及有机整体协同的生态思维方式等，以从根本上满足人民日益增长的，对健康和谐绿色的生态生存方式的需要。

二、彰显个体、社会与自然之间和谐相处的大智慧观

满足人的生态生存方式的需要必须摈弃以主客、人我分离为特征的对立性思维，倡导和谐性思维。与以对立性思维为根本特征的西方哲学迥异的是，中国哲学以天人合一、万物一体的和谐性思维为根本特征，主张人与自然之间毫无隔碍。人的智慧在于通过提升自己的学识、修养以参悟生命、参悟自然，以不违背自然规律的方式获取生存资料，并从自然中获取美的感受。要通过建立起人人富足、人人互助合作的大同社会，实现人与人、人与社会、人与自然的和谐相处、永续共存。

中国马克思主义者非常注重吸收中国哲学中的智慧。毛泽东博览群书，并触类旁通，将中国哲学中的智慧应用于处理人与人、人与社会、人与自然关系的实践中。在青年时代，毛泽东深受康有为"大同"思想的影响，不断探索理想社会的实现路径。"青年毛泽东在《第三札》中写道：'大同者，吾人之鹄也。'1919年，他在'新村主义'、'工读主义'的影响下，进一步将这种'大同'理想化为具体的'新村'计划。在发表于《湖南教育月刊》的《学生之工作》一文中，他提出要建立一种学校、家庭与社会结合为一体的'新村'。"①新村思想虽然带有空想社会主义和无政府主义的色彩，无法真正实现，但是表明了毛泽东在传统文化熏陶下所萌生的，为满足劳动人民对既适合自己的个性又和谐、平等的生态生存方式的需要而不断探索的责任意识和生态情怀，为以后他舍家为国，主动承担起救国救民的时代重任奠定了思想基础。

---

① 汪澍白：《传统下的毛泽东》，北京：中国青年出版社，1996年，第46—47页。

新中国成立后，中国人民以饱满的热情投入社会主义现代化建设中。以毛泽东同志为主要代表的中国共产党人提出"以苏为鉴"，坚持将马克思主义普遍真理与中国社会主义现代化建设的具体实践相结合，探索适合中国国情的发展道路。毛泽东创造性地提出了正确处理两类不同性质的矛盾和一系列正确处理人民内部矛盾的方法，"提出了改革经济政治体制的任务，形成了社会主义社会矛盾学说，论述了科学技术在社会主义现代化建设中的重要地位与作用，积极探索如何调动广大工农群众的社会主义建设积极性，调动国内外一切积极因素的方法。这些理论与实践的创新对中国社会主义现代化事业起到了重要的指导作用"[①]。这些都反映了毛泽东高超的政治智慧——灵活地将中国哲学与马克思主义哲学相融合，用于指导新中国探索人与人、人与社会、人与自然和谐相处的实践。

作为改革开放的总设计师，邓小平同样有着过人的政治智慧。他高屋建瓴，及时调整关于时代主题的认识。为了使改革开放事业不断深入人心，他生动地概括出了人人都能理解的"猫论""摸着石头过河"及"三步走"战略等。他提出了"三个有利于"标准和"发展才是硬道理"的著名论断，在中国发展面临抉择的紧要关头，解决了中国向何处去的问题。最能体现邓小平非凡智慧的是他在南方谈话中首创性地完整概括了社会主义的本质："社会主义的本质，是解放生产力，发展生产力，消灭剥削，消除两极分化，最终达到共同富裕。"[②]在经济全球化速度加快的背景下，江泽民、胡锦涛等党和国家领导人继续秉持人与人、人与社会、人与自然和谐相处的大智慧观，坚持与时俱进，求真务实，不断完善社会主义市场经济体制，加强党的执政能力建设，坚持以人为本、全面协调可持续发展和统筹兼顾，在面对重大自然灾害、重大疫情及国际金融危机时，沉着应对，不仅及时化解了危机，而且将中国特色社会主义理论和社会主义新型文明推向了新的高度，使现代化建设的"中国方

---

① 郭根山：《毛泽东与中国现代化道路——以世界现代化进程为视角》，北京：中央文献出版社，2005年，第17页。

②《邓小平文选》第3卷，北京：人民出版社，1993年，第373页。

案"获得了世界大多数国家的认可。

中国特色社会主义进入新时代后，以习近平同志为主要代表的中国共产党人庄严承诺要不断满足人民日益增长的美好生活需要，统筹推进"五位一体"总体布局和协调推进"四个全面"战略布局，通盘谋划经济、政治、文化、社会、生态等的发展，提出"一带一路"倡议，全球治理、人类命运共同体等理念，展示出中国新一代领导人的大智慧观。这种大智慧观彰显了当代中国马克思主义者的担当精神，有力地促进了个体、社会、自然的有机统一及各国、各民族的和谐共生，为不断满足人的生态生存方式的需要奠定了扎实的哲学基础。

三、倡导"和而不同"的大文明观

人的生态生存方式是建立在文明与文明之间和谐共生基础上的。塞缪尔•亨廷顿在《文明的冲突》中指出："文明的冲突是对世界和平的最大威胁，而建立在多文明基础上的国际秩序是防止世界大战的最可靠保障。"[1]作为西方学者，他不愿承认的是，正是目前仍占主导地位的西方冲突性文明造成了当今世界人与人、人与社会、人与自然等对立的加剧，以致人的生态生存方式的需要根本无法得到满足。因此，必须超越西方的冲突文明观，倡导"和而不同"的大文明观。

青年毛泽东对文明观问题有着自己的深刻思考，与当时甚嚣尘上的"全盘西化论"不同的是，他认为："怀中先生言，日本某君以东方思想均不切于实际生活。诚哉其言！吾意即西方思想亦未必尽是，几多之部分，亦应与东方思想同时改造也。"[2]他坚持从中国实际出发，以中华文明为基础，吸收西方文明中的积极因素，融合成新的文明，服务于中国现实。这种兼收并蓄、融合创新的大文明观一直贯穿于他领导中国革命和建设的过程中。

---

① 亨廷顿：《文明的冲突》，周琪译，北京：新华出版社，2017年，第381页。
②《毛泽东早期文稿》，长沙：湖南人民出版社，1990年，第68页。

新中国成立后，面对百废待兴的局面，毛泽东指出，要吸取苏联片面注重重工业建设、忽视提高人民生活水平的教训。特别是在国际关系方面，他倡导同时发展同西方大国和第三世界的关系，打开了中国外交的新局面，为中国的社会主义建设事业创造了有利的国际环境。

20世纪70年代末，邓小平审时度势，及时作出改革开放的决策。随着对外开放步伐的加快，全盘西化、自由主义、个人主义等思潮对我国的发展形成挑战。一些别有用心的人提出否定党的领导、否定社会主义制度的泛自由化的言论。邓小平明确提出坚持"一个中心，两个基本点"基本路线一百年不动摇，坚持以辩证思维看待西方文明，在吸收借鉴西方文明优秀成果的同时摒弃西方文明的弊端。随着中国特色社会主义事业的发展，社会主义文明体系的内容愈加丰富，从"物质文明和精神文明两手抓，两手都要硬"到"三位一体"到"四位一体"再到"五位一体"，充分显示出社会主义文明形态的合理性和科学性。

进入新时代，习近平总书记高度重视文明的作用，将大文明观推向了新的高度。首先，他明确指出文化自信是更深厚的自信，因为中华五千年文明"积淀着中华民族最深沉的精神追求，包含着中华民族最根本的精神基因，代表着中华民族独特的精神标识，是中华民族生生不息、发展壮大的丰厚滋养"[1]。在全国抗击新冠肺炎疫情表彰大会上的讲话中，他强调："伟大抗疫精神，同中华民族长期形成的特质禀赋和文化基因一脉相承，是爱国主义、集体主义、社会主义精神的传承和发展，是中国精神的生动诠释，丰富了民族精神和时代精神的内涵。"[2]其次，习近平总书记重视文明之间的交流互鉴。2014年3月27日，习近平主席在联合国教科文组织总部的演讲中指出："文明因交流而多彩，文明因互鉴而丰富。文明交流互鉴，是推动人类文明进步和世界和平发展的重要动

[1] 中共中央宣传部编:《习近平总书记系列重要讲话读本(2016年版)》,北京:学习出版社、人民出版社,2016年,第100页。

[2] 习近平:《在全国抗击新冠肺炎疫情表彰大会上的讲话》,北京:人民出版社,2020年,第16页。

力。"①在2019年5月亚洲文明对话大会开幕式上,他又强调:"每一种文明都扎根于自己的生存土壤,凝聚着一个国家、一个民族的非凡智慧和精神追求,都有自己存在的价值。人类只有肤色语言之别,文明只有姹紫嫣红之别,但绝无高低优劣之分。我们应该秉持平等和尊重,摒弃傲慢和偏见,加深对自身文明和其他文明差异性的认知,推动不同文明交流对话、和谐共生。"②

四、坚持知行合一、统筹共进的大实践观

所谓大实践观,是指将过去实践、当下实践与未来实践,中国实践与世界实践,个人实践与社会实践,生产实践与生态实践,改革实践与开放实践,制度建设实践与治理能力建设实践等统一谋划,使之相互协调,克服人类中心主义、西方中心主义、功利主义实践观等所滋生的负面效应,以达到改善世界之目的的实践观。

大实践观着重强调的是知行合一,行知相促,"行之力则知愈进,知之深则行愈达"③,主张无论知行都必须担当天下使命,目的是"为天地立心,为生民立命,为往圣继绝学,为万世开太平"。毛泽东以马克思主义认识论为指导,吸取中国知行哲学思想的精华,在总结中国革命实践经验的基础上创作了《实践论》和《矛盾论》。在"两论"中,毛泽东围绕"知行先后、知行轻重、知行难易"等问题,探究知行之间的辩证关系,概括人类认识运动的规律,为社会主义革命和建设事业的成功奠定了科学的实践观基础。

新中国成立后,为了摆脱贫穷落后的局面,在党的领导下,中国人民开始了艰苦卓绝的探索实践。由于坚持知行合一、统筹共进的大实践观,坚持独立自主、自力更生等方针,社会主义现代化建设取得了积极成果,为新的历史时期开创中国特色社会主义道路提供了理论准备和物

①《习近平谈治国理政》,北京:外文出版社,2014年,第258页。

②《习近平谈治国理政》第3卷,北京:外文出版社,2020年,第468—469页。

③ 参见(南宋)张栻:《论语解·序》。

质基础。十一届三中全会后，我们党重新确立了解放思想、实事求是的思想路线。围绕着解放生产力、发展生产力，邓小平提出了一系列新举措，将知行合一、统筹共进的大实践观推向了新的高度。江泽民、胡锦涛等党和国家领导人，继续高举中国特色社会主义伟大旗帜，坚持统筹共进，促使我国经济、政治、文化、社会、生态、主体、国际关系文明等各方面建设都取得了举世瞩目的成就。正如习近平总书记在庆祝改革开放40周年大会上的讲话中指出的："40年来，我们解放思想、实事求是，大胆地试、勇敢地改，干出了一片新天地。"[①]

进入新时代，习近平总书记强调"幸福都是奋斗出来的"，中华民族伟大复兴，绝不是轻轻松松、敲锣打鼓就能实现的，全党必须准备付出更为艰巨、更为艰苦的努力。2013年7月11—12日，在河北调研指导党的群众路线教育实践活动时习近平总书记深刻地论述了知与行之间的辩证统一关系。他指出，"知"和"行"是相辅相成的。只有把道理真正弄懂了，行动才能自觉持久；只有行动上落实了，对道理的领悟才能更深入。如果光有"知"，没有"行"，那这个"知"最后也不会起多大作用；反之，如果光有"行"，没有"知"，只知其然而不知其所以然，那这个"行"也是难以持久的[②]。所以，增强党员、干部的思想自觉和行动自觉，要在"知"和"行"两方面同时努力，既以"知"促"行"，又以"行"促"知"。以此思想为指导，我们党凭着敢于啃硬骨头、涉险滩、向积存多年的顽瘴痼疾开刀的精神，开启了全面深化改革的进程。"从以经济体制改革为主到全面深化经济、政治、文化、社会、生态文明体制和党的建设制度改革，党和国家机构改革、行政管理体制改革、依法治国体制改革、司法体制改革、外事体制改革、社会治理体制改革、生态环境督察体制改革、国家安全体制改革、国防和军队改革、党的领导和党的建

---

① 习近平:《在庆祝改革开放40周年大会上的讲话》，北京:人民出版社，2018年，第9页。

② 王艺霖:《习近平对中国传统文化的创造性转化和创新性发展——以知行关系为例》，人民网，http://theory.people.com.cn/。

设制度改革、纪检监察制度改革等一系列重大改革扎实推进，各项便民、惠民、利民举措持续实施，使改革开放成为当代中国最显著的特征、最壮丽的气象。"①

2019年11月，党的十九届四中全会的召开，标志着我国开启了将制度建设实践与治理能力建设实践相结合的新征程。围绕着满足人的生态生存方式的需要，我们党继续贯行知行合一、统筹共进的大实践观，大力推进生态文明制度的完善和生态治理能力的提升，形成了完备的制度体系与高效的治理能力。

五、笃行以人民为中心、集中力量办大事的大制度观

满足人的生态生存方式的需要，是与建立和完善各项制度体系、治理体系，巩固社会主义现代化建设的成果，凝聚全国人民的力量以战胜各种困难和挑战密不可分的。中华传统制度文化以"治国有常，而利民为本"的民本思想为根基，以"率先垂范，身先士卒"的奉献精神为精髓，以"立天下之正位，行天下之大道"的天下情怀为旨归，这是具有中国特色的大制度观的深厚根基。

新中国成立初期，中国共产党致力于构建迥异于西方的、以保障人民群众政治权利为目标的制度体系，建立了人民代表大会制度及中国共产党领导的多党合作和政治协商制度，着重强调民主集中、为人民服务等基本原则。"建国初期，以毛泽东为核心的第一代中央领导集体，创造了新民主主义政治体制。其本质特征是人民民主专政的新型民主。（1）在体制建构和民主形式上，有独具特色的四大创造：工人、农民、小资产阶级和民族资产阶级的统一战线制；共产党领导下的多党政治协商制；共产党领导下的联合政府制；人民代表大会制。（2）党确立了党委集权，对党和国家领导机构实行一元化领导原则。（3）加强中央对地方的领导。

---

① 习近平：《在庆祝改革开放40周年大会上的讲话》，北京：人民出版社，2018年，第10页。

高饶事件后，中央撤销了6大区行政委员会，令各省对中央负责。与此同时，由当地省委第一书记兼任大军区的第一政委。这是维护国家政权的集中统一领导的重要措施。"①在崭新的社会主义制度的保障下，中国人坚持独立自主、自力更生，开始了为摆脱贫穷落后的局面而进行艰苦卓绝的探索的实践，使社会主义现代化建设取得了积极成果，为新的历史时期开创中国特色社会主义道路提供了理论准备和物质基础。

随着改革开放伟大实践的开启，邓小平审时度势，高度重视制度建设，围绕着解放生产力、发展生产力，满足人民日益增长的物质文化需要，提出了一系列制度完善和体制改革的新举措。一代又一代中国共产党领导集体，锐意进取，坚持时空协调、统筹共进，加强中国特色社会主义经济、政治、文化、社会、生态文明等的建设，使包括市场经济、民主政治、精神文明、社会保障、资源环境等在内的各方面事业都取得了举世瞩目的成就。正如习近平总书记在庆祝改革开放40周年大会上的讲话中所强调的："制度是关系党和国家事业发展的根本性、全局性、稳定性、长期性问题。我们扭住完善和发展中国特色社会主义制度这个关键，为解放和发展社会生产力、解放和增强社会活力、永葆党和国家生机活力提供了有力保证，为保持社会大局稳定、保证人民安居乐业、保障国家安全提供了有力保证，为放手让一切劳动、知识、技术、管理、资本等要素的活力竞相迸发，让一切创造社会财富的源泉充分涌流不断建立了充满活力的体制机制。"②

党的十九届四中全会明确了我国国家制度和治理体系有着"坚持全国一盘棋，调动各方面积极性，集中力量办大事的显著优势"，强调要通过"加强系统治理、依法治理、综合治理、源头治理，把我国制度优势

---

① 孟宪龄：《毛泽东邓小平关于党的领导制度建设思想之比较》，《党的文献》2005年第3期。

② 习近平：《在庆祝改革开放40周年大会上的讲话》，北京：人民出版社，2018年，第28—29页。

更好转化为国家治理效能"①。这为满足人民美好生活需要提供了稳固的制度保障和治理遵循。在抗击新冠肺炎疫情的斗争中，中国特色社会主义制度的优越性充分彰显出来了。习近平总书记指出："抗疫斗争伟大实践再次证明，中国特色社会主义制度所具有的显著优势，是抵御风险挑战、提高国家治理效能的根本保证。衡量一个国家的制度是否成功、是否优越，一个重要方面就是看其在重大风险挑战面前，能不能号令四面、组织八方共同应对。我国社会主义制度具有非凡的组织动员能力、统筹协调能力、贯彻执行能力，能够充分发挥集中力量办大事、办难事、办急事的独特优势，这次抗疫斗争有力彰显了我国国家制度和国家治理体系的优越性。"②

由此可见，中国特色的以人民为中心、集中力量办大事的大制度观来源于中华传统制度文化，立足于当代中国现代化建设实践，是满足人民美好生活需要的制度保障。

六、践行人本、创新、协调、绿色、开放、共享的新发展观

人的生态生存方式需要的满足是建立在经济、政治、文化、社会、生态文明及人的不断发展基础上的，要求从根本上摒弃仅仅追求资本增殖的、见物不见人的、非均衡的旧发展观，以为广大劳动人民谋利益、实现人的全面发展为旨归的马克思主义发展观为指导。

新中国成立后，以毛泽东同志为主要代表的中国共产党人吸收借鉴苏联社会主义建设及西方发达资本主义国家经济建设的经验教训，坚持探索适合国情的经济社会发展道路，提出在20世纪把我国建设成为"四个现代化"的社会主义国家的构想。经过几十年的艰苦奋斗，到1978年，我国已经形成农业、工业、交通运输、建筑、金融、贸易旅游和综合技

① 《中共中央关于坚持和完善中国特色社会主义制度　推进国家治理体系和治理能力现代化若干重大问题的决定》，《人民日报》2019年11月6日第1版。

② 习近平：《在全国抗击新冠肺炎疫情表彰大会上的讲话》，北京：人民出版社，2020年，第19页。

术服务等七大行业，在以农业部门为经济主体的基础上，建成了门类比较齐全的工业体系，经济结构发生了巨大变化。

在改革开放的历史进程中，邓小平始终强调把"人民拥护不拥护，人民赞成不赞成，人民高兴不高兴，人民答应不答应"作为制定各项方针政策的出发点和归宿，坚持不断提高人民的物质生活水平，坚持"两手抓，两手都要硬"，为促进人的全面发展创造条件。

十三届四中全会后，面对新的形势，江泽民坚持发展是执政兴国的第一要务，强调："在整个社会生产和建设发展的基础上，不断使全体人民得到并日益增加看得见的利益，始终是我们中国共产党人的神圣职责。"[①]他提出促进社会主义物质文明、政治文明、精神文明的统一，全面建设小康社会。

进入21世纪，社会主义现代化建设进入重要战略机遇期，胡锦涛明确提出反对仅仅追求物的增长的发展观，坚持以人为本，全面推进经济建设、政治建设、文化建设、社会建设、生态文明建设，致力于和谐社会的构建，并积极承担国际责任，提出构建和谐世界的理念，为人的生态生存方式的实现奠定了坚实的基础。

随着经济发展进入新常态，我国经济增长速度、发展方式以及经济结构等都发生了变化，我们面临着跨越"修昔底德陷阱""中等收入陷阱"等新的历史任务，与此同时，人民对美好生活的需要在不断增长。如何才能促进发展方式、发展动力转型，如何处理好经济发展和环境保护的关系，以习近平同志为主要代表的中国共产党人作出了大胆的探索。习近平总书记反复强调，"必须确立新的发展理念，用新的发展理念引领发展行动"[②]，要打好经济结构调整、化解产能过剩等攻坚战，不断增强人民群众获得感、幸福感、安全感。党中央提出"创新、协调、绿色、开放、共享"五大发展理念，明确以创新为发展动力，以协调为发展手

---

① 《江泽民文选》第3卷，北京：人民出版社，2006年，第122页。

② 中共中央文献研究室编：《习近平关于社会主义经济建设论述摘编》，北京：中央文献出版社，2017年，第20页。

段，以绿色为发展保障，以开放为发展路径，以共享为发展目标，并以此五大发展理念为衡量经济社会发展质量的重要标准。党的十九大报告进一步强调要实现高质量发展，以供给侧结构性改革为抓手促进经济结构优化，积极培育壮大新动能，加快建设创新型国家，实施乡村振兴战略和区域协调发展战略，推动形成全面开放新格局，激发全社会创造活力和发展活力。

面对当前新的发展形势，我们要不断巩固扩大胜利成果，继续以新发展观为主导，建设现代化经济体系，确保高质量发展，将宏观调控与微观搞活有机统一起来，大力促进国内、国际市场的双循环，做好"六稳"和"六保"工作，在发展的平衡性和充分性上取得显著成效。党的十九届五中全会提出了"十四五"规划和2035年远景目标的建议，为更好地实现满足人民群众美好生活需要的发展目标，促进人的全面发展和社会全面进步提供了科学的指导。

综上所述，新中国成立以来，中国马克思主义者始终坚持不断满足人的生态生存方式需要的初心和使命，坚持从中国国情出发，不盲从、不封闭，按照自己的节奏、自己的谋划，探索并开辟了中国特色社会主义道路，大生态观、大智慧观、大文明观、大实践观、大制度观和新发展观正是我们党领导人民在勇于开拓、锐意进取的实践过程中总结凝练出来的中国化马克思主义哲学，是新型中国文明的"活的灵魂"。在这一哲学理论指导下，中国的现代化建设事业不断推进。它不仅对中华民族伟大复兴中国梦的实现有着引领作用，对人类从工业文明向新型文明形态的顺利转型也有着引领作用。它启示我们要从根本上打破西方工业文明的藩篱，坚持以人民为中心，紧紧围绕满足人的生态生存方式的需要，继续解放思想、改革创新，推进新型中国文明建设，促进人的自由全面发展，使人们不断从发展中获得更多幸福、更多满足。

第四章　新型中国文明的基本内涵

中华文明作为人类所创造的四大文明之一，对世界发展作出过重要贡献。近代以来，古老的中华文明渐渐与现代文明拉开了距离。随着新中国的诞生，中国人彻底摆脱了被奴役的状态，开始进行大规模的社会主义建设。改革开放以来，中国特色社会主义各项事业都取得了骄人的成绩，"新型中国文明"之构建已成大势。新型中国文明不同于传统中国文明，但以传统中国文明为基础，也迥异于西方文明形态，但批判吸收了西方文明的积极成果，是整体超越于传统中国文明和西方文明的现代中国文明。新型中国文明是以中国化马克思主义哲学为指导，以新型和谐为本质特征的社会主义文明形态，也是集传统性与现代性、中国性与世界性、民族性与人类性等于一体的内生型现代文明形态。它以每个人的自由全面发展为根本目标，崇尚奉献精神、集体主义精神，倡导积极进取，具有普惠性、共享性、共生性。具体包括：新型经济文明、新型政治文明、新型精神文明、新型社会文明、新型生态文明、新型主体文明及新型国际关系文明等方面。

第一节　新型经济文明

作为整个人类文明体系的基础，经济文明是指与人们的物质生产活动密切相关的、支撑起整个社会正常运转的经济成果的总和，"它系统地表现为：生存条件、生产工具、生产技术、生产规模等生产力的状况和社会物质财富积累的程度；人们日常生活条件的状况及生活水平与质量的提高；所有制关系的进步与完善、社会财富的公平分配、社会资源的优化配置、物质资料的合理消费等。"①因此，新型经济文明是生产力与生产关系的有机统一，是建立在物质资料生产能力的提高与生产关系改善相结合的基础上的。

新型经济文明是新型中国文明的最根本的内容，包括坚持公有制为主体、多种所有制经济共同发展的基本经济制度，坚持和完善社会主义市场经济体制，以实现人的自由全面发展为根本目标，走可持续发展之路，力戒"唯GDP论"等。新型经济文明建设是新型中国文明之构建的最根本的动力，遵循价值理性与制度理性、公平与效率、对内改革与对外开放、经济发展与生态保护、个体利益与社会利益等的辩证统一，是以马克思、恩格斯经济文明思想为指导，在吸收借鉴中西方经济文明思想积极成果的基础上形成，并随着中国特色社会主义现代化建设事业的推进而不断发展的。

其一，新型经济文明以马克思、恩格斯经济文明思想为指导。马克思、恩格斯创立了唯物史观，明确了物质资料生产方式的基础性、决定性的地位："物质生活的生产方式制约着整个社会生活、政治生活和精神生活的过程。"②在资本主义还处于上升时期时，他们就揭示了虽然资本主义经济文明以高度发达的商品经济文明取代了自给自足的自然经济文明，促进了社会生产力的进步，然而却是建立在人的物质占有欲望畸形发展的基础上的，无法实现人的自由全面发展，更无法实现自然主义和人道主义的统一，只能造成经济危机、生态危机及生存危机等的频繁发生。马克思指出："资产阶级借以在其中活动的那些生产关系的性质决不是单一的、单纯的，而是两重的；在产生财富的那些关系中也产生贫困；在发展生产力的那些关系中也发展一种产生压迫的力量。"③正是资本主

① 叶南客主编：《社会主义核心价值观研究丛书·文明篇》，南京：江苏人民出版社，2015年，第79页。

②《马克思恩格斯选集》第2卷，北京：人民出版社，1995年，第32页。

③《马克思恩格斯选集》第1卷，北京：人民出版社，1995年，第153页。

义生产关系的双重性，产生了富裕与贫困、进步与后退等种种悖论，使得资本主义社会无法获得健康良好运转的必要条件，因此，"由于最重要的是不使文明的果实——已经获得的生产力被剥夺，所以必须粉碎生产力在其中产生的那些传统形式"①。恩格斯也指出："利益霸占了新创造出来的各种工业力量并利用它们来达到自己的目的；由于私有制的作用，这些理应属于全人类的力量便成为少数富有的资本家的垄断物，成为他们奴役群众的工具。商业吞并了工业，因而变得无所不能，变成了人类的纽带；个人的或国家的一切交往，都被溶化在商业交往中，这就等于说，财产、物升格为世界的统治者。"②

马克思具体分析了资本主义生产、分配、交换及消费之间的辩证统一关系。他指出："生产制造出适合需要的对象；分配依照社会规律把它们分配；交换依照个人需要把已经分配的东西再分配；最后，在消费中，产品脱离这种社会运动，直接变成个人需要的对象和仆役，供个人享受而满足个人需要。因而，生产表现为起点，消费表现为终点，分配和交换表现为中间环节，这中间环节又是二重的，分配被规定为从社会出发的要素，交换被规定为从个人出发的要素。在生产中，人客体化，在消费中，物主体化；在分配中，社会以一般的、占统治地位的规定的形式，担任生产和消费之间的中介；在交换中，生产和消费由个人的偶然的规定性来中介。"③为了保证社会经济体系的正常运行，必须保持四个环节的合理比例关系。同时，马克思还揭示了资本主义私人占有制度的弊端在于，人与人之间的平等、和谐的社会关系被以物的依赖性为基础的交换价值和社会交换关系所代替，人无法实现自由全面的发展。他指出："全面发展的个人——他们的社会关系作为他们自己的共同的关系，也是服从于他们自己的共同的控制的——不是自然的产物，而是历史的产物。要使这种个性成为可能，能力的发展就要达到一定的程度和全面性，这

①《马克思恩格斯选集》第1卷，北京：人民出版社，1995年，第152页。

②《马克思恩格斯文集》第1卷，北京：人民出版社，2009年，第105页。

③《马克思恩格斯文集》第8卷，北京：人民出版社，2009年，第12—13页。

正是以建立在交换价值基础上的生产为前提的，这种生产才在产生出个人同自己和同别人相异化的普遍性的同时，也产生出个人关系和个人能力的普遍性和全面性。"①在这里，马克思提出要利用资本主义交换价值及其社会交换关系来促进生产力发展，"建立在个人全面发展和他们共同的、社会的生产能力成为从属于他们的社会财富这一基础上的自由个性，是第三个阶段。第二个阶段为第三个阶段创造条件"②。马克思、恩格斯的经济文明思想内容十分丰富且深刻，是我们坚持公有制为主体、多种所有制经济共同发展的基本经济制度，实现以人民为中心的发展，满足人民美好生活需要的科学的指导思想。

其二，新型经济文明对中国传统经济文明的成果进行创造性继承。中国以儒家思想为基础的经济文明重义轻利，重本轻末，注重使经济活动与人的德行的提升相联系，提倡以德为先、诚信待人。"子曰：'富与贵，是人之所欲也，不以其道得之，不处也；贫与贱，是人之所恶也，不以其道得之，不去也。君子去仁，恶乎成名？君子无终食之间违仁，造次必于是，颠沛必于是。'"（《论语·里仁》）在儒家看来，任何人都不会甘愿过贫穷困顿、流离失所的生活，都希望得到富裕安逸的生活，但这种生活必须通过正当、合理、不违背道德的途径去获取，否则宁守清贫而不去享受富贵，这样才能做到"德福相配"。这些思想对于人克制自己过分的欲望、追求义利统一、以德服人等有着积极的作用。"中国传统经济思想的价值取向不是指向人的欲望、需要，而是治国平天下的政治道德秩序。中国传统经济思想中对一项经济政策和经济观念的评价，往往不是从其可行性的技术分析出发，而是强调要从'道义'为先的道德价值评价出发去研究经济问题。儒家认为'义'与'利'相较而言是义重于利，道德价值高于物质利益，汉以后的儒家学者继承了先秦儒家的这些义利观念。'贵义贱利'也被称为中国传统经济思想的三大教条（另两个是'重本抑末'和'黜奢尚朴'），'贵义贱利'不是不要利，而

① 《马克思恩格斯文集》第8卷，北京：人民出版社，2009年，第56页。

② 《马克思恩格斯文集》第8卷，北京：人民出版社，2009年，第52页。

是强调要用义来统利，把人们对私利的追求规范在合乎政治道德的范围之内。""在古代中国，儒家的'成德'观念在明清商人中发挥着与新教'天职'观念相似的作用。'成德'是儒家伦理的'要义'，具体内容是儒者不但要修身见于世，更要泽加于民。明清商人认为，他们的商业生涯具有一种庄严的意义和客观的价值，自己从事经商，与士人的'成圣成贤'具有相同的价值，并无逊色可言。这说明儒家'成德'的观点也已成为明清商人经济活动的一种精神趋力。"①可见，中国儒家的经济文明具有深厚的伦理道德底蕴，从根本上拒绝仅仅追求利益的纯粹利己活动，其内涵的思想精华成为新型经济文明的历史文化基础。

其三，新型经济文明借鉴了西方市场经济理论的精华。西方建立在市民社会基础上的现代市场经济文明为促进生产力发展、世界市场的开辟奠定了基础。市场经济理论的鼻祖亚当·斯密指出，现代市场经济要以自由竞争为基础，政府不应过分干预经济。他同时也提出了以制度建设保障市场经济运行的思想。"斯密关于市场经济制度基础的分析具有恒久性的学术价值。第一，他阐明了市场经济活动的有序运行需要以制度规则为前提的原理，指出要想避免自利人相互损害、并促使其合作互利，就必须加强制度建设，从而在经济思想史上第一次提出并论证了'制度重要'这一具有极端重要性的思想理念，为统一完整的市场经济理论构筑了一块基石。第二，他明确区分了经济制度的两大基本范畴，即以法律和法规为代表的正式制度和以道德规范为代表的非正式制度，全面系统地阐释了正式制度与非正式制度的形成机理、基本功能、作用特点及其相互关系等问题，将传统的道德分析与法律分析纳入到了经济制度建构的视野之内。这样，就拓宽了经济学特别是有关市场经济的理论分析视角，为后世、特别是当代的制度经济学分析提供了重要的思想来源。第三，他论述了政府在一国的制度建设特别是市场交易的制度基础建构中所具有的重要作用，同时又强调了约束政府行为的必要性，即为了保

①　马涛、王妹黛：《中国传统经济思想与中国发展道路的历史关联》，《社会科学文摘》2019年第6期。

证公民自由和平等竞争的机会不受侵犯和干扰，必须使政府的立法与执法活动严格符合'自然自由'与公平正义的原则，使国家公职人员的行为置于严格的法律监督与道德规范之下。"①这些关于促进道德规范和加强市场经济的制度建设的思想对于社会主义市场经济的发展与完善有着积极的借鉴意义。

其四，新型经济文明萌芽于新民主主义革命时期，奠基于社会主义革命和建设时期，成熟于改革开放和社会主义现代化建设新时期，并随着新时代的实践而不断发展。在领导土地革命、抗日战争及解放战争的过程中，中国共产党人根据具体情况进行了卓有成效的经济建设，如颁布井冈山土地法，开展大生产运动，开荒种粮，号召根据地军民"自己动手，丰衣足食"，为取得新民主主义革命的最终胜利奠定了坚实的物质基础。1949年7月，毛泽东在《论人民民主专政》中阐述了即将成立的新中国的政治、经济、文化、外交等政策，指明了向苏联学习，建立社会主义经济制度的任务："我们必须克服困难，我们必须学会自己不懂的东西。我们必须向一切内行的人们（不管什么人）学经济工作。拜他们做老师，恭恭敬敬地学，老老实实地学。不懂就是不懂，不要装懂。不要摆官僚架子。钻进去，几个月，一年两年，三年五年，总可以学会的。苏联共产党人开头也有一些人不大会办经济，帝国主义者也曾等待过他们的失败。但是苏联共产党是胜利了，在列宁和斯大林领导之下，他们不但会革命，也会建设。他们已经建设起来了一个伟大的光辉灿烂的社会主义国家。苏联共产党就是我们的最好的先生，我们必须向他们学习。我们完全可以依靠人民民主专政这个武器，团结全国除了反动派以外的一切人，稳步地走到目的地。"②到1956年，社会主义公有制的主体地位得以确立。此时，毛泽东又提出了以苏为鉴，探索具有本国特色的社会主义建设道路的思想。在《论十大关系》中，毛泽东提出了社会主义经

① 张凤林：《看不见的手的背后——论亚当·斯密关于市场交易的制度基础若干思想》，《社会科学》2017年第4期。

②《毛泽东选集》第4卷，北京：人民出版社，1991年，第1481页。

济建设的若干新方针：要在着重发展重工业和国防工业的同时，大力发展同国计民生密切相关的轻工业、农业，并且充分发挥中央和地方、沿海和内地两方面的积极性。在党的八大上，陈云提出了"三个主体、三个补充"的思想，即：国家经营和集体经营是主体，一定数量的个体经营为补充；计划生产是主体，一定范围的自由生产为补充；国家市场是主体，一定范围的自由市场为补充。这一思想为大会所采纳，并写入决议，成为突破传统观念、探索适合中国特点的经济体制的重要步骤。在《关于正确处理人民内部矛盾的问题》中，毛泽东运用辩证思维方法，在分析中国国情的基础上，提出区分、处理敌我和人民内部两类矛盾的学说。他认为，社会主义社会存在着敌我之间和人民内部两类性质根本不同的矛盾，前者需要用强制的、专政的方法去解决，后者只能用民主的、说服教育的、"团结—批评—团结"的方法去解决，决不能用解决敌我矛盾的方法去解决人民内部的矛盾。这些有益的探索为开辟中国特色社会主义道路奠定了思想理论基础。

改革开放以来，围绕着计划经济与市场经济的关系，邓小平从中国国情出发，在对社会主义本质进行深刻阐述的同时，抓住了"解放生产力、发展生产力"这一重要任务，创立了社会主义市场经济理论，指出计划多一点还是市场多一点，不是社会主义与资本主义的本质区别，社会主义也可以搞市场经济，从而解决了姓"社"姓"资"之间的争论。随着社会主义市场经济体制及与其相配套的市场监督、法律法规等的建立和完善，新型经济文明获得了长足发展。"社会主义的各项制度优势、国家宏观调控的优势与市场配置社会资源的优势实现有机结合，建立社会主义市场经济体制及其运行机制，实行以按劳分配为主体、多种分配方式并存的分配制度，倡导共同富裕，反对和防止两极分化，这在根本上超越了资本主义文明的不公平发展机制。"[1]

党的十八大以来，中国特色社会主义进入新时代，人民对美好生活

① 叶南客主编：《社会主义核心价值观研究丛书·文明篇》，南京：江苏人民出版社，2015年，第89页。

的向往变得愈加强烈。面对新形势、新任务、新挑战，党的十八届三中全会通过了全面深化改革的决定，明确指出全面深化改革的总目标是完善和发展中国特色社会主义制度、推进国家治理体系和治理能力现代化。为此，要更加注重改革的系统性、整体性、协同性，加快发展社会主义市场经济、民主政治、先进文化、和谐社会、生态文明，让一切劳动、知识、技术、管理、资本的活力竞相迸发，让一切创造社会财富的源泉充分涌流，让发展成果更多更公平惠及全体人民。同时，强调要使市场在资源配置中起决定性作用。通过深化经济体制改革，坚持和完善基本经济制度，加快完善现代市场体系、宏观调控体系、开放型经济体系，加快转变经济发展方式，加快建设创新型国家，推动经济更有效率、更加公平、更可持续发展。加快转变政府职能，深化财税体制改革，健全城乡发展一体化体制机制，构建开放型经济新体制。

总之，新型经济文明是随着中国特色社会主义探索实践的过程而形成、发展和完善的。它以马克思、恩格斯经济文明思想为指导，吸收借鉴中西方经济文明思想积极成果，为新型中国文明之构建提供坚实的物质基础，也是当代中国应对一切挑战的必不可少的强大支撑力量。

第二节　新型政治文明

政治文明是指在社会中用以规范人们行为的各种规则、制度，是在解决社会交往中所产生的各种矛盾的过程中不断形成和完善的。新型政治文明是新型中国文明的本质特征，是建立在新型经济文明基础上的，吸收中国传统政治文明的精华，不断克服西方民主政治制度的弊端，切实保障人民群众的生存权、健康权、发展权等各项合法权利的社会主义新型民主政治制度。

随着私有制的出现，人与人之间的不平等不断加深。卢梭指出，"在自然状态中，不平等几乎是不存在的；随着我们能力的发展和人类智慧的进步，不平等才获得了生长的力量；最终，由于私有制和法律的建立，不平等变得根深蒂固并且合法化了。"①可见，不平等的政治制度是造成并不断扩大人与人不平等的根源。卢梭还考察了政治制度造成人与人不平等的几个发展阶段："法律和财产权的建立是第一个阶段；官职的设置是第二个阶段；合法权利转化为专制权力是第三个阶段，也是最后一个阶段。因此，富人和穷人的情形在第一个阶段被认可；强者和弱者的情形在第二个阶段被认可；主人和奴隶的情形在第三个阶段被认可。最后一种状态乃是不平等的最高点，是所有其他阶段都最终要达到的阶段，除非新的革命使政府完全瓦解，或者使政府权力恢复到合法的状态。"②因此，应从根本上变革不平等的私有制，建立公正、平等的政治制度以实现真正的民主。

马克思深刻揭示了资本主义民主的虚伪性，"正因为各个人所追求的仅仅是自己的特殊的、对他们来说是同他们的共同利益不相符合的利益，所以他们认为，这种共同利益是'异己的'和'不依赖'于他们的，即仍旧是一种特殊的独特的'普遍'利益，或者说，他们本身必须在这种不一致的状况下活动，就像在民主制中一样"③。可见，建立在阶级对立基础上的民主只是一种统治手段，不可能使人获得真正的自由和平等。"个人隶属于一定阶级这一现象，在那个除了反对统治阶级以外不需要维护任何特殊的阶级利益的阶级形成之前，是不可能消灭的。"④

马克思指出，无产阶级与资产阶级之间矛盾激化的根源在于资本主义制度。"在资本主义制度内部，一切提高社会劳动生产力的方法都是靠牺牲工人个人来实现的；一切发展生产的手段都转变为统治和剥削生产者的手段，都使工人畸形发展，成为局部的人，把工人贬低为机器的附属品，使工人受劳动的折磨，从而使劳动失去内容，并且随着科学作为

① 卢梭：《论人类不平等的起源》，吕卓译，南昌：江西教育出版社，2014年，第70—71页。

② 卢梭：《论人类不平等的起源》，吕卓译，南昌：江西教育出版社，2014年，第65页。

③《马克思恩格斯选集》第1卷，北京：人民出版社，1995年，第85页。

④《马克思恩格斯选集》第1卷，北京：人民出版社，1995年，第118页。

独立的力量被并入劳动过程而使劳动过程的智力与工人相异化；这些手段使工人的劳动条件变得恶劣，使工人在劳动过程中屈服于最卑鄙的可恶的专制，把工人的生活时间转化为劳动时间，并且把工人的妻子儿女都抛到资本的札格纳特车轮下。但是，一切生产剩余价值的方法同时就是积累的方法，而积累的每一次扩大又反过来成为发展这些方法的手段。由此可见，不管工人的报酬高低如何，工人的状况必然随着资本的积累而恶化。最后，使相对过剩人口或产业后备军同积累的规模和能力始终保持平衡的规律把工人钉在资本上，比赫斐斯塔司的楔子把普罗米修斯钉在岩石上钉得还要牢。这一规律制约着同资本积累相适应的贫困积累。因此，在一极是财富的积累，同时在另一极，即在把自己的产品作为资本来生产的阶级方面，是贫困、劳动折磨、受奴役、无知、粗野和道德堕落的积累。"①因此，只有改变不合理的资本主义制度，才能从根本上取消阶级对立状态，建立真正的共同体来维护个人的各项民主权利。

中国传统政治文明思想非常丰富，是新型政治文明建立、完善的思想基础。"用世界眼光来衡量，中国古代的国家治理是非常发达、非常完善而又非常先进的。中华民族远在上古时期就进行了丰富的民主实践和探索，丰富多彩的民主实践背后蕴藏着丰富多彩的民主思想、民主智慧和民主创造。""中国历史上在国家治理中一直存在的民主管理思想和民主治理实践，是人类政治文明发展史中共同的宝贵财富。中华民族自古以来就有集思广益、众志成城的集体主义传统。'得民心者得天下'，几乎成为中国古代历代王朝更迭的定律。尊重绝大多数人的意志，维护绝大多数人的利益，看重绝大多数人的力量，重视发挥绝大多数人的智慧，这种中国特色的民主是中国古代政治的特色和精华所在。其实，被西方自诩为人类民主唯一源头的古希腊，其民主实践和民主理论远不及中国历史悠久和丰富多彩，不仅空间范围狭小，而且持续时间也不长。""我们研究中国历史上的民主思想和民主实践，应该有足够的自信，完全勿

---

① 马克思：《资本论》第1卷，中央编译局译，北京：人民出版社，2004年，第743—744页。

须囿于西方设定的话语陷阱里作茧自缚，而可以用文明承传、国家治理、社会治理的历史传统和经验教训来说明中国的民主问题。"[1]

自建立之日起，中国共产党就把推翻国内外一切压迫势力、建立人与人平等的政治制度作为自己的目标。"崇尚政治文明、推动政治文明建设是现代政治发展的内在诉求。因此，任何一个国家在推进政治发展过程中都把政治文明建设作为重要内容并摆在突出重要位置。但是，受特定时空环境、历史传统和社会结构等多重因素的影响，每个国家推动政治文明建设的基本方略各不相同，继而使政治文明呈现出不同特征。70年来，中国政治文明建设经历了'在承前启后中稳步起航、在全新探索中迈入新征程、在新时代奋力前进'三大阶段。在这些探索过程中，中国政治文明建设形成了'坚持立足中国国情探索政治文明建设、在坚持基本制度的基础上勇于创新、坚持单项突破与整体推进相统一'等有益经验。"[2]

1945年7月，黄炎培到延安访问，向毛泽东提出了中国共产党能否跳出政权兴亡周期率的问题。毛泽东回答说："我们已经找到新路，我们能跳出这周期率。这条新路，就是民主。只有让人民来监督政府，政府才不敢松懈。只有人人起来负责，才不会人亡政息。"[3]民主，就是让中国共产党永葆青春活力的秘方[4]。毛泽东在《论人民民主专政》中阐述了我国人民民主专政的基本内涵："人民是什么？在中国，在现阶段，是工人阶级、农民阶级、城市小资产阶级和民族资产阶级。这些阶级在工人阶级和共产党的领导之下，团结起来，组成自己的国家，选举自己的政府，向着帝国主义的走狗即地主阶级和官僚资产阶级以及代表这些阶级的国民党反动派及其帮凶们实行专政，实行独裁，压迫这些人，只许他

① 刘玉辉:《中华民族传统政治文明中的民主基因及中西民主观的异同》,《红旗文稿》2016年第17期。

② 王施展、薛忠义:《政治文明建设70年:基本历程与主要经验》,《江海学刊》2019年第6期。

③《毛泽东年谱(1893—1949)》中卷,北京:中央文献出版社,2013年,第611页。

④ 董伟:《诞生——共和国孕育的十个月》,北京:东方出版社,2019年,第129页。

们规规矩矩，不许他们乱说乱动。如要乱说乱动，立即取缔，予以制裁。对于人民内部，则实行民主制度，人民有言论集会结社等项的自由权。选举权，只给人民，不给反动派。这两方面，对人民内部的民主方面和对反动派的专政方面，互相结合起来，就是人民民主专政。"①新中国成立以来，党和国家领导人坚持以人民为中心，不断探索并建立了适合中国国情的，包括人民代表大会制度、中国共产党领导的多党合作和政治协商制度、民族区域自治制度、基层群众自治制度等在内的政治制度，使我国彻底摆脱了封建落后的状态。

2001年，江泽民在全国宣传部长会议上的讲话中指出："我们在建设有中国特色社会主义、发展社会主义市场经济的过程中……要坚持不懈地加强社会主义道德建设，以德治国。法治属于政治建设、属于政治文明，德治属于思想建设、属于精神文明。"②这是我们党第一次提出"政治文明"。"党的十六大中指出：'发展社会主义民主政治，建设社会主义政治文明，是全面建设小康社会的重要目标。'并将'社会主义政治文明'第一次载入十六大修订的新党章，这是中国特色社会主义文明体系建构的重大发展，强调'社会主义物质文明、精神文明和政治文明'的三位一体是中国共产党第三代领导核心对建设中国特色社会主义的新贡献。提出了社会主义政治文明必须着力于制度建设。建设有中国特色社会主义，要坚持和完善人民代表大会制度；坚持共产党领导的多党合作、政治协商制度；坚持民族区域自治制度；坚持基层民主法制。"③

进入新时代，我们要继续以国情、世情、党情、民情为基础，继承德治与法治相结合、民为本、"节用而爱人"、"不患寡而患不均"等中国传统政治文明中的有益思想，吸收西方民主政治制度建设的积极成果，实行选举民主与协商民主相结合的民主形式，创新网络民主等新型民主

① 《毛泽东选集》第4卷，北京：人民出版社，1991年，第1475页。

② 《江泽民文选》第3卷，北京：人民出版社，2006年，第200页。

③ 叶南客主编：《社会主义核心价值观研究丛书·文明篇》，南京：江苏人民出版社，2015年，第63—64页。

形式，健全人民当家作主制度体系，以"善政"达"善治"，使人民主权落到实处。同时，深化依法治国实践，加大反腐力度，加强执政党的创造力、凝聚力、战斗力、领导力和号召力，使党内政治生态继续保持健康稳定良好的发展态势，为人的全面发展和社会全面进步提供更加坚实的政治保障。

其一，继续积极稳妥推进全面深化改革。习近平总书记急人民之所急，想人民之所想，强调必须以敢于啃硬骨头、敢于涉险滩的精神推进全面深化改革。党的十八届三中全会决议指出："改革的总目标是完善和发展中国特色社会主义制度，推进国家治理体系和治理能力现代化"，"紧紧围绕坚持党的领导、人民当家作主、依法治国有机统一深化政治体制改革，加快推进社会主义民主政治制度化、规范化、程序化，建设社会主义法治国家，发展更加广泛、更加充分、更加健全的人民民主"①。改革开放40多年的伟大实践表明，改革是中国特色社会主义道路得以开辟的根本动力，而全面深化改革是新时代推进中国特色社会主义事业进一步发展的必由之路。习近平总书记强调："我们全面深化改革，是要使中国特色社会主义制度更好；我们说坚定制度自信，不是要固步自封，而是要不断革除体制机制弊端，让我们的制度成熟而持久。"②因此，必须继续推进全面系统的改革，加强各领域改革的联动和集成，在国家治理体系和治理能力现代化、执政党的建设等方面形成总体效应，取得总体效果。

其二，继续加强人民当家作主制度保障。习近平总书记在主持十八届中央政治局第十八次集体学习时指出："一个国家的治理体系和治理能力是与这个国家的历史传承和文化传统密切相关的。解决中国的问题只能在中国大地上探寻适合自己的道路和办法。数千年来，中华民族走着一条不同于其他国家和民族的文明发展道路。我们开辟了中国特色社会

① 《中共中央关于全面深化改革若干重大问题的决定》，《人民日报》2013年11月16日第1版。

② 《习近平谈治国理政》，北京：外文出版社，2014年，第106页。

主义道路不是偶然的，是我国历史传承和文化传统决定的。我们推进国家治理体系和治理能力现代化，当然要学习和借鉴人类文明的一切优秀成果，但不是照搬其他国家的政治理念和制度模式，而是要从我国的现实条件出发来创造性前进。"①党的十九大报告进一步强调："要改进党的领导方式和执政方式，保证党领导人民有效治理国家；扩大人民有序政治参与，保证人民依法实行民主选举、民主协商、民主决策、民主管理、民主监督；维护国家法制统一、尊严、权威，加强人权法治保障，保证人民依法享有广泛权利和自由。巩固基层政权，完善基层民主制度，保障人民知情权、参与权、表达权、监督权。健全依法决策机制，构建决策科学、执行坚决、监督有力的权力运行机制。"②在党的领导下经过长期实践探索出来的、符合中国国情的中国特色社会主义制度，是人民各项民主权利得以实现的根本保障，也是实现国家治理体系和治理能力现代化的推进器，因此必须不断加以巩固。

其三，继续推进全面依法治国实践。新中国成立以来特别是改革开放以来，我国法治建设取得极大进步。党的十八大以来，以习近平同志为核心的党中央紧紧围绕如何建设法治国家、如何处理党的领导与法治国家的关系等问题进行了全面的探索，明确了社会主义法治与党的领导之间相互联系、相互促进、不可分割的关系。习近平总书记强调："在中国共产党领导下，坚持中国特色社会主义制度，贯彻中国特色社会主义法治理论，形成完备的法律规范体系、高效的法治实施体系、严密的法治监督体系、有力的法治保障体系，形成完善的党内法规体系，实现科学立法、严格执法、公正司法、全民守法，促进国家治理体系和治理能力现代化。"③在党的十九大报告中，习近平进一步指出："成立中央全面依法治国领导小组，加强对法治中国建设的统一领导。加强宪法实施和监督，推进合宪性审查工作，维护宪法权威。推进科学立法、民主立法、依法立法，以良法促进发展、保障善治。建设法治政府，推进依法行政，严格规范公正文明执法。深化司法体制综合配套改革，全面落实司法责任制，努力让人民群众在每一个司法案件中感受到公平正义。加大全民普法力度，建设社会主义法治文化，树立宪法法律至上、法律面前人人平等的法治理念。"①

因此，新型政治文明坚持通过推进各个领域的改革，推进各项旨在促进人与人、人与社会、人与自然和谐相处的制度建设，坚持全面依法治国，为人的和谐、健康的生态生存方式提供必要的政治和法律保障。新型政治文明是战胜各种挑战的政治保障，同时也为发展中国家的发展、全球治理乃至人类命运共同体的构建等提供了中国经验、中国智慧和中国方案。

第三节　新型精神文明

精神文明是文明体系的重要组成部分，是人之所以成为人的根本规定。精神文明建设在社会发展当中起着智力支持、思想动力和方向引领的作用。新型精神文明以马克思、恩格斯精神文明思想为指导，吸收了古今中外文明的精髓，实现了马、中、西的融会贯通。新型精神文明建设的主要任务是牢牢掌握意识形态工作领导权，培育和践行社会主义核心价值观，加强思想道德建设、提升全民的文化素养和精神境界，繁荣发展社会主义文艺，推动文化事业和文化产业发展等；目标是促进人从工业文明条件下的"经济人""理性人""片面的人"向新型中国文明条件下的"文明人""有个性的人""全面的人"的转型。

① 习近平：《决胜全面建成小康社会　夺取新时代中国特色社会主义伟大胜利——在中国共产党第十九次全国代表大会上的报告》，北京：人民出版社，2017年，第38—39页。

首先，新型精神文明以马克思、恩格斯精神文明思想为指导。马克思非常重视精神文明及科学理论的重要作用，认为："批判的武器当然不能代替武器的批判，物质力量只能用物质力量来摧毁；但是理论一经掌握群众，也会变成物质力量。理论只要说服人，就能掌握群众；而理论只要彻底，就能说服人。所谓彻底，就是抓住事物的根本。但是，人的根本就是人本身。"①马克思、恩格斯以唯物史观为基础，揭示了人的精神、意识活动对于社会生产生活方式的依赖性："德国哲学从天国降到人间；和它完全相反，这里我们是从人间升到天国。这就是说，我们不是从人们所说的、所设想的、所想象的东西出发，也不是从口头说的、思考出来的、设想出来的、想象出来的人出发，去理解有血有肉的人。我们的出发点是从事实际活动的人，而且从他们的现实生活过程中还可以描绘出这一生活过程在意识形态上的反射和反响的发展……不是意识决定生活，而是生活决定意识。"②

同时，马克思从全人类解放的视域，指出了资本主义生产的进步所导致的人的智力的下降，从而揭示了资产阶级文化及文明进步的悖论性。"在我们这个时代，每一种事物好像都包含有自己的反面。我们看到，机器具有减少人类劳动和使劳动更有成效的神奇力量，然而却引起了饥饿和过度的疲劳。财富的新源泉，由于某种奇怪的、不可思议的魔力而变成贫困的源泉。技术的胜利，似乎是以道德的败坏为代价换来的。随着人类愈益控制自然，个人却似乎愈益成为别人的奴隶或自身的卑劣行为的奴隶。甚至科学的纯洁光辉仿佛也只能在愚昧无知的黑暗背景上闪耀。我们的一切发明和进步，似乎结果是使物质力量成为有智慧的生命，而人的生命则化为愚钝的物质力量。现代工业和科学为一方与现代贫困和衰颓为另一方的这种对抗，我们时代的生产力与社会关系之间的这种对抗，是显而易见的、不可避免的和毋庸争辩的事实。"③恩格斯在揭露资

---

①《马克思恩格斯选集》第1卷,北京:人民出版社,1995年,第9页。

②《马克思恩格斯选集》第1卷,北京:人民出版社,1995年,第73页。

③《马克思恩格斯文集》第2卷,北京:人民出版社,2009年,第580页。

本主义文明的虚伪性时指出："文明每前进一步，不平等也同时前进一步。随着文明而产生的社会为自己所建立的一切机构，都转变为它们原来的目的的反面。"①

可见，"马克思恩格斯对传统文化观的批判是颠覆性的，传统的文化观只是看到表面上的政治历史事件、宗教的理论斗争，并且在表达阐述对此的理论观点时只会一味地赞同社会上占统治地位的虚假的意识。而马克思恩格斯的文化观从唯物史观的立场出发彻底清除了这种理论幻象，他们从对资本主义社会的生产和再生产及其维护的观念文化的意识形态性批判开始，逐步对资本主义社会的政治领域、日常生活领域的文化意识形态性展开无情批判，透过纷繁复杂的意识形态幻象揭露资本主义意识形态的虚假性及无产阶级的意识形态产生的社会基础"②。

其次，新型精神文明充分吸收了中国传统文明的精华。中华文明源远流长，有取之不尽、用之不竭的丰富文化资源，是涵养一代又一代中国人精神家园的源泉，也是新型精神文明建设的文化基础。"就中国古代传统文明而言，其本质其实是一个'中和'、'自新'的文明，在国家层面，他主张'兼相爱'、'大同'，坚持和谐，实行仁政；在个人层面，他主张规范个人的'义利观'，'教人行善'、'讲信修睦'、'修身养性'，实现'外在有礼，内在友善'；在人与自然关系的层面，他主张'天人合一'，最终实现可持续发展。这一看似简单、少变的文明源流，本质上是人类社会不懈追求与进步的结果，是人类社会自身演进、自我超越的结果，蕴含了中华民族的伟大创造，对当代精神文明建设具有重要的借鉴意义。"③因此，抹杀了传统文明，中国人就会失去安身立命、固国安邦的根本。在几千年发展的长河中，中华文明几次遭到外来文明的冲击，

①《马克思恩格斯文集》第9卷，北京：人民出版社，2009年，第147页。

② 杨忠秀、胡海波：《马克思恩格斯文化观的革命性变革》，《兰州学刊》2020年第3期。

③ 叶南客主编：《社会主义核心价值观研究丛书·文明篇》，南京：江苏人民出版社，2015年，第36—37页。

最严重的就是鸦片战争以来西方文明强势入侵，几乎从根本上断送了中华文明的血脉。但是，在一代又一代有志之士的努力下，中华文明的内在价值被不断阐发出来，并且被发扬光大。"1920年梁启超自欧洲归来，发表了《欧游心影录》，认为经第一次世界大战后西方文化已陷入绝境，而东方文化或者可以拯救世界。他对近世以来以'科学'为代表的西方文化进行了猛烈的抨击，说：'欧洲人作了一场科学万能的大梦，到如今都叫起科学破产来，这便是最近思潮变迁的一个大关键。'梁启超《欧游心影录》的发表，无疑是对'五四'运动'反传统'和鼓吹'西化'的反动。它无异于是'中学'向'西学'的挑战，为'五四'运动后东西文化的论战拉开了序幕。""1921年夏，梁漱溟作《东西文化及其哲学》的演讲，这可以说是保守主义派对'五四'运动以来'反传统'、提倡'西化'的第一次认真的反思……他认为，在不远将来是中国文化的复兴，它如同西方文化在经过漫长的中世纪之后的复兴一样。因此，梁漱溟的文化观的重点当然不在'反传统'，而是考虑在西方文化的冲击下，如何重新把中国文化精神恢复和发扬起来。"①

特别值得一提的是孙中山提出的"心性文明"，兼具中西文明的精华，将外在规范与内在修养、科技进步与个体文明、现代知识与传统美德、公共利益与个体利益有机统一，对民主革命的发展起到了积极的推进作用。"孙中山认为，'心性文明'应包含政治清明、平等、民主、科学等西方文明和仁义道德等传统美德。其中尚公去私、不谋己利，高扬'公共心'精神是其心性文明思想的核心。"②

中国共产党人在马克思主义的指导下，创造性地将中国传统文明精髓融入中国革命和建设道路的开拓之中，做到了马、中、西的融合，找到了中国特色的革命和建设道路，取得了一个接着一个的伟大胜利。因此，中国传统文明是马克思主义中国化的理论基础，只有不断吸收传统

---

① 汤一介：《和而不同》，沈阳：辽宁人民出版社，2001年，第99—100页。

② 叶南客主编：《社会主义核心价值观研究丛书·文明篇》，南京：江苏人民出版社，2015年，第19页。

文明精华，并将其与马克思主义理论相结合、与中国的现代化建设结合，并不断开拓其时代意义，才能塑造中国特色的文明理论。"离开了中国优秀传统文化，中国特色、中国气派和中国风格就无从谈起。毛泽东注重用中国传统文化中的命题解读马克思主义，深入浅出地说明问题，他创造性地用'实事求是'来阐释辩证唯物主义认识论；将'民惟邦本''民为贵，社稷次之，君为轻'等中国传统文化中的民本思想升华为'群众路线'思想；用'知行观'生动阐述认识与实践的关系，近年来，我们党提出的'全面建成小康社会'的奋斗目标，吸收借鉴传统文化中'小康'思想的精华，结合中国实际国情体现了对传统文化的继承与超越；'和平统一、一国两制'的伟大构想是对中国特有的'和合'思维的当代阐发；'依法治国，以德治国'的理念将传统法治思想和德治思想进行现代性转化；科学发展观秉承了'天人合一'的传统文化基因。习近平新时代中国特色社会主义思想深刻阐释了马克思主义中国化的文化内涵，其治国理政思想是对中国传统治国安邦、修齐治平思想的超越与转化；'人类命运共同体'理念是对'天下为公'、'世界大同'、'仁者爱人'思想的创新性发展。"①可见，中国传统文明是先人留给我们的珍贵文化遗产，是新型精神文明建设的思想基础，应在当今时代将之发扬光大，使之熠熠生辉。

再次，新型精神文明吸收了西方文明的精华。西方文明在发展过程中经历了多次的改革、复兴，这使得其文明形态日益成熟，并不断传承与演化。"1.文艺复兴的重要性在于它使西方社会与古典辉煌而伟大的文明恢复了联系，使古典文明在西方世界复兴起来，尽管是在新的境域之中有限的复兴，从而形成了人文主义的传统；非常重要的是，这个复兴并非简单的恢复，而是创造性的再生。2.宗教改革，就如韦伯所说，它标志了全部基督教祛巫历史过程的逻辑终点。这就是说，基督教神秘主义在新教的信仰之中达到了顶点，从而使人以神圣的名义将生活的全部

---

① 史焕翔：《中国优秀传统文化的当代价值》，《红旗文稿》2018年第12期。

重心放到了现世生活上来，从而完成西方基督教化以来，乃至有史文明以来从神到人，从来世到现世的最大转折。信仰的绝对个人化实际上所导致的却是信仰的虚无化，而这里值得我们重视的乃是它为现实世界的合理秩序和生活方式提供了最为有效的根据。3.启蒙运动奠定了现代西方文明的基础。虽然现代社会的基本观念、制度等并非是在启蒙运动之中首次出现的，但是启蒙运动明确地申明这些观念，使之理论化和系统化，并用其来论证、设计和完善新的制度。"①西方文明作为对世界发展影响巨大的文明形态蕴含着可资借鉴的、丰富的内涵，中西文明经历了从碰撞、冲突到交流互鉴、互促互进的转变，我们需要加强对西方文明的研究力度和深度，找到中西两种文明共生共存的契合点，以更好地促进人类的和平共处。

中国共产党一经成立，就把实现共产主义作为党的最高理想和最终目标。无数共产党人抛头颅、洒热血，前仆后继，用生命换来了新民主主义革命的伟大胜利。新中国的成立，标志着精神文明建设新征程的开启。毛泽东充满信心地指出："世间一切事物中，人是第一个可宝贵的。在共产党领导下，只要有了人，什么人间奇迹也可以造出来。我们是艾奇逊反革命理论的驳斥者，我们相信革命能改变一切，一个人口众多、物产丰盛、生活优裕、文化昌盛的新中国，不要很久就可以到来，一切悲观论调是完全没有根据的。"②他还说："自从中国人学会了马克思列宁主义以后，中国人在精神上就由被动转入主动。从这时起，近代世界历史上那种看不起中国人，看不起中国文化的时代应当完结了。伟大的、胜利的中国人民解放战争和人民大革命，已经复兴了并正在复兴着伟大的中国人民的文化。这种中国人民的文化，就其精神方面来说，已经超过了整个资本主义的世界。"③毛泽东还提出了"双百"方针，对新中国

---

① 韩水法：《如何理解西方文明的核心因素？》，《华东师范大学学报》(哲学社会科学版)2008年第1期。

② 《毛泽东选集》第4卷，北京：人民出版社，1991年，第1512页。

③ 《毛泽东选集》第4卷，北京：人民出版社，1991年，第1516页。

初创时期的精神文明建设起了积极的推进作用。

改革开放以来，邓小平指出要"两手抓，两手都要硬"，加强以培养"四有"新人为目标的社会主义精神文明建设。1983年4月，邓小平在会见印度共产党（马克思主义）中央代表团时说："在社会主义国家，一个真正的马克思主义政党在执政以后，一定要致力于发展生产力，并在这个基础上逐步提高人民的生活水平。这就是建设物质文明。与此同时，还要建设社会主义的精神文明，最根本的是要使广大人民有共产主义的理想，有道德，有文化，守纪律。"[①]1985年9月，在党的全国代表会议上的讲话中，他就精神文明建设对物质文明建设的重要影响再次指出："不加强精神文明的建设，物质文明的建设也要受破坏，走弯路。光靠物质条件，我们的革命和建设都不可能胜利。"[②]党的十四大提出"把社会主义精神文明建设提高到新水平"。党的十五大报告指出："在社会主义初级阶段，必须坚持党的领导和人民民主专政，坚持物质文明和精神文明两手抓、两手都要硬的方针。"[③]

党的十八大以来，我国新型精神文明建设取得显著成果。

其一，明确文化自信是更基本、更深沉、更持久的力量。文化兴国运兴，文化强民族强。习近平总书记指出："文化自信，是更基础、更广泛、更深厚的自信，是更基本、更深沉、更持久的力量。"[④]文化自信之所以"更基础，体现在文化自信是'三个自信'的基础，是基础的基础，即其为道路自信提供精神支撑、为理论自信提供文化根基、为制度自信提供价值遵循；更广泛，体现在文化自信相比'三个自信'在作用方式上更具广泛性，既渗透在道路自信、理论自信、制度自信之中，又以自身独特的形式广泛而深刻地影响着人们；更深厚，体现在文化自信相比'三个自信'在影响程度上更具深刻性，既具有现实理论指导的深度，又

---

① 《邓小平文选》第3卷，北京：人民出版社，1993年，第28页。

② 《邓小平文选》第3卷，北京：人民出版社，1993年，第144页。

③ 《江泽民文选》第2卷，北京：人民出版社，2006年，第16页。

④ 《习近平谈治国理政》第2卷，北京：外文出版社，2017年，第349页。

具有历史文化影响的厚度"，"更基本，体现在文化作为社会发展的基础在作用范围上更具广度，既渗透在经济、政治等基础之中，也有着独自的特殊形态；更深沉，体现在文化对人的影响更具思想深度，不仅影响着人的现实的思想行为，而且影响着人的潜在的思想行为；更持久，体现在文化对人的影响更具时间长度，不仅影响着人的当前思想和当前人的思想，而且影响着人的未来思想和未来人的思想"①。可见，文化作为关乎人们意识活动、精神世界的形式，作为国家软实力的标志，与人的发展、国家富强、社会进步息息相关。因此，坚持文化自信，可以为坚持道路自信、理论自信及制度自信奠定坚实的思想文化基础。

其二，高度重视传统文化，提出对传统文化进行创造性转化和创新性发展。要努力从中华民族世世代代形成和积累的优秀传统文化中汲取营养和智慧，延续文化基因，萃取思想精华，展现精神魅力。中华优秀传统文化蕴含着丰富的生态生存思想，如儒家关于天人合一、民胞物与、诚信至善、贵和尚中等和谐生存思想，道家关于道法自然、万物一体、无为而治、安时处顺等自然生存思想，中国古代诗词当中蕴含的物我相忘、回归田园、淡泊优雅、怡然自得等诗意生存思想等，这些优秀的传统生态文化为新时代人的生态生存方式转变提供恒久的动力。

其三，大力推动文化事业和文化产业发展。满足人民过上美好生活的新期待，必须提供丰富的精神食粮。党的十九大报告指出："要深化文化体制改革，完善文化管理体制，加快构建把社会效益放在首位、社会效益和经济效益相统一的体制机制。完善公共文化服务体系，深入实施文化惠民工程，丰富群众性文化活动。"②新时代精神文明建设要植根于生机勃勃的大众文化。"我们所生活的现时代是一个无远弗届的大众文化时代。以媒体特别是新媒体为载体的大众文化时时处处无缝地满足着大

① 刘宏达、王荣：《习近平文化自信思想的科学内涵及其实践价值》，《科学社会主义》(双月刊)2018年第1期。

② 习近平：《决胜全面建成小康社会　夺取新时代中国特色社会主义伟大胜利——在中国共产党第十九次全国代表大会上的报告》，北京：人民出版社，2017年，第44页。

众的精神需要，对大众的认知、理解、价值观产生着最贴近而深刻的影响，当然也就深刻地影响着人们对美好生活的理解以及诉求的维度、层次和缓急。不认真应对大众文化对美好生活需要的形塑，就不可能引导人们生成合理的美好生活需要……特别需要呼唤一种新感性(New Sensibility)启蒙，超越缺乏激情的旧感性和缺乏人文的旧理性，使人们恢复生命感受力，提升理性反省力，重塑生活审美力，从而唤醒人们追求和创造真正美好生活的能力。马克思曾经说，人是感性、对象性的存在物，也是有激情的存在物，'激情、热情是人强烈追求自己的对象的本质力量'。这种再度启蒙的感性，必将是人们按照美的规律创造美好生活的强大力量。"①因此，必须推进既为大众喜闻乐见又有高雅品质的大众文化建设，而大众生态文化建设是其中重要的内容。所谓大众生态文化是群众能积极参与，有利于群众身心健康的有益文化。大众生态文化建设与人民美好生活息息相关，极大地影响着当代中国人的价值观。正是在大众生态文化的影响下，健康、良好、丰富多彩的生态生存方式正在被大多数人所接纳。随着生活内容愈加多样化，人们的身心等都得到很好的锻炼和熏陶，这为社会主义新型文明的构建奠定了广泛而深厚的主体基础。因此，生机勃勃、富有朝气、群众喜闻乐见的大众生态文化，可以为新时代精神文明建设提供不竭的源泉，而新时代精神文明建设又能引领人们采取积极乐观、健康良好的生态生存方式。

第四节　新型社会文明

个人与社会之间是须臾不可分割的、有机统一体。马克思指出："人的本质不是单个人所固有的抽象物，在其现实性上，它是一切社会关系的总和。"②为此，必须不断加强民生建设，推进公正、合理、和谐、有

---

① 沈湘平、刘志洪：《正确理解和引导人民的美好生活需要》，《马克思主义研究》2018年第8期。

②《马克思恩格斯选集》第1卷，北京：人民出版社，1995年，第56页。

序的社会关系、社会生活、社会自治及社会治理形式等的建设，以满足人民群众日益增长的对良好、健康、公正、文明的社会运行秩序的需求。新型社会文明旨在改变工业文明条件下的经济、社会及人的不均衡发展状况，加强和创新社会治理，不断提高保障和改善民生水平，促进整个社会的健康有序发展。社会主义社会作为共产主义社会的初级阶段，以生产资料公有制为主体，把建设人与人、人与社会和谐的社会文明作为根本任务。"社会主义社会文明是狭义的社会领域的进步状态，即'社会生活文明'，它'是社会文明行为、社会文明过程和社会文明成果的有机统一'。社会主义社会文明系统由社会生活文明、社会关系文明、社会意识文明、社会环境文明和社会管理文明共同构成。"①

公平正义、和谐友爱、团结共进的新型社会文明一直是人们热切追求的目标。"我们的生活非但要丰裕，而且要真理化、艺术化、良善化。总而言之，我们希望生活在一个社会中个人与个人之间无论在理智上、情感上、行为上都能彼此融合，恰到好处。"②但是，建立在剥削、掠夺基础上的阶级社会是无法从根本上实现社会和谐的。随着资本主义制度的建立，唯利是图的、一切以资本增殖为目的的市民社会代替了封建等级制的社会，人虽然获得了占有私有财产的人权与自由，却导致了人与人、人与社会的对立："后一种是市民社会中的生活，在这个社会中，人作为私人进行活动，把他人看做工具，把自己也降为工具，并成为异己力量的玩物。"③"私有财产这一人权是任意地、同他人无关地、不受社会影响地享用和处理自己的财产的权利；这一权利是自私自利的权利。这种个人自由和对这种自由的应用构成了市民社会的基础。这种自由使每个人不是把他人看做自己自由的实现，而是看做自己自由的限制。"④

---

① 叶南客主编：《社会主义核心价值观研究丛书·文明篇》，南京：江苏人民出版社，2015年，第82页。

② 傅统先：《哲学与人生》，北京：首都经济贸易大学出版社，2012年，第368页。

③《马克思恩格斯文集》第1卷，北京：人民出版社，2009年，第30页。

④《马克思恩格斯文集》第1卷，北京：人民出版社，2009年，第41页。

由于市民社会中存在着阶级对立，个人无法真正占有自己的全面的本质，因而只能是片面的人、自私的人，市民社会只是"虚幻的共同体"。"从前各个人联合而成的虚假的共同体，总是相对于各个人而独立的；由于这种共同体是一个阶级反对另一个阶级的联合，因此对于被统治的阶级来说，它不仅是完全虚幻的共同体，而且是新的桎梏。"①因此，必须推翻资本主义制度，扬弃资本主义文明，打破市民社会的束缚，建立合乎人的本性的公正的社会。

中国传统文化中关于社会建设、社会治理的思想非常丰富，是我们今天建设新型社会文明的思想源泉。"《孟子·公孙丑下》所谓'天时不如地利，地利不如人和'，早已是妇孺皆知的名言；《荀子·王制》具体论证了'人和'的重要性，认为'和'能增强人的力量，所谓'和则一，一则多力，多力则强，强则胜物'。人'力不若牛，走不若马，而牛马为用'，关键在于人有义、有分而能群；'人和'则诸事可成，所谓'中得人和而百事不废'；荀子还认识到，社会和谐是财货之源、经济之本，所以，《荀子·富国》说：'百姓时和，事业得叙者，货之源也。'关于'人力'，古代思想家议论最多的是如何'节用'。有关'节用民力'、'使民以节'的言论，古代文献典籍中在在皆是。《管子》主张国家要'量民力'，用民之力和取民之财要有节制……反映了古代的社会理想，具有重要的思想文化价值。"②可见，中国古代社会建设及治理思想清晰表明了"人力"与"人和"、管理者与普通百姓、个人与社会之间的相互依存、相互促进的有机统一关系。社会及国家的管理者要顺天、顺势、顺时而为，以和为贵，处处考虑到民心民意，如此才能确保社会的稳定和谐。

在西方，社会建设思想是与现代性的发展结合在一起的，"西方社会建设理论实际上就是伴随着西方现代性进程而被建构出来的理念汇集。与此同时，它也通过观念普及与政策依据等方式渗入到社会实践之中，

① 《马克思恩格斯文集》第1卷，北京：人民出版社，2009年，第571页。
② 王利华：《"三才"理论：中国古代社会建设的思想纲领》，《天津社会科学》2008年第6期。

塑成了西方今日之社会面貌。显然，在围绕建设现代性与推进现代化的历史使命与核心主题上，西方理论蕴含有人类社会发展的规律性……与此同时，现代化进程出现的因工具理性膨胀和资本逻辑支配而导致的诸如人口膨胀、贫困失业、贫富差距、越轨犯罪、资源耗竭、环境污染、生态失衡、底层抗争、阶层矛盾紧张甚至激化等共生性问题，也是具有一定普遍性的社会问题。西方的理论探索与实践经验教训，也可供后发国家反思借鉴"①。因此，尽管西方社会建设的理论、实践与我国新型社会文明建设有着很大区别，但是，西方社会建设的探索实践中带有普遍性、共性的经验对我们有积极的启示意义。

作为新型文明的缔造者，中国共产党始终关注普通百姓的社会生存状况。"人文关怀是马克思社会治理思想的核心要义，160多年前马克思恩格斯在《共产党宣言》中就明确指出：'过去的一切运动都是少数人的，或者为少数人谋利益的运动。无产阶级的运动是绝大多数人的，为绝大多数人谋利益的独立的运动。'从毛泽东提出'全心全意为人民服务'，到邓小平提出'三个有利于'，到江泽民提出'始终代表最广大人民的根本利益'，到胡锦涛同志提出'以人为本'，中国共产党一直将'人民'二字书写在自己的旗帜上。以习近平同志为核心的党中央在继承以前成果的基础上进一步提出，'必须坚持以人民为中心的发展思想，把增进人民福祉、促进人的全面发展作为发展的出发点和落脚点'。"②

新中国成立以来，新型社会文明建设以马克思、恩格斯社会建设及社会治理思想为指导，同时吸收中西方社会文明建设的成功经验，经历了从探索阶段、形成阶段到完善阶段的不断跃迁的过程。在探索阶段，我国通过一系列措施使广大人民群众的生活发生了翻天覆地的变化，毛泽东提出要动员一切力量来进行社会主义建设，使中国彻底摆脱贫穷落

---

① 黄建洪：《西方社会建设思想：演进逻辑及其"脱域"价值》，《国外社会科学》2014年第4期。

② 罗志刚：《马克思社会治理思想及其对我国社会治理价值取向的引领》，《毛泽东思想研究》2018年第2期。

后的状态。改革开放以来，新型社会文明进入形成阶段，"一个中心，两个基本点"的基本路线、家庭联产承包责任制、社会主义初级阶段理论、"三步走"战略、社会主义市场经济理论等促进了城市与农村各项体制的变革，人民群众的积极性、创造性被充分调动起来了，我国新型社会文明建设有了很大发展。2002年在党的十六大上江泽民提出把"社会更加和谐"作为党的奋斗目标之一。"2004年在党的十六届四中全会上胡锦涛明确指出：'当前和今后一个时期，加强党的执政能力建设的主要任务是：按照推动社会主义物质文明、政治文明、精神文明协调发展的要求，不断提高驾驭社会主义市场经济的能力、发展社会主义民主政治的能力、建设社会主义先进文化的能力、构建社会主义和谐社会的能力、应对国际局势和处理国际事务的能力。'社会文明是中国特色社会主义文明体系的重要组成部分，社会文明和社会主义物质文明、精神文明、政治文明是一个有机统一体。"①

新时代，中国特色社会主义社会建设进入完善阶段，始终坚持以提高保障和改善民生水平为重点，通过加强和创新社会治理体系，促进整个社会的健康有序发展。习近平总书记时时处处关心老百姓的生活状况，明确指出，"我们要永远保持建党时中国共产党人的奋斗精神，永远保持对人民的赤子之心"②。党的十九大报告指出："增进民生福祉是发展的根本目的。必须多谋民生之利、多解民生之忧，在发展中补齐民生短板、促进社会公平正义，在幼有所育、学有所教、劳有所得、病有所医、老有所养、住有所居、弱有所扶上不断取得新进展，深入开展脱贫攻坚，保证全体人民在共建共享发展中有更多获得感，不断促进人的全面发展、全体人民共同富裕。建设平安中国，加强和创新社会治理，维护社会和

---

① 叶南客主编：《社会主义核心价值观研究丛书·文明篇》，南京：江苏人民出版社，2015年，第64页。

② 《习近平谈治国理政》第2卷，北京：外文出版社，2017年，第32页。

谐稳定，确保国家长治久安、人民安居乐业。"①

在千头万绪的民生工程中，习近平总书记突出强调了扶贫工作的重要性，指出致富路上一个都不能少。2013年在湖南调研时，他首次提出"精准扶贫"。他指出："各地和有关部门要对扶贫政策进行科学分类，制定精准扶贫的具体操作办法，该精准到户的一定要精准到户，该精准到群体的一定要精准到群体，防止出现新的矛盾和不稳定因素。"②习近平总书记强调坚持精准扶贫，打赢脱贫攻坚战。"到2020年，全国农村贫困人口将全部脱贫，实现全面小康。这对习近平总书记和中国共产党人来说，不仅仅是一个目标、一份承诺，更是一片饮水思源的初心、一个矢志不渝的决心、一颗志在必得的雄心，这是最深的牵挂，也是最大的担当。"③

综上所述，新型社会文明是与中国特色社会主义探索、发展过程密切结合在一起的。抗击新冠肺炎疫情的实践清晰表明，坚持以习近平新时代中国特色社会主义思想为指导，加强新型社会文明建设，建立人人各司其职、各尽所能的完善的社会治理格局，充分发挥社区、民间组织、志愿团体等积极性、能动性的重要性。民生无小事，社会有大爱，组织送温暖，已经成为新型社会文明的显著优势。新型社会文明建设通过优先解决老百姓所关心的问题，促进教育事业改革，满足人民对高质量教育的需求，扩大就业门路，提高就业质量，加强社会保障体系建设，提高人民健康水平，为经济、政治、文化、生态文明及执政党等各方面建设的顺利进行铺设安全可靠的保护网，不断促进人的全面发展、全体人民的共同富裕，为推进从人与人、人与社会、人与自然冲突、对抗的非生态生存方式向人与人、人与社会、人与自然相互融洽、相互包容的生

① 习近平：《决胜全面建成小康社会　夺取新时代中国特色社会主义伟大胜利——在中国共产党第十九次全国代表大会上的报告》，北京：人民出版社，2017年，第23页。

② 中共中央党史和文献研究院编：《十八大以来重要文献选编》（下），北京：中央文献出版社，2018年，第39页。

③ 本报特约评论员：《习近平总书记的成长之路》，《学习时报》2017年7月28日第A1版。

态生存方式的转型奠定牢固的社会基础。

第五节　新型生态文明

在马克思看来，资本主义社会生态问题出现的根源在于资本文明所造成的人与人之间的平等合作关系的破坏，要从根本上解决生态问题就必须实现从资本占统治地位的文明形态向新型生态文明的转型。"马克思认为，一切关系都是'为我的'，'为自身的'，也就是说，一切关系到底都必须是指向'主体'，指向'个体'的关系。在这个意义上，主体与客体的关系，个人与自然的关系只是一种从属性的关系，主体与主体、个人与个人之间的社会关系才是具有根本性的决定性关系。"①因此，要从根本上变革破坏人与自然之间的平衡和谐关系，造成人与人、人与社会及人与自身对立的、反生态的工业文明，构建和谐、绿色、共生的新型生态文明。

新型生态文明是指既有别于传统的农业文明，也迥异于西方工业文明，并将代替工业文明的一种全新的人类文明形态。新型生态文明之跃升为一种新的文明形态，超越了人们通常仅仅指自然生态的"生态文明"概念，既内涵自然生态文明，又内涵经济生态文明、政治生态文明、文化生态文明、社会生态文明及人的生态生存文明等，是全方位、全时空的生态文明。概言之，它是全面生态的文明形态。新型生态文明突破传统以GDP增长为目标的发展观的束缚，以创新为主要驱动力，以实现人与人、人与社会、人与自然之间的和谐共存为价值取向，以绿色低碳循环为主要原则，将生态文明贯穿于经济、政治、文化、社会及人的发展等各个方面，以实现生产高质量发展、生活健康富裕、生态优质良好为目标，提倡人的生态化、自然化生存方式。

作为一种高级的文明形态，新型生态文明具有迥异于工业文明的

---

① 李志：《马克思的个人概念》，北京：人民出版社，2014年，第162页。

特质。

其一，整体性。新型生态文明是涵盖自然、经济、政治、文化、社会、人、国际关系等各方面的整体的文明形态。自然生态文明是指自然界仅仅是被动地等待改造的客体的观念得以彻底改变，其内部的生态平衡得到充分尊重，各种生态资源得到充分保护的自在自然文明系统，也是指以各种自然资源为依托，构成人之生态生存所必不可少的前提条件的人化自然文明系统。自然界存在着各种生态资源，构成"人的无机的身体。人靠自然界生活。这就是说，自然界是人为了不致死亡而必须与之处于持续不断的交互作用过程的、人的身体"①。保持适合于人的生存的生态环境是新型生态文明的最鲜明特质。经济生态文明指最有利于人类社会与自然界可持续发展的生产、分配、交换及消费方式，涉及生产资料的所有制形式、人们在生产中的地位及相互关系等方面。政治生态文明指实现人与人、人与社会、人与自然等和谐相处的各种规范、原则，是个人享有各种合法权益的制度保障，目的是保证每个人获得自由与生命安全，因为"一个人放弃自由，就是作践自己的存在；一个人放弃生命，就是完全消灭了自己的存在"②。文化生态文明事关人的精神世界、道德观念、价值取向等，倡导和谐、包容、和合等绿色文化理念是新型生态文明超越于工业文明的根本标志。社会生态文明致力于提供人人安居乐业、和谐共生的社会环境，是新型生态文明建设的根本保障。人的生态生存文明是新型主体文明的建设内容，包括绿色简朴的生活方式，低碳环保的消费方式等。国际关系文明，包含构建人类命运共同体，倡导不同文明之间加强交流互鉴，国家不分大小一律平等，以维护世界和平和谐发展为目标等内容。可见，整体性是新型生态文明的本质特征，追求的是人的全面发展和社会全面进步。

其二，人本性。人创造文明，文明塑造人。文明是人的立身之本，文明的发展与人的生存密切相关。在片面追求经济增长的工业文明条件

①《马克思恩格斯文集》第1卷，北京：人民出版社，2009年，第161页。

②卢梭：《论人类不平等的起源》，吕卓译，南昌：江西教育出版社，2014年，第62页。

下，人们的物质生活水平虽然得到了提高，但是人的主体地位没有得到充分尊重。恩格斯指出：在资本主义工业文明条件下，"人已经不再是人的奴隶，而变成了物的奴隶；人的关系的颠倒完成了；现代生意经世界的奴役，即一种完善、发达而普遍的出卖，比封建时代的农奴制更不合乎人性、更无所不包"[①]。在新型生态文明条件下，通过建立新型的制度体系、治理体系，使自然、经济、政治、社会、文化等生态文明建设为人的发展提供坚实的基础，形成了真正的共同体。由此，人不再是被动的仅仅满足于追求物质利益的片面的、不完整的人，人的主动性、积极性、创造性得到充分尊重，人的精神境界、智力学识、道德修养等都得到很大提升，成为致力于社会发展、科技进步的全面的人。

其三，和谐性。"和谐是指事物的一种存在状况，即不同要素的有机结合和多样性的统一。"[②]西方工业文明建立在资本扩张基础上，缺乏有效的宏观调控的手段，无法协调不同阶级、集体的利益，只能通过战争、危机、革命等非和谐手段来达到暂时的平衡，各种对立、对抗贯穿于其形成、发展的过程之中。"人变成了一种盲目的、与自然界没有了任何区别的力量，人的实践活动成为一种被动的、不堪忍受的苦役，因而也成为一种盲目的活动。所有关于人与自然和人与人之间的对立、矛盾和冲突都源于人的本质的'下降'和人的实践活动的'沉沦'。"[③]由此，环境破坏、资源枯竭、气候恶化及人对人、国家对国家之间的掠夺剥削等成为常态。而新型生态文明以完善的制度文明为保障，既能激发微观领域的创新活力又有宏观领域的自觉调控，既有个人利益的维护又有集体意志的体现，以人与人、人与社会、人与自然及人与自身之间的和谐共生为目标，主张发展生态生产力，杜绝实践活动的盲目性、破坏性、唯功

① 《马克思恩格斯文集》第1卷，北京：人民出版社，2009年，第94—95页。

② 沈壮海：《兴国之魂——社会主义核心价值体系释讲》，武汉：湖北教育出版社，2013年，第109页。

③ 皮家胜：《"两个和解"在马克思恩格斯思想体系中的地位及现实意义》，《光明日报》2018年9月10日第15版。

利性、非生态性，通过倡导自觉的、生态性实践活动，构建生态和谐社会，以实现对盲目发展的工业文明及其毁灭性后果的根本超越。

新型生态文明首先是对中国传统生态文明、有机自然哲学的创造性继承。作为最古老的文明之一，中国传统文明富有极其深邃的生态思想，需要我们不断发扬光大。新型生态文明建设最根本和最迫切需要解决的问题是认识和协调人与人、人与社会、人与自然以及人与自身之间的关系。恰恰在此意义上，中国传统文明提供了丰富的生态智慧。"《老子》认为，'人法地，地法天，天法道，道法自然'，把天、地、人乃至整个宇宙的生命规律概括得生动而精辟。'道法自然'揭示了整个宇宙的特性，囊括了天地间所有事物的属性。'道'又通过'德'的外化作用，把天地间这些包罗万象的事物属性完整地予以表现。这就是说，由于道是人存在的原因，必然要求以自然为原则，遵循自然规律，顺其自然。所谓'观天之道，执天之行'。以孔子为代表的儒家通过肯定天地万物的内在价值，主张以仁爱之心对待自然，讲究天道人伦化和人伦天道化，通过家庭、社会进一步将伦理原则扩展到自然，体现了以人为本的价值取向和人文精神。正如《中庸》里说：'能尽人之性，则能尽物之性；能尽物之性，则可以赞天地之化育；可以赞天地之化育，则可以与天地参矣。'佛教是原创于印度的宗教，但在中国得到了光大。佛教缘起论认为，整个世界万物处在'此有故彼有，此无故彼无'的彼此互为因缘条件的情况中，离开了任何一个条件，就不能成其为万物，所以万物是一体不二的。中国佛教主张众生成佛，认为一切众生皆有成佛的可能，而众生包含了所有有生命的物质。天台宗就坚称，像山川草木这样没有情识的生命，也充满了佛性，同样也可以成佛。禅宗则把大自然的一草一木都看做是生命的存在，并将他们提到了一个非常高的水平，肯定他们存在的合理性与现实性，因此也就具有生命的真正价值。"①可见，中国历代先哲在长期的生产生活中已经积累了很多经验，为我们提供了内容

---

① 杜超：《生态文明与中国传统文化中的生态智慧》，《江西社会科学》2008年第5期。

丰富、见解独到的关于人与自然和谐共存的生态文化，是新型生态文明建设的宝贵财富。中国传统文明中这些丰富而深刻的生态哲学思想在物质文明非常发达的现代社会仍然有着发人深省的作用，它启示人们要善待自然、顺应自然、保护自然，不能违背自然规律，肆意破坏大自然万物的生态平衡。

在西方，生态马克思主义思想十分丰富，它通过结合当代资本主义社会矛盾，发展马克思、恩格斯生态批判思想，揭示了资本主义制度是造成生态危机及人类生存危机的总根源。"在批判资本主义制度的同时，生态马克思主义的理论家们也以马克思的共产主义理论为基础，构想并阐释了生态社会主义制度的优越性。"①西方生态马克思主义者对资本主义进行的生态批判，有着积极的意义，它同时启示我们必须坚持从国情出发，始终不渝地坚持中国特色社会主义，才能为新型生态文明建设奠定坚实的制度基础。

新中国成立后，中国人积极投身于火热的改善生态环境、造福人民的事业中去。改革开放以来，资源、环境的重要性越来越被更多的人认识。通过对传统发展观进行反思，我们提出了以人为本、统筹协调可持续的科学发展观，以损害自然、破坏资源为代价来实现GDP增长的做法得到坚决遏制，生态环境质量持续好转，生态产品生产和供应得到有关部门的重视，各地环保部门和质量检查部门加强市场监控，人们的生态权益得到维护，生活质量也有很大提高。"党的十七届四中全会把生态文明建设提升到与经济建设、政治建设、文化建设和社会建设并重的战略高度，生态文明是以人与自然、人与人、人与社会和谐共生、良性循环、全面发展、持续繁荣为基本宗旨的社会形态。党的十八大报告明确提出了'五位一体'的中国特色社会主义事业总体布局，并把生态文明建设放在突出地位，这是中国共产党在深入贯彻落实科学发展观实践过程中的重大理论创新，也标志着中国共产党对中国特色社会主义文明的本质

① 陈仁锋、庞虎:《生态马克思主义对中国生态文明建设的启示》,《集美大学学报》(哲学社会科学版)2019年第4期。

内涵有了更加准确的理解。"①

新型生态文明与农业文明形态、工业文明形态有着质的区别，是建立在对后两种文明形态批判继承基础上的，"既包括人类对传统文明形态以及工业文明发展进程进行深刻反思和探索的认识结果，也包括人类在发展物质文明的过程中对生态环境进行保护和改善的实践结果，表现为人与自然和谐程度的不断提高和人民生态观念的不断增强"②。

习近平总书记在十九大报告中指出"人与自然是生命共同体，人类必须尊重自然、顺应自然、保护自然"，旗帜鲜明地强调我国生态文明建设必须牢牢把握"人与自然和谐共生"的主题。"我们要建设的现代化是人与自然和谐共生的现代化，既要创造更多物质财富和精神财富以满足人民日益增长的美好生活需要，也要提供更多优质生态产品以满足人民日益增长的优美生态环境需要。必须坚持节约优先、保护优先、自然恢复为主的方针，形成节约资源和保护环境的空间格局、产业结构、生产方式、生活方式，还自然以宁静、和谐、美丽。"③可见，新型生态文明是现代化建设的必然要求，以经济、政治、文化、社会及主体的整体文明为本质维度。

综上所述，新型生态文明建设以美丽中国为根本目标，通过不断弘扬生态文化、制定最严格的生态法律法规制度，摒弃西方工业文明仅仅追求资本增殖的非生态化发展道路的弊端，使中国走上生态化发展之路，不仅做生态化发展利益的获得者，而且做生态化发展规则的制定者，生态化发展道路的引领者。新型生态文明在整个文明体系中起着黏合剂的作用，是新型中国文明建设的关键枢纽，目标是实现人类文明的全面进步和人的全面发展，为人的生存和发展创造良好的生态环境。

① 叶南客主编：《社会主义核心价值观研究丛书·文明篇》，南京：江苏人民出版社，2014年，第64—65页。

② 叶南客主编：《社会主义核心价值观研究丛书·文明篇》，南京：江苏人民出版社，2014年，第87页。

③ 习近平：《决胜全面建成小康社会 夺取新时代中国特色社会主义伟大胜利——在中国共产党第十九次全国代表大会上的报告》，北京：人民出版社，2017年，第50页。

第六节　新型主体文明

人的问题是文明及其转型的根本问题。主体文明是指人通过自觉自为意识，处理人与人、人与社会、人与自然及人与自身关系时的准则和遵循。新型主体文明是与主体性联系在一起的。"何为主体性？一般认为，主体性是对个体之自我意识与主观能动性的强调与尊重。马克思认为，人的主体意识是个体在能动的改造客观世界与主观世界的实践中形成和发展起来的。这是由于：在传统社会中，由于受到自然环境、固定社会结构等方面的影响，'个人的自我意识、他人意识及世界意识尚未得到充分发展，尚未意识到三者是独立的实体'。在这个状况下，个体视自己为周围世界的一部分，缺乏应有的独立性和主体性。"[①]随着现代性的推进，人的主体意识不断觉醒，主体性随之增强，然而在资本增殖逻辑支配下，人又被物化，无法真正主宰自己的命运、真正成为具有丰富自由个性的主体，因而也不具有全面的主体性。在新型中国文明体系中，新型主体文明超越了西方工业文明条件下的"人的完全丧失""一般的不公正"，使人成为完整的人，即"人以一种全面的方式，就是说，作为一个完整的人，占有自己的全面的本质"[②]。因此，新型主体文明把实现人的自由全面发展作为出发点和落脚点。

其一，新型主体文明以马克思、恩格斯主体性思想为指导。马克思认为，主体性的形成是与社会密不可分的，人与社会之间是相互依存、不可分割的有机统一体，因此，不能把两者对立起来。"正像社会本身生产作为人的人一样，社会也是由人生产的。活动和享受，无论就其内容或就其存在方式来说，都是社会的活动和社会的享受。"[③]"个体是社会

---

① 叶南客主编：《社会主义核心价值观研究丛书·文明篇》，南京：江苏人民出版社，2014年，第240页。

②《马克思恩格斯文集》第1卷，北京：人民出版社，2009年，第189页。

③《马克思恩格斯文集》第1卷，北京：人民出版社，2009年，第187页。

存在物。因此，他的生命表现，即使不采取共同的、同他人一起完成的生命表现这种直接形式，也是社会生活的表现和确证。人的个体生活和类生活不是各不相同的，尽管个体生活的存在方式是——必然是——类生活的较为特殊的或者较为普遍的方式，而类生活是较为特殊的或者较为普遍的个体生活。"①因此，人不能离开社会而存在，人的生存与发展所依赖的资源、安全保障、合法权益等都来自社会，人是个性与社会性、个体和总体的辩证统一。然而，由于私有制和异化劳动的存在，人与人、人与社会之间的统一关系被打破，资本的主导地位得以确立，人成为资本统治的对象，主体性无法得到正确的发挥，"私有制使我们变得如此愚蠢而片面，以致一个对象，只有当它为我们所拥有的时候，就是说，当它对我们来说作为资本而存在，或者它被我们直接占有，被我们吃、喝、穿、住等等的时候，简言之，在它被我们使用的时候，才是我们的"②。"一切肉体的和精神的感觉都被这一切感觉的单纯异化即拥有的感觉所代替。人的本质只能被归结为这种绝对的贫困，这样它才能够从自身产生出它的内在丰富性。"③

因此，必须推翻资本主义制度，构建人与人、人与社会、人与自然和谐共存的社会，才能为人的主体性的真正确立奠定基础。"对私有财产的扬弃，是人的一切感觉和特性的彻底解放；但这种扬弃之所以是这种解放，正是因为这些感觉和特性无论在主体上还是在客体上都成为人的。"④恩格斯也指出："他瓦解一切私人利益只不过替我们这个世纪面临的大转变，即人类与自然的和解以及人类本身的和解开辟道路。"⑤在社会主义初级阶段，市场在资源配置中起决定性作用，必须以马克思、恩格斯主体性思想为指导，既要利用资本对主体性发展的积极作用，又要

①《马克思恩格斯文集》第1卷,北京:人民出版社,2009年,第188页。

②《马克思恩格斯文集》第1卷,北京:人民出版社,2009年,第189页。

③《马克思恩格斯文集》第1卷,北京:人民出版社,2009年,第190页。

④《马克思恩格斯文集》第1卷,北京:人民出版社,2009年,第190页。

⑤《马克思恩格斯文集》第1卷,北京:人民出版社,2009年,第63页。

限制资本，阻止资本的无限膨胀对人的主体性所造成的破坏。

其二，新型主体文明来源于中国传统文化中关于人性修养、人格完善等的思想。以儒家为例，"《论语》中大量有关鄙夫、野人、小人、成人、有恒者、君子、士、大人、贤人、善人、仁人、圣人等的评述，集中表现了孔子对人格修炼永无止境的层级认识……孔子希望自己的学生皆能修己以成君子。当子路求教关于君子的问题时，孔子的回答最能表明他心目中君子、仁者、圣人三重境界修炼进阶的历程。君子'修己以敬'，其关注的重点是修炼自己的身心，从而达到对外在人事的敬畏，这或许就是孔子所谓的'畏天命，畏大人，畏圣人之言'。这是修炼的入门功夫。第二步登堂之功是'修己以安人'，'安人'则强调君子能以自己的修为安抚身边更多的人群，亦即是'己欲立而立人，己欲达而达人'，这已经不是君子独善其身的境界了，孔子就曾说过'君子而不仁者有矣夫'（《宪问》）。仁者超越君子，具备兼济大众的仁爱胸怀。孔子对子张问仁的回答亦可说明'仁'的内涵。子张问仁于孔子，孔子曰：'能行五者于天下，为仁矣。''请问之'。曰：'恭、宽、信、敏、惠。恭则不侮，宽则得众，信则人任焉，敏则有功，惠则足以使人。'（《阳货》）孔子对仁的阐释已经超越了个体内学之功，仁者所行应在'天下'，恭、宽、信、敏、惠五者皆着眼于人与人、人与群体间关系之经营，已然超越君子在小我天地的内修。第三步入室之功是'修己以安百姓'，'安百姓'则着眼于兼济天下苍生，此为日月之功，普照大地，没有偏私，这样的境界也许尧、舜都未曾达到过，因而是孔子理想中人格修养的终极化境，此为圣人。"[1]可见，在儒家看来，人的主体性的提升是个体不断追求的结果，主张人打破外在名利的束缚，以追求精神境界、人格修养为己任，最终使自己成为一个有着完美品格的人。

其三，新型主体文明是对西方主体性思想的批判反思。启蒙运动以来，随着宗教神学的枷锁被打破，西方思想家高扬主体性思想，提出天赋人权，主张自由、平等、博爱，为摧毁封建专制制度奠定了思想基础。然而，在主张主客对立的西方哲学影响下，科技理性、工具理性盛行，又造成人与人、人与社会、人与自然之间的对立。随着工业文明的来临，各种封建枷锁被资本增殖的诉求打碎了，人的生存方式从人的依赖性转变为物的依赖性。人的生活空间充斥着各种商品，人的积极性、创造性得到充分发挥。但与此同时，人的各种欲望也被无限度地激发出来，为了满足自己的贪欲，人所应承担的责任被遗忘，所应敬畏的禁忌被打破，人们想着用各种方式获得财富，无论是资本家还是工人都成了异化的人。在人与自然的关系中，"呵护自然"被"控制自然"所取代，自然成为人类攫取财富的对象，自然环境遭到了毁灭性的破坏，"大写的'人'借助科技理性和机器征服自然万象，借助市场和资本上帝般配置和攫取一切自然资源，俨然成为自然界的主宰，沉醉于征服者对自然的胜利并膨胀着自己的无限欲望。同时，具体的个人又不断地异化、物化、单面化为被动的存在，宣告着主体之死"①。人对物的依赖性生存方式造成人的物化、异化的生存状态及生态危机的频发，人自身承受着肆意妄为所造成的恶果。人们不得不认真反思现代性的推进所带来的人的主体性问题。

在外忧内困的旧中国，中国人连最基本的生存权都无法得到保障，主体性、主体文明等更是被严重忽视。中国共产党成立后，高举反帝反封建的大旗，带领千千万万的劳动人民投身于轰轰烈烈的新民主主义革命运动中，历经艰苦卓绝的斗争，终于建立了人民当家作主的新中国。随着一系列新的政治、经济、文化、社会等制度的建立，人民主体性原则得以体现。毛泽东指出人民群众创造历史，只有人民才是决定社会发展的根本动力。在党的领导下，广大人民群众积极参与社会主义革命和建设，取得了一系列伟大成就，使我国的政治、经济、文化、社会面貌发生根本性变化。但是由于历史条件的限制，社会主义探索时期人的主体性建设也在一段时期内遭遇了挫折。曲折和教训告诉我们，社会主义

---

① 侯亚楠、郭忠义：《天地境界与生态化生存》，《南京政治学院学报》2014年第5期。

条件下主体文明建设必须遵循客观规律，不能以个人意志为转移。改革开放以来，随着中国特色社会主义道路的开辟，我们逐渐打破了各种束缚人的主体性发展的因素。"在社会主义这一崭新的文明阶段中，劳动阶级取得了文明建设的价值主体、实践主体、权利主体、评价主体的地位，社会主义文明建设的出发点和落脚点都在于提高以劳动人民为主体的广大人民群众的文明素质，必须'把发展社会生产力同提高全民族文明素质结合起来'。出于建设社会主义现代化的需要，出于建设社会主义道德新风尚的需要，中国共产党明确提出了提高人民文明素质的要求。一方面，社会主义现代化事业是一项崭新的文明进步事业，而以劳动人民为主体的广大人民群众作为这一事业的实践主体，他们的文明素质直接关系到社会主义现代化事业的前途；另一方面，只有提高以劳动人民为主体的广大人民群众的文明素质，才能增强他们对于社会主义道路的凝聚力、向心力，从而汇聚力量、集中智慧进一步加强社会主义现代化建设，提高他们对于中国特色社会主义的文明认同感、自信心。总的来说，每个人的自由全面发展是马克思主义的最高价值追求，提高以劳动人民为主体的广大人民群众的文明素质则是社会主义建设事业的最终落脚点。在社会主义文明建设过程中，不断提高以劳动人民为主体的广大人民群众的文明素质，是促进人与自身和谐的根本途径。"①

在当代，新型主体文明注重主体的崇高理想信念的培养，主张主体通过树立为人民美好生活而奋斗的崇高理想，获得战胜一切困难和挑战的精神动力。17岁的马克思在中学毕业论文中表达了要为人类幸福而奋斗的信念，且一生从未动摇过。恩格斯特别关注普通工人的生存状况，揭示了工人贫困的根源在于资本主义雇佣劳动制度。青年毛泽东怀有救国救民的理想抱负，热衷于将各种新社会的方案付诸实施。他非常景仰华盛顿、林肯、拿破仑、彼得大帝、卢梭、孟德斯鸠等历史人物。他说："中国也要有这样的人，我们应该讲求富国强兵之道，顾炎武说的好，天

① 李艳艳：《马克思主义文明理论及其当代价值》，北京：人民出版社，2017年，第216—217页。

下兴亡，匹夫有责。"①邓小平始终秉承赤子之心，坚持实事求是、解放思想，作出了实行改革开放的伟大决策。正如习近平总书记所指出的："对马克思主义的信仰，对社会主义和共产主义的信念，是共产党人的政治灵魂，是共产党人经受住任何考验的精神支柱。"②崇高理想是指南针，是共产党人精神上的"钙"，在崇高理想的指引下，主体就能获得战胜一切困难的勇气和信心。

其四，新型主体文明突破唯利是图的经济理性的藩篱，注重主体生态理性的培育。与农业文明时期建立在自然中心论基础上的"自然人"及工业文明时期建立在人类中心论基础上的"主宰的人"根本不同的是，与新型生态文明相适应的是注重生态理性的"生态人"。生态理性，迥异于科技理性、工具理性，主张人应承担起维护自然环境、保护自然平衡的责任，以实现人与自然的和谐共生为根本旨归。作为具有生态理性的主体应是"坚持生态系统的健康稳定优先，坚持人对自然的责任与权利并重，坚持绿色发展道路与绿色生活方式的人"③。生态理性的培育之所以具有至关重要的意义，根本原因在于"面对日益严峻的生态危机，'独善其身'的'经济人'模式终将不是长久之计，'兼济天下'的'生态人'模式才是可持续发展的必然选择。构建生态文明、建设美丽中国，必须重视人、依靠人、为了人，促进人与自然、人与人之间关系的全面发展、自由发展、可持续发展。我们坚信，由'经济人'向'生态人'变革，实现人的生态化转型，天下大美必将为人之永续发展延展时空，而人之发展也会让天地之美美不自美，因人而更美"④。

其五，新型主体文明打破人对外在力量的依赖，注重主体的自由个性的培养。人类自产生以来，对自由个性的追求就从未停止过。然而，

① 《毛泽东年谱(1893—1949)》上卷，北京：中央文献出版社，2013年，第9页。

② 《习近平谈治国理政》，北京：外文出版社，2014年，第15页。

③ 李沛莉、张金伟：《生态危机中的人性反思和生态经济人的理论构建》，《生态经济》2018年第9期。

④ 马超、潘正祥：《论人的生态化转型之维：由"经济人"向"生态人"变革》，《理论建设》2015年第6期。

对于什么是自由、到底如何才能获得自由等问题，人们却争论不休。在受神学思想影响的哲学家看来，只有宗教信仰才能给人以真正的自由。如俄国哲学家别尔嘉耶夫认为："现实、自由和个性问题，只有告知基督教奥秘的人，通过那提供非幻想的、而是真实现实和具体灵知的信仰活动，才能真正提出和解决。"①在功利主义哲学视域下，自由被看作获取一切有利于实现个人利益的权利。而马克思从自由王国与必然王国、"真正物质生产领域"与人的自由个性的活动等之间的辩证关系角度正确解决了自由发展规律问题，即"人的自由发展必须以'真正物质生产领域'为前提，人们在这个领域中所获得的成就越大，他们自身自由发展和个性自由实现的现实可能性也就越大"②。因此，必须通过提高生产力发展水平促进社会物质财富的增长，为人的自由个性奠定物质基础。但是，只有物质财富的增长是不够的，"重要的是通过不断丰富自身的科学文化知识以掌握客观必然性，不断提高自身的精神文化和思想道德水平，培养符合真正共同体发展要求的公民意识，增强进行文化传承和变革的个体意识，'通过发展自己的兴趣等方式来探索自由的与有个性的生活方式，从而在一定程度上避免那种单纯依靠占有"物"的拜金主义等意识形态'，在此过程中个体的自由程度会随之提升"③。

总之，与西方文明过分强调人对物的占有不同，新型中国文明构建的价值取向是新型主体文明的形成。新型主体文明坚持以人民为中心、以实现每个人的自由全面发展为根本目标，在吸收中国传统文化中关于人的道德修养、人格完善等主体性思想及西方尊重个体利益等主体性思想精华的基础上，摒弃启蒙运动以来资本增殖所推进的片面、单一的现代性，发展人与人、人与社会、人与自然之间的和谐统一的生态现代性，

① 别尔嘉耶夫:《自由的哲学》，董友译，桂林：广西师范大学出版社，2001年，第10页。

② 贾高建:《三维自由论》，北京：中共中央党校出版社，1994年，第208页。

③ 方芳:《面向"人本身"的自由问题——以马克思批判自由观的逻辑演进为视角》，《宁夏党校学报》2016年第7期。

实现人的生态生存方式的当代转型，充分发挥广大劳动人民投身于社会主义现代化建设伟大事业的积极性、主动性、创造性，为推进新型中国文明建设奠定坚实的主体基础。

第七节　新型国际关系文明

当今世界，各国之间经济、政治、文化、社会、生态文明等各方面的联系越来越密切，面临的问题也在不断增加。人类迫切需要全面反思和改变不合理、不公正的国际秩序，建设和发展以平等协商、合作共赢为宗旨的新型国际关系文明。

新型国际关系文明是指与霸凌主义国际关系理论有着本质区别的，以包括和平共处五项基本原则等在内的新型国际关系理论为指导的，旨在通过创新性、包容性发展，实现各国共荣共进共赢的新文明。新型国际关系文明"新"在合作共赢，主张不同文明之间交流互鉴，互促共荣，以构建人类命运共同体为根本旨归。

新型国际关系文明主张国家不分大小，一律平等，主要包括：政治上相互尊重、平等协商，共同推进国际关系民主化；经济上相互合作、优势互补，共同推动经济全球化朝着均衡、普惠、共赢方向发展；文化上相互借鉴、求同存异，尊重多样性，共同促进人类文明繁荣进步；安全上相互信任、加强合作，坚持用和平方式而不是战争手段解决国际争端，共同维护世界和平稳定；生态文明建设上相互帮助、协力推进，共同呵护人类赖以生存的地球家园。构建途径主要包括：坚持多边主义，实现共同安全；坚持互利合作，实现共同繁荣；坚持包容精神，共建和谐世界。

其一，新型国际关系文明源于对资本主义文明扩张所带来的历史教训的深刻反思。在历史上，西方大国的崛起无一不伴随着侵略和扩张，伴随着资源的掠夺与人口的杀戮，这种"大鱼吃小鱼"式的吞并是人类文明发展史上的惨痛教训。两次世界大战的爆发，皆源自大国对外侵略扩张的野心。大国的统治阶级为了满足自己的利益，将本国人民绑在战车上，强行发动战争，造成后发国家大量财富损失，生灵涂炭。世界大战的爆发及当代的局部战争都根源于西方长期奉行的西方中心主义所导致的不合理、不公正的国际秩序及"文明冲突""冷战对抗""历史终结"等的非生态甚至反生态的价值观。马克思、恩格斯的世界历史理论表明，一方面世界历史、全球化是促进人的全面发展的必要条件，因为只有利用世界市场才能促进生产力的快速发展，而"生产力的这种发展（随着这种发展，人们的世界历史性的而不是地域性的存在同时已经是经验的存在了）之所以是绝对必需的实际前提，还因为如果没有这种发展，那就只会有贫穷、极端贫困的普遍化；而在极端贫困的情况下，必须重新开始争取必需品的斗争，全部陈腐污浊的东西又要死灰复燃"①。但另一方面，工业文明所推进的、建立在资本增殖逻辑基础上的世界历史的发展又导致了乡村从属于城市、农民的民族从属于资产阶级的民族、东方从属于西方的不合理的国际关系格局。至今仍有不少发展中国家由于得不到平等的发展机遇，在国际分工中一直处于低端，受到中心国家的压制与盘剥，人民生活无法得到根本改善。特别是随着大量资源密集型产业向发展中国家转移，发展中国家资源枯竭、污染严重、大量物种消失，环境问题日益突出。这些都表明工业文明时代全球生态问题的严峻性，人类无法实现向更高级的生态文明的转型。正如马克思所指出的，对于无产阶级个体发展而言，"单个人随着自己的活动扩大为世界历史性的活动，越来越受到对他们来说是异己的力量的支配（他们把这种压迫想象为所谓世界精神等等的圈套），受到日益扩大的、归根结底表现为世界市场的力量的支配，这种情况在迄今为止的历史中当然也是经验事实"②。

其二，中国倡导的新型国际关系文明是对中华传统文明的继承和创新。中华传统文明历来主张海纳百川、兼济天下。中国在处理国与国之间关系问题时历来奉行儒家"和为贵"思想，主张用和平协商的方式来

① 《马克思恩格斯文集》第1卷，北京：人民出版社，2009年，第538页。

② 《马克思恩格斯文集》第1卷，北京：人民出版社，2009年，第541页。

解决各类国际矛盾。有学者指出，儒家认为"礼"认可人与人之间的不同关系，以认可多样性和差异性的方式来实现"和"，即"和而不同"；"乐"是调和了各种不同的声音、韵律发出的和谐的声音，并不认可多样性，但主张"兼收并蓄"。"礼"和"乐"看似矛盾，实际上经过适度调和、均衡，最终能"统合为一"，形成一个大的和谐。"中国优秀传统文化的丰富哲学、人文精神、道德理念蕴藏着解决当代人类面临难题的方案，可以为建设中国特色社会主义提供有力的文化支撑。这都为坚持文化自信提供了优秀的文化基因。"[1]因此，在此基础上建立的新型国际关系文明不仅不会向外扩张，反而会通过自身的发展为世界作出贡献。它不是仅仅独善其身的，而是与世界和平发展紧密相连的。"一带一路"倡议表明，中国倡导共建共享的发展理念，致力于改变不合理、不公正的国际秩序，促进各个国家和民族和谐相处，共同发展，倡导各国共进共荣，实现世界永久和平与持续发展。

新中国成立以来，我国坚持以和平共处五项原则为基础发展同各国的关系，积极推进新型国际关系文明的发展，不仅使我国同其他国家的外交关系取得了历史性发展，为社会主义现代化建设提供了坚强的保障，而且促进了世界各国的友好相处，为全球和平发展作出了巨大贡献。在外交关系方面，"邓小平的一个重大贡献，就是敏锐地把握到了和平发展时代的到来，其指出，'我们有信心，如果反霸权主义斗争搞得好，可以延缓战争的爆发，争取更长一点时间的和平。这是可能的，我们也正是这样努力的。不仅世界人民，我们自己也确确实实需要一个和平的环境。'以和平发展取代革命和战争作为时代主题，不仅仅是完成了以经济建设为中心的伟大历史性转移，更是开辟了优化资源配置的新纪元，这对中国现代化产生了长远和极为深刻的影响"[2]。可以说，这正是邓小平作为伟大的战略家的杰出贡献。邓小平的这个判断与中国源远流长的

① 杨立宾：《中国特色社会主义文化同中华优秀传统文化一脉相承——兼论文化自信》，《宁夏党校学报》2018年第1期。

② 孙力：《中国崛起的新逻辑：富国强军的统一》，《社会科学》2017年第4期。

"以和为贵"的思维有着密不可分的联系。如果没有这个基本判断，中国的改革开放事业就不可能真正开启，世界的和平发展也会受到极大影响。不仅如此，邓小平提出的"一国两制，和平统一"的伟大设想，实现了香港、澳门的回归和繁荣稳定，为祖国统一大业奠定了坚实的基础，为世界上不同社会制度的国家和地区实现统一提供了新思路，促进了世界的和平发展。中国始终坚持独立自主的和平外交政策，积极参与各项国际事务，为全球发展贡献中国智慧。

进入新时代，随着中国对外开放的大门越开越大，中国特色的大国外交步伐走得越来越稳健。作为世界上最大的发展中国家，中国坚持新发展理念，在经济发展、政治进步、文化建设、社会治理及生态文明建设等各方面都取得很大进展，同时积极参与国际关系的改进，提出一系列有利于世界和平发展的措施和理念。党的十八大报告指出："人类只有一个地球，各国共处一个世界。历史昭示我们，弱肉强食不是人类共存之道，穷兵黩武无法带来美好世界。要和平不要战争，要发展不要贫穷，要合作不要对抗，推动建设持久和平、共同繁荣的和谐世界，是各国人民共同愿望。"[1]"和谐世界"理念的提出具有重要的现实意义，是我国长期坚持和平的外交政策的必然产物，反映了中国致力于构建和谐共进、合作共赢的新型国际关系。

面临着百年未有之大变局，习近平总书记坚持传承中华传统文明，坚持包容性发展，不断推进合作共赢的外交理念。"党的十八大以来，我们提出践行正确义利观，推动构建以合作共赢为核心的新型国际关系、打造人类命运共同体，打造遍布全球的伙伴关系网络，倡导共同、综合、合作、可持续的安全观，等等。这些理念得到国际社会广泛欢迎。要继续向国际社会阐释我们关于推动全球治理体系变革的理念，坚持要合作而不要对抗，要双赢、多赢、共赢而不要单赢，不断寻求最大公约数、扩大合作面，引导各方形成共识，加强协调合作，共同推动全球治理体

---

① 中共中央文献研究室编：《十八大以来重要文献选编》（上），北京：中央文献出版社，2014年，第36页。

系变革。"①

习近平总书记在日内瓦万国宫出席"共商共筑人类命运共同体"高级别会议时指出，"这100多年全人类的共同愿望，就是和平与发展"，"宇宙只有一个地球，人类共有一个家园"，"让和平的薪火代代相传，让发展的动力源源不断，让文明的光芒熠熠生辉，是各国人民的期待，也是我们这一代政治家应有的担当。中国方案是：构建人类命运共同体，实现共赢共享"②。在党的十九大报告中他又强调："中国秉持共商共建共享的全球治理观，倡导国际关系民主化，坚持国家不分大小、强弱、贫富一律平等，支持联合国发挥积极作用，支持扩大发展中国家在国际事务中的代表性和发言权。中国将继续发挥负责任大国作用，积极参与全球治理体系改革和建设，不断贡献中国智慧和力量。"③

可见，构建以合作共赢为核心的新型国际关系文明，构建"人类命运共同体"，"努力倡导一种世界各个民族平等参与的新的'全球治理文明'"④，是中国作为负责任大国的担当意识的集中体现，是对当代国际关系文明思想的丰富与发展。改变不合理、不公正的国际秩序，促进各国共享发展，实现全球正义，构建人类命运共同体等是新型国际关系文明建构的基本内涵。

综上所述，新中国成立以来的发展表明，新型中国文明不是简单套用中国历史文化母版，也不是国外发展的翻版，而是社会主义建设的"中国版本"，是包括新型经济文明、新型政治文明、新型精神文明、新型社会文明、新型生态文明、新型主体文明及新型国际关系文明等在内的有机整体。其中，坚持社会主义市场经济体制、坚持高质量发展，以实现人的自由全面发展为根本目标的新型经济文明为新型中国文明建设

① 《习近平谈治国理政》第2卷，北京：外文出版社，2017年，第450页。

② 《习近平谈治国理政》第2卷，北京：外文出版社，2017年，第538、539页。

③ 习近平：《决胜全面建成小康社会 夺取新时代中国特色社会主义伟大胜利——在中国共产党第十九次全国代表大会上的报告》，北京：人民出版社，2017年，第60页。

④ 袁祖社：《中国"文明新形态"发展理念的演进逻辑》，《理论探索》2016年第4期。

奠定坚实的物质基础。新型政治文明坚持党的领导、人民当家作主和依法治国的有机统一，推进国家治理体系和治理能力现代化，为新型中国文明建设提供坚强的制度保障。以马克思主义为指导，坚持不忘本来、吸收外来、面向未来，在继承中转化，在借鉴中超越的新型精神文明是新型中国文明建设的科学指导和理论支撑。坚持保障和改善民生，打造共建共治共享的现代社会治理格局，筑起公共卫生体系、防治重大疫情以不断提高人民获得感、幸福感、安全感的新型社会文明是新型中国文明建设的可靠保障。坚持绿色发展，构建政府为主导、企业为主体、社会组织和公众共同参与的环境治理体系，实现人与自然和谐共处的全面生态的新型生态文明是新型中国文明建设的必由之路。新型主体文明坚持培育自觉践行社会主义核心价值观的时代新人，为新型中国文明建设提供主体保障。坚持以勇立潮头、海纳百川的胸怀拥抱世界，推动不同文明相互理解、相互尊重、相互信任的新型国际关系文明是新型中国文明在国际层面的延展。

第五章 新型中国文明的持续完善

人类文明的发展是一个随着生产力的发展、生产关系的改进而逐步完善的渐进的过程。当代人类文明发展正处于十字路口，人们面临着是仍然沿着工业文明的老路，遵循仅仅追求经济增长的、冲突型的、不可持续的传统发展观，还是拒绝因循守旧，不断创新，开拓建立在人与人、人与社会、人与自然和谐共生基础上的，践行新发展理念的新型文明道路两种截然不同的选择。社会主义革命、建设和改革开放的实践历程表明，构建新型中国文明是中国人自己选择的文明发展道路。在应对新冠肺炎疫情的大考中，中国之制的优势清晰地展示在世人面前。面对新的挑战，我们将毫不松懈，继续沿着新型中国文明的道路前进，进一步推进国家治理体系和治理能力现代化，使中国之制的独特优势持续转化为中国之治的显著效能，进而为世界之治贡献中国智慧、中国经验。

第一节 以新发展理念推进现代化经济体系建设

中国特色社会主义进入了新时代，我国社会主要矛盾已经转化为人民日益增长的美好生活需要和不平衡不充分的发展之间的矛盾。我们要在继续推动发展的基础上，着力解决好发展不平衡不充分问题，大力提升发展质量和效益，更好满足人民在经济、政治、文化、社会、生态文明等方面日益增长的需要，更好推动人的全面发展和社会全面进步。"新中国成立以来经济发展的历程表明，在起步阶段，首先要解决的是如何尽快发展起来的问题。发展才能自强，发展是解决我国一切问题的物质基础和关键。当前，我国社会经济发展水平达到了新的历史高度，发展的基本特征已经发生了深刻变化，社会主要矛盾已经转化为人民日益增长的美好生活需要和不平衡不充分的发展之间的矛盾。过去那种追求规模，不计资源、环境、社会成本和代价的数量型低质量发展已经不能适应新的形势。"①因此，新型经济文明是以促进经济、政治、文化、社会及生态文明建设整体发展、以实现人的自由全面发展为根本目标的现代文明制度体系，具有整体性、平衡性、生态性及人本性等特质。新型经济文明之建构应坚持以下原则。

第一，坚持以"创新、协调、绿色、开放、共享"五大发展理念为指导。党的十八届五中全会提出的新发展理念是对以往发展理念的继承和发展，是新时代经济文明建设的科学指导思想。这五大发展理念之间存在着相互依存、相互促进的不可分割的辩证统一关系。

创新是发展的根本动力。随着世界经济转型加速，我国经济发展进入新常态，建立在资源大量消耗基础上的传统产业难以持续。只有不断创新，开发新能源、新材料、新技术等，才能使经济获得强劲的发展动力。与此同时，人民群众对美好生活的需要，农业、工业、服务业等转型升级，都要求推进创新发展，寻求新的发展动力。

协调着重解决的是区域之间发展不平衡，城乡收入不平衡，物质文明与精神文明发展不平衡，人与自然不和谐，经济建设与总体安全不平衡等矛盾。在我国，由于历史的原因，长期存在着区域、行业等之间的发展差距，已成为制约经济平稳发展的重要因素。因此，要"加大力度支持革命老区、民族地区、边疆地区、贫困地区加快发展，强化举措推进西部大开发形成新格局，深化改革加快东北等老工业基地振兴，发挥优势推动中部地区崛起，创新引领率先实现东部地区优化发展，建立更加有效的区域协调发展新机制。以城市群为主体构建大中小城市和小城

---

① 瞿商：《习近平新时代中国特色社会主义经济思想的丰富内涵和历史基础》，《光明日报》2018年6月15日第6版。

镇协调发展的城镇格局，加快农业转移人口市民化"①。

绿色是永续发展的根本保障，也是新型生态文明建设的根本要求。在新时代，不断满足人民美好生活的需要，就是要不断推进高质量的绿色发展，重点是通过促进绿色生产、绿色消费等，不断开发健康、绿色、无公害的产品，提高与人民生活息息相关的食品、水、空气等的质量，确保人民群众吃上放心菜，喝上干净水，呼吸到新鲜空气，生活在和谐安宁的生态环境中，以达到身心健康的生活状态。同时，倡导低碳环保的消费方式，促进资源节约及人与自然的和谐共存。

以长江经济带为例，生态环境保护和绿色发展是其发展的重中之重。2016年1月5日、2018年4月26日，习近平总书记曾两次在长江经济带发展座谈会上指出："推动长江经济带发展必须从中华民族长远利益考虑，把修复长江生态环境摆在压倒性位置，共抓大保护、不搞大开发，努力把长江经济带建设成为生态更优美、交通更顺畅、经济更协调、市场更统一、机制更科学的黄金经济带，探索出一条生态优先、绿色发展的新路子。"②因此，长江经济带必须突破传统工业文明时期形成的封闭单一发展模式的束缚，以长三角一体化建设为龙头，开辟新的、多元的、生态一体化的路径，探索城城联合、生态优势互补、独具特色的一体化发展、协调发展、绿色发展的新路子。

开放的目标是突破狭隘的区域、民族等因素的束缚，积极融入并引领全球经济发展，通过内外联动达到国际、国内两个市场的互促互进。当前的重点是"一带一路"建设。通过充分挖掘自西汉以来，中国与世界各国的贸易往来的历史，进一步加强彼此之间的了解，减少由于文明的差异所带来的隔阂与对立，增强人类命运共同体意识。同时，以"一带一路"建设为桥梁，积极推进与世界各国的合作，形成互联互通、平

① 习近平：《决胜全面建成小康社会　夺取新时代中国特色社会主义伟大胜利——在中国共产党第十九次全国代表大会上的报告》，北京：人民出版社，2017年，第60页。

② 习近平：《在深入推动长江经济带发展座谈会上的讲话》，北京：人民出版社，2018年，第2—3页。

等互利的新格局，让更多国家和地区搭乘中国经济文明发展的快车，分享中国经济文明发展的红利。

共享是中国特色社会主义的本质要求，是在新时代条件下对共同富裕原则的坚持与发展。"共享发展理念在继承共同富裕原则平等观的基础上，增添了新的内容，它不仅追求最终实现共同富裕，还强调共享应该在发展的起点、过程、结果中都体现出来，强调时代性与终极性的统一。我国社会主义制度的确立，为全体人民享有经济、政治、文化和社会生活等方面的权利公平、机会公平、规则公平提供了前提和基础保障。社会主义初级阶段的长期性和我国的具体国情决定了实现共同富裕的长期性及艰巨性。那么，在追求共同富裕的过程中就要既注意它的时代性，为它的实现制定切实可行的制度保障，不断更新实现共同富裕的程度，也要注意到它的社会主义终极目标的导向作用，在顶层设计上保障共同富裕目标的实现。"①共享发展是全民共享、全面共享，是每个人都平等地享受国家在经济、政治、文化、社会、生态文明及国际关系文明建设等各方面的成果。同时共享又是在共建基础上渐进的过程，需要全体人民齐心协力、风雨同舟，持之以恒地不断向前推进。

可见，五大发展理念之间构成一个有机的体系，为推进我国新型经济文明的持续完善提供了动力、路径、保障、条件及目标等，为新时代经济文明建设提供了科学的理论指导，有助于顺利实现我国经济高质量发展，不断增强我国经济的创新力、引领力和竞争力。

第二，坚持以实现人的自由全面发展为根本目标，建设现代化经济体系，避免建立在资本增殖基础上的工业文明的种种背离式、颠倒式发展。由于仅仅追求经济增长，忽视人的自由全面发展的需要，工业文明在促进物质财富增长的同时使人的劳动产品、劳动活动本身与人相分离，进而使人与其本质、人与人之间相分离。马克思指出："对私有财产的积极的扬弃，作为对人的生命的占有，是对一切异化的积极的扬弃，从而

① 朱霁、廖加林：《论共享发展理念对共同富裕原则的坚持和发展》，《广西社会科学》2020年第11期。

是人从宗教、家庭、国家等等向自己的合乎人性的存在即社会的存在的复归。"①因此，在建设新型经济文明的基础——现代化经济体系时，既要大力提升包括基础设施在内的各项经济建设的现代化水平，又要开拓资源节约、环境友好的新型可持续生存及发展之路，力戒"唯GDP论"。在转变经济发展方式、优化经济结构、转化增长动力上下功夫，继续深化供给侧结构性改革，坚持去产能、去库存、去杠杆、降成本、补短板，优化存量资源配置，扩大优质增量供给，实现供需动态平衡；要有国际视野，坚持以质取胜，提高各种产品与服务的质量与水平；全面深化各项体制改革，突破一切束缚改革的陈旧观念，加快创新型国家的建设，让创新发展成为人们的共识。同时，按照平衡发展、全面发展的要求，实施乡村振兴战略和区域协调发展战略，推动形成全面开放新格局，激发全社会创造活力和发展活力，避免由于固守工业文明理念所造成的片面发展、低水平发展及不平衡不充分发展等，促进人的全面发展和社会全面进步。

第三，坚持市场在资源配置中的决定性作用与政府的宏观调控的有机统一。"2020年世界经济发展，不仅面临各种经济因素的影响，而且受到国际政治变局和突发性全球公共卫生事件的冲击，有利因素和不利因素兼具，困难和挑战增多。中国和美国依然是全球经济增长的主要动力源，双边第一阶段经贸协议达成有利于世界经济稳定发展。但面对新冠肺炎疫情的负面冲击，世界经济下行压力较大。由于各主要经济体的政策支撑，世界经济2020年陷入衰退可能性较小，仍能保持微弱增长。2020年世界经济发展更加需要各主要经济体增强宏观政策协调，避免经济陷入困难甚至衰退当中。"②因此，必须继续推进社会主义市场经济体制的完善，坚持市场在资源配置中的决定性作用，以使各种要素的积极性充分发挥，在增加经济的活力的同时，加强政府的宏观调控。人类应

---

① 《马克思恩格斯文集》第1卷，北京：人民出版社，2009年，第186页。

② 宋国友：《2020年世界经济发展及其关键问题》，《人民论坛•学术前沿》2020年第8期。

对危机的经验表明，政府强有力的宏观调控可以增强人们对未来经济发展的积极预期，提振人们的信心，使人们尽快参与到各种重建中去；相反，如果政府无法做到有效的宏观调控，人们对未来充满悲观的预期，将会使经济形势不断恶化。"在不确定当中，有一点却是十分确定，那就是2020年世界经济比以往任何年份都更要取决于中国经济走势。进入21世纪以来，中国不仅在世界经济中的地位愈发凸显，而且更加发挥着积极的贡献……在经济走势不明且疫情影响跨越国界的情况下，2020年更加需要各主要经济体依托国际经济治理，加强宏观协调，共同应对包括新冠肺炎疫情在内的各种挑战。在全球化的时代，只要某些重要环节出现停滞，全球生产链和供应链也会停摆。因此，在疫情面前，唯有合作才是经济发展的正确道路。在这一紧急时刻，如果个别国家还是谋私利、重小利，保护主义大行其道，零和思维主导政策，甚至试图借助疫情来推行反全球化政策，全球经济将变得更加脆弱，更加容易陷入衰退。"[1]

总之，当前受新冠肺炎疫情影响的世界经济发展具有很大的不确定性，中国一方面要做好精准防控、定点防控等常态化疫情防控工作，另一方面要乘势而为，按照原有的节奏做好各项工作。通过充分发挥政府主导的制度优势和治理优势，从财政政策、货币政策等各个方面加强宏观管理，力求将疫情影响降到最低限度。继续坚持新发展理念，让广大人民有更多获得感、幸福感、安全感。在全球经济发展方面，面对"日益增长的共同命运意识，亦即我们共同的人权和社会权利意识，我们都容易受到全球环境、社会及政治危机（比如贫困和失业、疾病和污染、恐怖主义和种族清洗）的侵害，以及对基于对话和合作的文化来发现共同的解决之道和反应方式的随之而来的需要"[2]，我们要继续承担负责任大国的职责，积极推动国际经济秩序朝着公正、合理、共赢的方向迈进，

① 宋国友：《2020年世界经济发展及其关键问题》，《人民论坛·学术前沿》2020年第8期。

② 马蒂内利：《全球现代化——重思现代性事业》，李国武译，北京：商务印书馆，2010年，第212页。

推进以多重现代性为标志的全球治理的进一步发展。

第二节　持续发挥中国之制的独特优势

新中国成立以后特别是改革开放以来，中国特色社会主义制度不断发展和完善，形成了完整的中国特色社会主义制度体系，这一制度体系有着资本主义制度无可比拟的优越性。在抗击新冠肺炎疫情的斗争中，中国之制的优越性充分展现出来。"中国制度和国家治理体系的优势、中国国家治理能力的优势，以及中国人民的制度素质上的优势，形成了中国的制度文明优势。这场突如其来的疫情，使中国的制度文明优势再一次展示在全世界面前，获得全世界的赞誉。"[①]之所以能够做到哪怕遇到再大的困难也能顽强克服，原因在于中国特色社会主义制度和国家治理体系植根于五千年中华优秀传统文化，萌芽于炮火纷飞的新民主主义革命时期，形成于波澜壮阔的社会主义革命、建设和改革时期，吸收了当代世界先进制度文明的精华，立足于当代中国包括经济体制改革、政治体制改革、管理体制改革等在内的全面深化改革的实践，具有深刻的历史逻辑、理论逻辑和实践逻辑。中国特色社会主义制度是国家治理体系的核心和根本依据，国家治理体系是中国特色社会主义制度的具体化和实体化等。在后疫情时代，我们还需系统梳理与阐发中国之制和源远流长的中国传统制度文明之间的联系、中国共产党在长期革命和建设过程中所形成的"优势治理"的基本原则及中国之制所具有的重要的时代意义等，以持续推进中国之制的不断完善。

一、中国传统制度文明为中国之制独特优势的发挥奠定了坚实的基础

文明，是一个国家、一个民族的灵魂。经过几千年的历史演进，中

---

① 鲁品越：《中国新型制度文明在疫情防控中锤炼与升华》，《学术界》2020 年第 2 期。

华民族创造了灿烂的文明，制度文明是其中的重要组成部分。在抗击新冠肺炎疫情的斗争中，中国人民展现出了令世界赞叹的中国力量、中国精神、中国速度。这种中国力量、中国精神、中国速度的背后就是被传统制度文明涵养的中国人的制度素质。中国传统制度文明具有鲜明特质，包括以下几点。

（一）以"治国有常，而利民为本"的民本思想为根基

儒家制度文明是建立在民惟邦本、本固邦宁的民本思想基础上的。"政之所兴在顺民心""利民之事，丝发必兴""一枝一叶总关情"等都反映了"人民至上""民贵君轻"的民本思想。"子曰：'道千乘之国，敬事而信，节用而爱人，使民以时。'"（《论语·学而》）可见，在孔子看来，推行诚信、节约的原则，实行仁政是一个政权得以长久的根本保障。同时，作为统治者，没有什么比实行德治更能有效治理国家了。"子曰：'为政以德，譬如北辰，居其所而众星共之'"，"子曰：'道之以政，齐之以刑，民免而无耻；道之以德，齐之以礼，有耻且格'"（《论语·为政》）。因此，只有推行德治，并用礼仪来引导人民，才能使老百姓从内心树立起善恶、美丑的标准，并自觉去践行道德法则；而如果以暴力治国的话，只会使老百姓感到害怕，不会使老百姓有羞耻心。在农业文明时代，儒家就已形成完整的德治、仁政、明礼的制度建设思想，这表明中国的民本思想源远流长，是中国特色社会主义民主制度的深厚文化根基，也是当代中国精神、中国力量得以凝聚的重要支撑。

人民至上、生命至上，在抗击新冠肺炎疫情的斗争中得到有力彰显。党和政府多次强调，"把人民生命安全和身体健康放在第一位""坚决做到应收尽收、应治尽治""最大限度提高治愈率、降低死亡率"，为人民生命财产安全提供了可靠的保障。

（二）以"率先垂范，身先士卒"的奉献精神为精髓

不同于西方建立在人皆有原罪、必须接受上帝的惩罚等人性恶基础上的制度文明，中国传统制度文明以褒扬人性善为目标，通过弘扬舍生

取义、先人后己的奉献精神，激励后继者一代代传承下去。在儒家思想里，统治者自身的品质起着最为关键的作用，如"其身正，不令而行；其身不正，虽令不从"（《论语·子路》），"政者，正也。子帅以正，孰敢不正？"（《论语·颜渊》），"君子之德，风；小人之德，草；草上之风，必偃"（《论语·颜渊》）等。中国传统制度文明中这些关于德治和仁政的思想是中国之制的亮丽底色。习近平总书记在中共中央政治局第十八次集体学习时的讲话中指出："在漫长的历史进程中，中华民族创造了独树一帜的灿烂文化，积累了丰富的治国理政经验，其中既包括升平之世社会发展进步的成功经验，也有衰乱之世社会动荡的深刻教训。我国古代主张民惟邦本、政得其民，礼法合治、德主刑辅，为政之要莫先于得人、治国先治吏，为政以德、正己修身，居安思危、改易更化，等等，这些都能给人们以重要启示。治理国家和社会，今天遇到的很多事情都可以在历史上找到影子，历史上发生过的很多事情也都可以作为今天的镜鉴。中国的今天是从中国的昨天和前天发展而来的。要治理好今天的中国，需要对我国历史和传统文化有深入了解，也需要对我国古代治国理政的探索和智慧进行积极总结。"①这些探索和智慧是我们今天持续推进中国特色社会主义制度文明建设的精神支撑和理论支持。

新冠肺炎疫情暴发之后，习近平总书记亲自指挥、亲自部署。从军人民警、各级干部、白衣天使到普通百姓，全国上下统筹协调，众志成城、守望相助，体现出伟大的奉献精神。各条战线、各个行业积极参与，从重点区域抗疫的重点战到"全国一盘棋"的整体战，从医疗力量和重要物资的科学调配到社区成为联防联控第一线，从各级党组织的模范作用到普通群众积极参与，从公共卫生防疫体系探索到防疫的法治建设，从防疫领域的科研攻关到疫情之后经济秩序的快速恢复，无不体现了以服务他人、奉献社会为精髓的制度原则。

①《习近平谈中华优秀传统文化：善于继承才能善于创新》，中国共产党新闻网，http://cpc.people.com.cn/xuexi/n1/2017/0213/c385476-29075643.html。

（三）以"立天下之正位，行天下之大道"的天下情怀为旨归

中国儒家思想就包括四海一家、民胞物与的天下思维。孟子言"居天下之广居，立天下之正位，行天下之大道"（《孟子·滕文公下》），即要站在天下最正确的位置上，要运行天下最正确的、最有利于所有黎民百姓的大道。广为传颂的"老吾老，以及人之老；幼吾幼，以及人之幼"（《孟子·梁惠王上》）等思想都表明儒家推己及人的责任意识。可见，天下情怀与视域是中国传统制度文明留给人类的宝贵精神财富。

面对全球蔓延的新冠肺炎疫情，习近平总书记在同联合国秘书长古特雷斯通电话时指出："新冠肺炎疫情的发生再次表明，人类是一个休戚与共的命运共同体。在经济全球化时代，这样的重大突发事件不会是最后一次，各种传统安全和非传统安全问题还会不断带来新的考验。国际社会必须树立人类命运共同体意识，守望相助，携手应对风险挑战，共建美好地球家园。"[1]习近平总书记时刻关注国内外疫情形势，高度重视抗疫国际合作，多次作出重要指示批示，频频开展元首外交，从构建人类命运共同体高度，亲自推动疫情防控的国际合作，充分体现了具有五千年文明传承的大国的责任担当。面对被疫情影响的世界经济，习近平总书记强调指出："疫情对全球生产和需求造成全面冲击，各国应该联手加大宏观政策对冲力度，防止世界经济陷入衰退。要实施有力有效的财政和货币政策，促进各国货币汇率基本稳定。要加强金融监管协调，维护全球金融市场稳定。要共同维护全球产业链供应链稳定，中国将加大力度向国际市场供应原料药、生活必需品、防疫物资等产品。要保护妇女儿童，保护老年人、残疾人等弱势群体，保障人民基本生活。中国将继续实施积极的财政政策和稳健的货币政策，坚定不移扩大改革开放，放宽市场准入，持续优化营商环境，积极扩大进口，扩大对外投资，为

---

[1]《习近平：团结合作是国际社会战胜疫情最有力武器》，中国政府网，http://www.gov.cn/xinwen/2020-04/15/content_5502640.htm。

世界经济稳定作出贡献。"①这些都体现了中国作为一个负责任大国的担当。正如上海合作组织秘书长诺罗夫所指出的："中国政府采取果断有力举措，特别是公开透明发布疫情信息，不仅体现了中国政府对人民生命健康的高度负责，也为地区和世界公共卫生事业发展作出重大贡献。"②

二、坚持优势治理的基本原则，确保制度优势得以充分彰显

随着改革开放的深入，在推进中国特色社会主义制度文明建设的过程中，中国之制的独特优势不断发挥出来。具体表现在以下几个方面。

（一）坚持集中力量办大事的原则

中国特色社会主义制度在应对重大问题时的高效是有目共睹的。习近平总书记指出："我们最大的优势是我国社会主义制度能够集中力量办大事。这是我们成就事业的重要法宝。"③中国共产党之所以能够集中力量办大事，源于为人民服务的根本宗旨、严密的组织体系和得力的干部队伍。正如世界卫生组织总干事谭德塞所说："中方行动之快、规模之大，世所罕见，这是中国制度的优势，有关经验值得其他国家借鉴"，中国采取了从源头上控制疫情的措施，"为全世界赢得了时间""中国不仅保护了本国人民，也保护了世界人民"④。中国各级领导干部的决策能力、动员能力、执行能力都在这场斗争中得到了考验与锤炼。

（二）坚持顶层设计与精准施策相结合的原则

顶层设计是各项建设事业顺利进行的根本保障。"好的制度体系不是以制度的多少为标准的，不是越多越好，而是在于管不管用。因此，制定制度要切中问题要害，建立真正管用的制度框架。习近平总书记指出：

---

① 习近平：《携手抗疫 共克时艰——在二十国集团领导人特别峰会上的发言》，北京：人民出版社，2020年，第4—5页。

② 中共中央宣传部理论局编：《中国制度面对面——理论热点面对面·2020》，北京：学习出版社、人民出版社，2020年，第24页。

③《习近平谈治国理政》第2卷，北京：外文出版社，2017年，第273页。

④《命运与共 共克时艰——战"疫"中的中国与世界》，百家号，https://baijiahao.bai-du.com/s?id=1659115993986228286&wfr=spider&for=pc。

'制度不在多，而在于精，在于务实管用，突出针对性和指导性……要搞好配套衔接，做到彼此呼应，增强整体功能。'制度建设是一项系统工程，必须观全局、谋长远，搞好顶层设计和整体规划，规避'头痛医头、脚痛医脚'的片面治理，从实际出发构建系统完备、科学规范、运行有效的制度体系。这项工程极为宏大，零敲碎打调整不行，碎片化修补也不行，必须是全面、系统的改革和改进，必须是各领域改革和改进的联动和集成，使国家的根本制度、基本制度、具体制度形成科学合理的治理结构，产生制度合力，为国家长治久安提供一整套更完备、更稳定、更管用的制度体系。"①

在做好顶层设计的同时，还要加强精准施策的能力。精准扶贫便是精准施策的重要表现之一。习近平总书记指出："脱贫攻坚，精准是要义。必须坚持精准扶贫、精准脱贫，坚持扶持对象精准、项目安排精准、资金使用精准、措施到户精准、因村派人（第一书记）精准、脱贫成效精准等'六个精准'，解决好扶持谁、谁来扶、怎么扶、如何退问题，不搞大水漫灌，不搞手榴弹炸跳蚤，因村因户因人施策，对症下药、精准滴灌、靶向治疗，扶贫扶到点上扶到根上。"②

（三）坚持"法治"与"德治"相结合的原则

全面依法治国是中国特色社会主义的本质要求和重要保障，要坚持和完善中国特色社会主义法治体系，做到有法可依、有法必依、执法必严、违法必究，以保障社会正常、有序、健康运行。法治国家是我们始终追求的目标，要不断推进党的领导、人民当家作主和依法治国的有机统一。"习近平总书记从国家发展战略的高度思考和论述法治问题，全面依法治国就是在总结过去经验教训的基础上提出的重大治国方略。习近平总书记指出：'全面推进依法治国，是深刻总结我国社会主义法治建设

---

① 张记合、李君如、许耀桐等：《新时代的"制度大设计"》，《党的生活(黑龙江)》2019年第11期。

② 习近平：《在打好精准脱贫攻坚战座谈会上的讲话》，北京：人民出版社，2020年，第8页。

成功经验和深刻教训作出的重大抉择。'要想真正做到依法治国，必须把法治提高到国家发展战略的高度。习近平指出：'推进国家治理体系和治理能力现代化，当然要高度重视法治问题。'"①习近平总书记同时明确指出依法治国的长远性："我们提出全面推进依法治国，坚定不移厉行法治，一个重要意图就是为子孙万代计、为长远发展谋。"②

同时我们也要看到，法律的制定有滞后性的特点，这会造成某些领域一时无法可依、无据可查等非常情况，滞后性也意味着法律对社会发展特别是经济领域出现的新情况、新问题等难以作出及时反应和调整。因此，我们要积极传承中国传统文化中丰富、深邃的德治思想，进行创造性转化、创新性发展，将法治与德治密切结合起来。习近平总书记指出："法律是成文的道德，道德是内心的法律。法律和道德都具有规范社会行为、调节社会关系、维护社会秩序的作用，在国家治理中都有其地位和功能。法安天下，德润人心。法律有效实施有赖于道德支持，道德践行也离不开法律约束。法治和德治不可分离、不可偏废，国家治理需要法律和道德协同发力。"③因此，必须将法治和德治有机结合在一起，"以法治体现道德理念、强化法律对道德建设的促进作用，以道德滋养法治精神、强化道德对法治文化的支撑作用，实现法律和道德相辅相成、法治和德治相得益彰"④。

三、深深植根于我国社会主义现代化建设实践的中国之制具有重要的时代意义

习近平总书记指出："当代中国的伟大社会变革，不是简单延续我国历史文化的母版，不是简单套用马克思主义经典作家设想的模板，不是

---

① 闫少华、谭韩：《习近平法治思想研究》，《理论学刊》2017年第6期。

② 中共中央文献研究室编：《习近平关于全面依法治国论述摘编》，北京：中央文献出版社，2015年，第12—13页。

③《习近平谈治国理政》第2卷，北京：外文出版社，2017年，第133页。

④ 中共中央文献研究室编：《十八大以来重要文献选编》（中），中央文献出版社，2016年，第159页。

其他国家社会主义实践的再版，也不是国外现代化发展的翻版。"①新中国成立以后特别是改革开放以来，我国社会发生了翻天覆地的变化，而成功的密码就在于确立了中国特色社会主义制度。中国之制的时代意义可以概括为以下三个方面。

第一，中国之制的独特优势是我们坚定制度自信的基本依据，也是我们坚定道路自信、理论自信、文化自信的基本依据。在"四个自信"中，制度自信更显性、更具体、更有说服力。以坚持中国共产党的领导为核心的中国特色社会主义制度是科学社会主义的现代版、创新版与升级版，因此具有显著优势。归纳起来，主要"优"在十个方面："第一，它有中国共产党坚强有力的集中统一领导，不迷向。这是最根本、最核心、最具有总体性的优势。第二，它以人民为中心，有一个正确的价值导向，使人民群众有获得感、幸福感和安全感，不离民。第三，它不仅确立了中国特色社会主义事业的总体布局和战略布局，而且紧紧围绕这'两大布局'确定了令人向往的奋斗目标及其实现方略，一张蓝图绘到底，具有感召力，不折腾。第四，它能汇聚一切力量全力以赴抓执行和落实，不落空。第五，它能举国力解难题、办大事、加速度，不散漫。第六，它注重选贤任能，把一批社会精英汇聚在党和国家事业发展的周围，且强调勇于自我革命，从而实现'自身硬'，不懈怠。第七，它能激发经济社会发展的创新活力，保持经济社会发展的长期稳定，较好解决了经济社会发展的动力与平衡的统一问题，不摇摆。第八，它能根据初级阶段的实际，既坚持社会主义的本质，又能合理运用其他有价值的因素来解放和发展社会生产力，因而形成了一种具有主导性的混合结构，不僵化。第九，它能把全国各个民族团结起来共同奋斗，不分裂。第十，它能自觉抓住社会主要矛盾，解决根本问题，掌握工作重点，不动摇。"②

---

① 《习近平谈治国理政》第2卷，北京：外文出版社，2017年，第344页。

② 韩庆祥：《以"制度优势""治理效能"应对"新时代""大变局"》，《世界社会主义研究》2020年第2期。

抗击新冠肺炎疫情的斗争清楚地表明了中国之制的人民性、优越性与高效性，表明我们不盲目照抄照搬西方制度、坚持制定适合国情的社会制度的正确性。中国特色社会主义制度不仅有利于形成全国一盘棋、集中力量办大事的良好格局，也有利于促进经济社会全面发展、维护社会公平正义、激发社会创造力。

第二，中国之制是创造中国之治的根本原因。"中国特色社会主义道路能够取得举世瞩目的成就，在于新中国成立70年、改革开放40多年来中国制度的成功设计以及中国治理模式的科学合理。在革命、建设、改革和发展的各个时期，中国共产党通过不断探索、实践和创新，形成了一套行之有效且适合自身发展的制度，凝聚了全党的政治智慧，经受住了历史的变迁和时代的考验，这套制度设计优化了国家治理结构，提升了社会各领域协同运作的能力，使得国家治理体系和治理能力在具体实践中不断提升。"①经过长期发展，中国所创造的奇迹引起了世界各国的极大关注，在追溯其根源时，制度往往成为最终的动力要素。中国之制是中国之治和中国奇迹的原生密码，集中体现了中国特色社会主义制度相较于其他社会制度的特点和优势。中国之制的独特优势是我们坚持中国道路的重要前提，是深化、拓展中国特色社会主义理论的重要资源，是中国治理效能良好发挥的必要条件，也是建设新型中国文明的重要保障。

第三，中国之制所体现的价值和经验、所提供的立场和方法论、所采取的步骤和路线，对于其他国家尤其是后发国家，具有借鉴价值，对于促进世界和平发展、实现公正和谐的"世界之治"有着重要引领作用。面对当今世界各种逆全球化、民粹主义、恐怖主义等的挑战，中国在坚持做好自己的事情的同时，积极承担各项国际责任，促进人类命运共同体的构建、推动更加公正合理的全球治理体系的形成，力求以"中国之治"促进"世界之治"。"习近平在总结人类社会发展规律的基础上，认

① 胡贤鑫、邹凯：《"中国之制"与"中国之治"的历史脉络、崭新内涵及逻辑关系》，《学习与实践》2020年第1期。

为经济全球化是不可逆转的大势所趋。中国不仅不会因为'逆全球化'思潮而在改革开放问题上有所动摇，相反还会进一步加大对外开放力度，这既'是中国基于发展需要作出的战略抉择，同时也是在以实际行动推动经济全球化造福世界各国人民'的重要举措。对此，美国加州大学伯克利分校校长杜宁凯认为：'中国的开放正是在充分利用各种不同的机会。中国愿意承担起几乎是领导全球的责任，这是一个重要的信号。'因此，在当前的大变局中，世界格局、国际秩序和国家关系都在经历空前的大变动和大调整，面对这样的时代机遇与时代挑战，中国应有所作为，在积极参与国际规则的制定过程中，赢得发展的主动权，为世界和平发展做出更大的贡献，提供中国智慧与中国方案。在世界大变局和人类社会向何处去的重大时代问题面前，中国共产党应始终不忘初心、牢记使命，进而以'中国之治'引领和推动'全球之治'。"①

罗尔斯在《正义论》中指出："正义是社会制度的首要价值，正像真理是思想体系的首要价值一样。"②事实已经证明，包括根本制度、基本制度、重要制度、具体制度等在内的中国特色社会主义制度是以保障社会公平、正义为根本目标的，具有强大的规范、塑造、引导、激励等功能，是新型中国文明的重要组成部分，是我们战胜国内外一切困难和挑战的根本保障。新时代，面对百年未有之大变局，面对时代所赋予的职责，我们要迎难而上，以"会当凌绝顶，一览众山小"的气魄，坚持中国特色社会主义制度，不断推进国家治理体系和治理能力现代化，为取得新的伟大斗争的胜利而努力奋斗。

第三节　在新时代奋力推进新型精神文明建设

当今世界竞争日趋激烈，科技发展日新月异，时代呼唤高水平、高

---

① 王刚：《从"中国之制"到"中国之治"的内在逻辑》，《探索》2020年第1期。

② 罗尔斯：《正义论》，何怀宏、何包钢、廖申白译，北京：中国社会科学出版社，1988年，第3页。

质量、有内涵的精神文明建设成果，以不断满足人民日益增长的，对高品位高层次的精神文化生活的需要。因此，要不断加大新型精神文明的构建力度。党的十九大报告指出："文化自信是一个国家、一个民族发展中更基本、更深沉、更持久的力量。必须坚持马克思主义，牢固树立共产主义远大理想和中国特色社会主义共同理想，培育和践行社会主义核心价值观，不断增强意识形态领域主导权和话语权，推动中华优秀传统文化创造性转化、创新性发展，继承革命文化，发展社会主义先进文化，不忘本来、吸收外来、面向未来，更好构筑中国精神、中国价值、中国力量，为人民提供精神指引。"①这些论述为新型精神文明建设提供了科学指南。

第一，坚定文化自信，大力发展各项文化事业和文化产业，提高国家文化软实力，建设社会主义文化强国。约瑟夫·奈指出，文化软实力对一个国家的发展有着重要作用："何谓软实力？它是一种依靠吸引力，而非通过威逼或利诱的手段来达到目标的能力。这种吸引力源于一个国家的文化、政治理念和政策。当一个国家的政策被外界视为合理时，其软实力也会相应增强。"②"国际政治中，软实力大部分来自于一个国家或组织的文化中所体现出来的价值观、国内管理和政策所提供的范例，以及其处理外部关系的方式。虽然对政府而言，有时候驾驭和运用软实力有一定难度，但这丝毫不能削弱软实力的重要性。一位法国前外长曾评价说，美国之所以强大是因为它能'激起人的梦想和渴望，这要归功于其散布在全球的影视形象，正是因为这些原因，大批学生纷纷从其他国家奔赴美国求学深造'。软实力是一种重要现实。伟大的英国现实主义者E.H.卡尔在其1939年的作品中将国际实力分成三类：军事力量、经济力量和影响舆论的力量。否定软实力的重要性，就等于不懂得运用诱惑

① 习近平：《决胜全面建成小康社会　夺取新时代中国特色社会主义伟大胜利——在中国共产党第十九次全国代表大会上的报告》，北京：人民出版社，2017年，第23页。

② 约瑟夫·奈：《软实力》，马娟娟译，北京：中信出版社，2013年，前言。

的威力。"①因此，文化软实力作为一种更深层次的、润物无声的力量，对人们的世界观、价值观等产生影响。传统意义上的硬实力建立在军事、经济等方面，可以凭着强大的力量起到威慑人、制服人的作用，可以使人屈服，但是很难使人信服；而软实力则通过理性、精神的力量，规范有序的制度达到使人信服并以之为榜样进行学习、模仿的效果。

在当代，加强文化软实力建设具有重要的作用。"习近平同志在广西考察工作时指出，'要增强文化自信，在传承中华优秀传统文化基础上发展社会主义先进文化，加快建设社会主义文化强国'。坚持社会主义先进文化的前进方向，推进中国特色社会主义文化大发展是提升我国文化软实力的根本任务与基本方针，只有这样，才能不断解放文化生产力、发展文化生产力，激发全体人民文化创造的积极性，为我国社会主义现代化建设提供强有力的思想保证、精神动力和智力支持；才能增强我国的文化影响力、凝聚力，提高国家文化软实力。同时，中国特色社会主义文化软实力建设也有助于增强中国特色社会主义先进文化的生命力，凝聚力。所以，进行我国文化软实力建设，就是要突出发展社会主义先进文化的重要性，以发展中国特色社会主义文化为体，坚持其前进的方向，进行文化建设，以提高中国特色社会主义先进文化的辐射力和影响力。"②我国社会主义现代化建设事业取得了举世瞩目的成就，需要我们不断加以总结，提升至理论层次，并及时推广，以牢牢掌握话语权，增强文化软实力。"展形象，就是要推进国际传播能力建设，讲好中国故事、传播好中国声音，向世界展现真实、立体、全面的中国，提高国家文化软实力和中华文化影响力。"③

第二，不断消除金钱至上、消费万岁等与资本增殖目标相勾连的意识形态的控制，大力加强马克思主义的思想引领，牢牢掌握意识形态工

① 约瑟夫·奈：《软实力》，马娟娟译，北京：中信出版社，2013年，第12页。

② 王玉鹏：《新时代中国特色社会主义文化软实力的构成及其实践生成》，《社会科学家》2019年第6期。

③《习近平谈治国理政》第3卷，北京：外文出版社，2020年，第312页。

作领导权。意识形态是凝聚一个国家和民族的重要力量，可以促进社会健康稳定发展。习近平总书记高度重视意识形态工作，明确指出："意识形态工作是党的一项极端重要的工作。"①在党的十九大报告中他又强调："意识形态决定文化前进方向和发展道路。必须推进马克思主义中国化时代化大众化，建设具有强大凝聚力和引领力的社会主义意识形态，使全体人民在理想信念、价值理念、道德观念上紧紧团结在一起。"②因此，加强以马克思主义为指导的社会主义意识形态认同培育工作至关重要。

以马克思主义为指导的社会主义意识形态具有人民性、全面性和真实性，与资本主义意识形态有着本质区别。所谓人民性，是指与公有制为主体的经济制度、人民当家作主的政治制度、社会主义市场经济体制等相一致的，以人民为中心的发展理念与全心全意为人民服务的价值取向。新中国成立以来，在党的领导下，社会主义现代化建设飞速发展，人民群众的物质文化生活水平得到了极大提高，这与坚持和加强以人民性为主导的社会主义意识形态的领导是密不可分的。所谓全面性，是指与片面强调追求个人利益，崇尚享乐主义、金钱至上等价值观的资本主义意识形态不同的是，社会主义意识形态以马克思主义社会有机体理论为指导，强调人的全面发展与社会全面进步。马克思明确指出，建立在阶级对立基础上的资本主义社会是虚假共同体，其意识形态仅仅维护少数人的利益，具有欺骗性。而社会主义意识形态是与社会主义制度与设施相联系的，紧紧围绕着不断满足人民美好生活需要这一根本目标，致力于不断推进中国特色社会主义事业的发展与进步，因而具有真实性。意识形态认同即价值认同，是人们对某种意识形态自觉自愿的接受与遵从。社会主义意识形态认同的实质是人们对包括社会主义核心价值观等在内的国家推行的意识形态的认可与践行。因此，增强对社会主义意识形态的认同，有利于广大人民群众凝心聚力，坚定"四个自信"，最大限

①《习近平谈治国理政》，北京：外文出版社，2014年，第153页。

② 习近平：《决胜全面建成小康社会　夺取新时代中国特色社会主义伟大胜利——在中国共产党第十九次全国代表大会上的报告》，北京：人民出版社，2017年，第41页。

度地发挥积极性、创造性，以推进中国特色社会主义各项建设事业的更好更快发展。

第三，培育和践行社会主义核心价值观，促进社会主义核心价值观认同，为新型精神文明建设提供不竭的精神动力。社会主义核心价值观既充分汲取中华传统文化的精华，又吸纳国外先进文明成果，既有时代特色，又有历史传承，可以极大地促进人的精神世界的丰富化、多元化，提升全民的文化素养和精神境界。"以'富强、民主、文明、和谐，自由、平等、公正、法治，爱国、敬业、诚信、友善'为基本内容的社会主义核心价值观，是凝聚全党全社会的价值共识，是反映人民群众价值诉求的'最大公约数'……社会主义核心价值观彰显了社会主义的价值维度，在国家层面上深化了对中国特色社会主义道路、理论和制度的信念，在社会层面上助推了公平正义的良好道德风尚，在公民层面为人的自由全面发展，实现中华民族复兴提供强大的精神力量。如何在实践中践行社会主义核心价值观，习近平在中共中央政治局第十三次集体学习时指出：'一种价值观要真正发挥作用，必须融入社会生活，让人们在实践中感知它、领悟它'。"[1]

促进社会主义核心价值观认同是一个知行相促并进，由身份认同到情感认同再到行为认同的不断深化的发展过程。党的十九大报告指出："社会主义核心价值观是当代中国精神的集中体现，凝结着全体人民共同的价值追求。要以培养担当民族复兴大任的时代新人为着眼点，强化教育引导、实践养成、制度保障，发挥社会主义核心价值观对国民教育、精神文明创建、精神文化产品创作生产传播的引领作用，把社会主义核心价值观融入社会发展各方面，转化为人们的情感认同和行为习惯。"[2]这一论述为新时代推进社会主义核心价值观的身份认同、情感认同及行

---

[1] 叶南客主编：《社会主义核心价值观研究丛书·文明篇》，南京：江苏人民出版社，2015年，第65页。

[2] 习近平：《决胜全面建成小康社会 夺取新时代中国特色社会主义伟大胜利——在中国共产党第十九次全国代表大会上的报告》，北京：人民出版社，2017年，第42页。

为认同提供了科学指导。

其一，身份认同是基础。身份认同即人格认同，指个体对自我主体地位的确认。身份认同危机表现为对"我是谁""这就是我吗"的质疑。个体身份感的丧失、主体地位的缺失对人的自我评价、自我实现和自我发展都有负面影响。随着社会发展加速、行业竞争加剧、生活节奏加快等，个体的身份或角色存在着越来越多的认同问题。同时，网络虚拟环境更增加了自我的身份认同危机。因此，要利用各种途径，加强经济文明、政治文明、精神文明、社会文明及生态文明建设，推动社会全面发展，为人民群众身份认同意识的增强奠定坚实的基础。

其二，情感认同是关键。心理学研究表明，人的情感活动极其丰富，不同个体具有不同的情感需求。人的情感活动以生物机体为基础，却又超越了生物性，是文化熏陶的成果或产物。看同样的景物不同文化背景的人会有不同的情感体验。人的情感活动不同于欲望，是个体在学习或与他人交往的基础上形成的心理状态和境界。自觉而坚定的社会主义核心价值观认同建立在个体内心强烈的情感共鸣的基础上，只有不断获得个体稳定的情感认同，才能真正实现社会主义核心价值观的内化。

其三，行为认同是目标。马克思实践哲学认为，一个行动胜过一打理论，人类不断地从改变现状的需求出发，经由各种实践活动把握规律、突破束缚，在此过程中不仅使个体的自然属性、社会属性和精神属性得以充分实现，也使人与人、人与社会乃至人与自然和谐共生。因此，人们应该积极参与到改变自我、改造世界的实践中去。中国传统哲学中也蕴含着丰富的知行相促、知行相需的观点，认为知是行之始，行是知之成，主张运用自己的所学来报效国家。行为认同是在对社会主义核心价值观实现身份认同、情感认同基础上的自觉践行，是认同的最终目标和最高境界，是对人生意义、目的和方向等问题的解决。对社会主义核心价值观的情感认同等较易实现，而使人们将之付诸实践则较为困难，因为这会受到现实利益、世风世俗及个体自身习惯等的影响。

随着自媒体的广泛运用，人们的生活习惯、思维方式等发生了极大

当代视域中的新型中国文明

改变，必然对新型精神文明建设特别是社会主义意识形态认同带来一定的冲击与挑战。因此，还需加强对自媒体的管理，推进新型精神文明建设。习近平总书记强调："我们必须坚持以立为本、立破并举，不断增强社会主义意识形态的凝聚力和引领力。我们必须科学认识网络传播规律，提高用网治网水平，使互联网这个最大变量变成事业发展的最大增量。"①因此，可以充分利用网络、微媒体等形式多样的新型传播载体，加强网络正能量信息的推送。对于重大网络舆情，注重"网络首发效应"，争取在第一时间发声，回应人民群众的关切。通过微信公众号、微博等，不断推送当代优秀青年爱岗敬业、诚实守信、孝老爱亲等奉献行为和担当精神的先进事迹，丰富网络意识形态教育的内容。同时，落实"谁管理，谁负责"的意识形态工作责任制，建立职责明确、管理有力的网络舆情监管机制，利用各种媒体做好增强社会主义意识形态认同的工作。

第四节　进一步推进新型社会治理

随着社会发展步伐的加快，与人民生活息息相关的社会建设的内容、形式、要求等也在不断更新、升级。党的十九大报告指出："保障和改善民生要抓住人民最关心最直接最现实的利益问题，既尽力而为，又量力而行，一件事情接着一件事情办，一年接着一年干。坚持人人尽责、人人享有，坚守底线、突出重点、完善制度、引导预期，完善公共服务体系，保障群众基本生活，不断满足人民日益增长的美好生活需要，不断促进社会公平正义，形成有效的社会治理、良好的社会秩序，使人民获得感、幸福感、安全感更加充实、更有保障、更可持续。"②这一论述为我国新型社会文明建设提供了科学的指导。

① 《习近平谈治国理政》第3卷，北京：外文出版社，2020年，第311页。
② 习近平：《决胜全面建成小康社会　夺取新时代中国特色社会主义伟大胜利——在中国共产党第十九次全国代表大会上的报告》，北京：人民出版社，2017年，第45页。

第一，新时代我国新型社会文明建设要以马克思、恩格斯社会建设思想为指导，以消除各种使人异化的条件、实现人的自由全面发展为根本目标。"马克思在《资本论》中指出，未来理想社会是'一个更高级的、以每个人的全面而自由的发展为基本原则的社会形式'。实现人的自由而全面发展是马克思主义的终极目标，也是社会治理的归宿。究竟是什么因素制约着现实的人获得自由而全面发展呢？带着这样的终极追问，马克思对社会发展规律进行探索，发现人在生产实践活动中为了谋求自身生存与发展所必需的物质生活资料，必然要与自然、社会以及自我三方面进行物质能量交换，而在私有制和分工的条件下，由于生产力相对不发达，人与自然、社会以及自我的物质转换都受到制约，呈现一种异化状态，表现为'以物的依赖性为基础的人的独立性'。在资本主义社会，这种异化表现得尤为明显：个体获得前资本主义社会无法比拟的独立性和自由个性，但人与人之间的关系简化为物的关系，'人和人之间除了赤裸裸的利害关系，除了冷酷无情的"现金交易"，就再也没有任何别的联系了'。人被物所奴役，日益成为庞大经济机器上大大小小的零件，失去作为人的主动性和创造性，失去了对工作的热情以及个人的理想，变得现实化、机械化、物质化。在社会主义社会，由于生产力还不足够发达，由于市场经济的存在，也不同程度地存在着上述人的异化、社会关系异化现象。"①

恩格斯也认为资本主义私有财产制度造成金钱对人的统治，人自身的发展受到异己的、自己所无法控制的力量的支配："只要外在化的主要形式即私有制仍然存在，利益就必然是单个利益，利益的统治必然表现为财产的统治。封建奴役制的废除使'现金支付成为人们之间唯一的纽带'。因此，财产，同人的、精神的要素相对立的自然的、无精神内容的要素被捧上宝座，最后，为了完成这种外在化，金钱、财产的外在化了

---

① 罗志刚：《马克思社会治理思想及其对我国社会治理价值取向的引领》，《毛泽东思想研究》2018年第2期。

的空洞抽象物，就成了世界的统治者。"①

马克思、恩格斯社会建设思想明确了资本主义私有制信奉的金钱至上观念造成了种种不合理的社会关系的存在。因此，我国在社会主义市场经济建设的过程中，必须首先消除由资本逻辑所造成的异化现象，在促进经济发展的基础上，完善社会治理体系和社会文明制度，积极弘扬互帮互助、互敬互爱的良好社会风气，倡导扶危济困、乐于助人的良好社会风尚，使人们心中充满对生活会越来越美好的希望，给人以战胜各种困难和挫折的信心和勇气。

第二，新时代我国新型社会文明建设要以增强人民群众的获得感、幸福感、安全感为中心。满足人民美好生活需要是中国共产党自成立之日起的初心和使命，也是新型社会文明建设的奋斗目标。"中国文明新形态体现的是中国共产党人的责任担当。不同于以往一切旧的文明的突出特点在于中国共产党所遵循和实践的是面向全体中国人民'美好生活'（体面、有尊严的）的价值期许。"②在坚持以人民为中心的发展过程中，要防止以人民名义损害人民利益的事件。"经济坚持以人民为中心发展，从经济学学理来说就很不容易，要在实践中真正做好则更难。当'人民'这个概念被滥用或受到歪曲的时候，经济坚持以人民为中心发展就会很困难。然而，现实中要想让'人民'这个概念不被滥用或不受到歪曲，看来是不可能的。在资本成为市场主导力量来推动经济发展的过程中，一些资本借助地方政府部门的权力寻租的时候，往往会由地方政府部门出面以'人民'的名义，要求老百姓作出重大牺牲……要避免此类事件发生，就要做到事前三问：是为了人民而发展吗？是依靠人民来发展吗？发展所取得的成果是由人民共享吗？"③

因此，在新型社会文明建设的过程中，要真正了解老百姓的所思所

---

① 《马克思恩格斯选集》第1卷，北京：人民出版社，1995年，第24—25页。

② 袁祖社：《中国"文明新形态"发展理念的演进逻辑》，《理论探索》2016年第4期。

③ 巫文强：《人民是经济发展的基础　也是经济发展的目的——兼谈坚持以人民为中心的中国特色社会主义政治经济学学理》，《改革与战略》2016年第10期。

想，办真正造福人民群众的实事；还要杜绝"形象工程"，制定真正以人民群众的获得感、幸福感、安全感为内容的考核标准，不断彰显社会公平正义，在更高水平上实现幼有所育、学有所教、劳有所得、病有所医、老有所养、住有所居、弱有所扶，不断促进人的全面发展、全体人民共同富裕，真正做到发展为了人民、发展依靠人民、发展成果由人民共享。

第三，转变观念，树立服务意识，不断创新社会建设、社会治理的形式，以不断满足人民日益增长的对健康、文明、积极向上的社会环境的需求。社会改革步伐加快，社会建设、社会治理的途径、方法等也要随之改进。习近平总书记指出："要善于把党的领导和我国社会主义制度优势转化为社会治理效能，完善党委领导、政府负责、社会协同、公众参与、法治保障的社会治理体制，打造共建共治共享的社会治理格局。"①

新冠肺炎疫情对社会建设、社会治理提出了新的要求。"这次疫情暴发后，发现在网络化时代还应该发挥专业社团、社区社群、企业组织、社会个体等多元主体的协同作用，形成功能互补、互联互通的治理系统，消除信息孤岛，实现有效治理。一是专业团队的知识治理作用。发挥医学、媒体、物流等专业社团的治理功能，发挥其知识专长，以其资格和资质背书，来普及传播科学知识，通过真理的声音来对冲谣言的'惑众'。比如，对于疫情发生后对医生的训诫事件可以避免，而应该发挥专业医生团队的提醒作用。再比如，早期武汉红十字会的管理混乱，完全可以发挥专业管理团队的知识治理功能。二是社区社群的共享共治作用。发挥社区社群的居民管理、小区管理、楼栋管理作用，解决疫情中发生的很多非人性化行为、逃避监测行为等。比如，简单粗暴地把疫区回来的人（尽管监测是健康的）拒绝在小区外、城区外，无家可归，此时社区社群应该发挥社会互助作用。三是企业组织的市场治理作用。在网络化和数字化时代，企业组织的敏捷响应能力甚至比政府还要强，应发挥

①《习近平谈治国理政》第3卷，北京：外文出版社，2020年，第353页。

企业根据市场化机制来解决人们生产和生活的物资供应、物流响应和服务保障等社会治理功能。政府可以制定应急机制下的工作标准，让企业按照标准参与社会治理。四是社会个体的人际协调作用。发挥专业人士或者民间'领袖'的作用，比如应该充分发挥心理辅导师在心理疏导、生活关怀等方面的独特作用；再如，发挥社会著名人士在所在社群和媒体中的正确引导作用。"①

总之，新型社会文明是新型中国文明的重要组成部分，是关乎人民群众良好生活的关键，要优先发展教育事业，提高就业质量和人民生活水平，加强社会保障体系建设，打造共建共治共享的社会治理格局，为新时代经济、政治、文化、社会、生态文明建设及人的全面发展等铺设安全可靠的保护网。

第五节　推进工业文明向新型生态文明的转型升级

习近平总书记在纪念马克思诞辰200周年大会上的讲话中强调指出："自然是生命之母，人与自然是生命共同体，人类必须敬畏自然、尊重自然、顺应自然、保护自然。我们要坚持人与自然和谐共生，牢固树立和切实践行绿水青山就是金山银山的理念，动员全社会力量推进生态文明建设，共建美丽中国，让人民群众在绿水青山中共享自然之美、生命之美、生活之美，走出一条生产发展、生活富裕、生态良好的文明发展道路。"②可见，以新型生态文明为鲜明特质的新型中国文明处理人与自然关系的理念完全不同于传统工业文明。新型中国文明以马克思、恩格斯生态生存哲学为指导，通过树立新型自然观，大力开拓绿色发展道路，倡导大生态经济价值观，牢固树立"绿水青山就是金山银山"的理念，

---

① 魏江：《后疫情时期的社会治理多元主体协同体系建设》，《科学学研究》2020年第3期。

② 习近平：《在纪念马克思诞辰200周年大会上的讲话》，北京：人民出版社，2018年，第21—22页。

致力于构建人类生态命运共同体，推进工业文明向新型生态文明的转型升级。

首先，树立人与自然是有机整体的新型自然观。自然界所提供给人类的一切是其他任何东西都无法替代的：春天的烂漫、夏天的绚丽、秋天的多彩、冬季的洁白给人类的生活增添了无穷的乐趣，新鲜的空气、丰富的果实、甘甜的山泉、茂密的森林、宽阔的草原、奔腾的河流给人类提供了生存保障。同时，大自然还是人类的精神家园，她从不欺骗人类，总是敞开她的怀抱，拥抱所有的人。当人在应对纷繁复杂的人际关系受到伤害时、在日趋激烈的生存竞争中遇到挫折时、在自己的生活中碰到难以释怀的感情失落时，都可以投入大自然的怀抱里，尽情向大自然吐露自己的心声，而大自然也会以她的博大胸襟包容人、安慰人，人们会渐渐消除自己的负面情绪，重新获得平静的心绪，再次满怀信心地开始新的生活。正如卢梭所说："大自然是永远不会欺骗我们的。出于大自然的一切都是真的。"①马克思认为，自然界与人之间是一与多的关系，自然界孕育了人，人来自自然界并且永远属于自然界。同时，自然界作为人的活动对象与人的活动密不可分。"说人是肉体的、有自然力的、有生命的、现实的、感性的、对象性的存在物，这就等于说，人有现实的、感性的对象作为自己本质的即自己生命表现的对象；或者说，人只有凭借现实的、感性的对象才能表现自己的生命。"②因此，脱离了自然，人就无法获得确证自己能力的对象，就成为无根的存在。无论从哪个方面来说，人类都没有理由不爱惜大自然、不好好保护大自然。

其次，大力开拓绿色发展道路，倡导大生态经济价值观，实现人与自然和谐发展，达到"自然主义与人道主义的统一"。资本主义工业文明条件下，由于只注重追求经济增长，信奉工具理性主义，因此，只存在单一的循环模式：货币—资本—资本增殖。

在这种单向运行模式的支配下，人与自然之间的永续共存、人与人

---

① 卢梭：《论人类不平等的起源》，吕卓译，南昌：江西教育出版社，2014年，第18页。
②《马克思恩格斯文集》第1卷，北京：人民出版社，2009年，第209—210页。

之间的和谐相处等都被自动屏蔽，资本具有了统治一切的权利，"使一切人的和自然的性质颠倒和混淆，使冰炭化为胶漆，货币的这种神力包含在它的本质中，即包含在人的异化的、外化的和外在化的类本质中。它是人类的外化的能力"[1]。而新型生态文明从根本上摒弃工业文明仅仅追求资本增殖、单一循环的非生态发展道路的弊端，通过制定生态发展规则、完善生态治理体系等开拓绿色发展道路，倡导大生态经济价值观，走涵盖自然生态文明、经济生态文明、政治生态文明、文化生态文明、社会生态文明及人的生态生存文明等的全方位、全时空的生态发展道路，实现"人、社会、自然"的良性互动，以促进生态生产力发展。"习近平总书记指出：'推动形成绿色发展方式和生活方式，是发展观的一场深刻革命。'生态环境问题归根结底是发展方式和生活方式问题。要从根本上解决生态环境问题，必须贯彻绿色发展理念，坚决摒弃损害甚至破坏生态环境的增长模式，加快形成节约资源和保护环境的空间格局、产业结构、生产方式、生活方式，把经济活动、人的行为限制在自然资源和生态环境能够承受的限度内，给自然生态留下休养生息的时间和空间。"[2]人与自然的良性互动结构如图5-1所示。

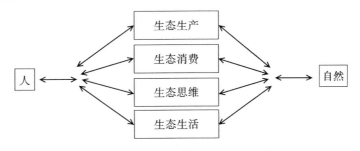

图5-1　人与自然的良性互动结构

具体地说，在生态生产方面，将绿色发展纳入经济发展全过程，实行环保一票否决制，坚决杜绝污染性行业，大力发展与自然承载力相适

———————
[1]《马克思恩格斯文集》第1卷,北京:人民出版社,2009年,第245—246页。

[2] 中共中央宣传部编:《习近平新时代中国特色社会主义思想学习纲要》,北京:学习出版社、人民出版社,2019年,第171页。

应的生态绿色环保产业。在生态消费方面，彻底摒弃与工业文明时代人对物的依赖性生存方式相一致的消费主义理念，形成低碳环保的消费方式。在生态生活方面，倡导人养成理性平和的心态、绿色诗意低碳的生存样态，亲近自然、热爱自然、保护自然，倡导人的健康、良好、积极的生态生活方式，为新型生态文明构建奠定坚实的主体基础。在生态思维方面，注重培育有机整体协同发展的生态理性思维，树立人与自然和谐相处的理念，追求人与人、人与社会、人与自然的共存共生共荣。可见，只有真正改变自然界仅仅是被改造的客体的观念，将生态文明理念贯穿于人类生产、生活、消费、思维等各个方面，整体推进自然生态文明、经济生态文明、政治生态文明、文化生态文明、社会生态文明、人的生态生存文明及人类命运共同体秩序文明等方面的建设，才能真正实现马克思、恩格斯所提出的"人和自然界之间、人和人之间的矛盾的真正解决"①。

再次，切实践行"绿水青山就是金山银山"的发展理念。当前，我国面临着推进经济发展与加强生态建设的双重任务。新时代，我国生态文明建设面临的主要问题有哪些？如何创新生态文明建设理念和路径？如何补短板、堵漏洞、强弱项？如何提升生态治理效能？对这些问题的研究有助于化危为机，彻底摒弃工业文明的发展弊端，推进以实现"自然之美、生命之美、生活之美"为目标的新型生态文明建设。"绿水青山就是金山银山"正确解决了经济发展与环境保护之间的辩证统一关系。绿水青山的价值在于为人的生态生存提供基础和条件，其意义在于不断为人类提供必要的生活资料和环境资源："良好生态本身蕴含着无穷的经济价值，能够源源不断创造综合效益，实现经济社会可持续发展。生态环境保护的成败归根到底取决于经济结构和经济发展方式。经济发展不应是对资源和生态环境的竭泽而渔，生态环境保护也不应是舍弃经济发

---

① 《马克思恩格斯文集》第1卷，北京：人民出版社，2009年，第185页。

展的缘木求鱼，而是要坚持在发展中保护、在保护中发展。"[1]

总之，新型生态文明作为新型中国文明的核心内容，始终坚持以自然为先、以健康为先、以环保为先，以实现人与人、人与社会、人与自然及人与自身的和谐共生为根本目标，不仅通过水土保持、防沙治沙、植树造林、退耕还林、生态修复、污染防治、垃圾处理等行动构建自然生态文明，还促进经济生态文明、政治生态文明、文化生态文明、社会生态文明、人的生态生存文明及人类命运共同体秩序文明等的整体发展，从根本上超越了单一的、以仅仅刺激经济增长为目标的工业文明，倡导技术理性与实践理性、工具理性与价值理性的有机统一，以人与自然的和谐共存遏制人的过分的欲望，代表着人类文明发展方向。我们应该通过牢固树立人与自然是有机整体的新型自然观、大力开拓绿色发展道路、倡导大生态经济价值观及切实践行"绿水青山就是金山银山"的发展理念等现实路径，大力推进中国从工业文明迈向新型生态文明。

第六节　推进人的生存方式的当代转型

工业革命以后，西方国家凭借着先进的科技，打开了世界市场，使原来由于地理限制、交通阻塞而孤立的民族、国家联结在一起。几乎所有的资产阶级学者都对这些变化不加批判地大加赞赏，认为资本主义是最符合人的本性的制度，因而是永恒存在的。随之而来的西方中心主义、自由主义、功利主义、实用主义等各种思潮甚嚣尘上。在以亚当·斯密、大卫·李嘉图等为代表的国民经济学家眼中，资本、市场、竞争等成了几乎能解决所有问题的法宝，遵之则兴，违之则败。德国古典哲学的集大成者黑格尔创立了充满了思辨色彩的理性主义哲学体系，使人们对绝对理性、现代国家等顶礼膜拜。作为长期浸润于人文主义传统且有着强烈批判意识的思想家，马克思、恩格斯则独具匠心，打破当时各种流行

---

[1] 中共中央宣传部编：《习近平新时代中国特色社会主义思想学习纲要》，北京：学习出版社、人民出版社，2019年，第170页。

思潮的束缚，围绕着人的生态生存方式及其实现，以生态生存哲学突破欧洲浓厚的思辨哲学、实体哲学及实用哲学的传统，揭示了资本的泛滥所造成的人的生存的对抗性、物化性、不平等性，指出要通过制度变革，超越资本文明，建立真正的自由人联合体，实现人的自由全面发展。

"按照马克思的观点，人类生存必然要经历三种状态：一是最初由原始社会'自然发生的'生态生存状态；二是人受人与物的支配非生态生存状态；三是扬弃了人对人、物对人的支配的生态存在状态。包括资本主义在内以前的阶级社会，无论是人对人的依赖或人对物的依赖，都是一种被异化的非生态存在状态。只有在未来共产主义，人从自然的统治、人对人的统治、物对人的统治中解放出来，人与自然、人与人、人与物和谐相处，人类才进入了一种真正的生态生存状态。可见，马克思对人类的生态生存状态规定具有更广的意义，它不仅包括人与自然环境、人与物的和谐，也包括人与人、人与社会的和谐。但他的核心思想是，人的存在不能仅仅就是一种社会存在，人的根本存在状态是一种生态生存状态。为了人的社会需要，而不惜以牺牲自然环境、物与他人（包括当代人与子孙后代）为代价，那就必然出现非生态生存状态。如果说，自然发生的原始社会是对人类生态生存状态的肯定，前资本主义与资本主义社会就是对人类生态生存状态的否定，只有未来共产主义社会才是人类生态生存状态的否定之否定。因此，生态生存既是人的生存状态发展的起点，也是人的生存状态发展的理想目标。"①因此，不同于西方工业文明形态下人对物的依赖的非生态生存方式，以生态文明为特色的新型中国文明倡导的是人的生态生存方式。

所谓人的生态生存方式，即最合乎人的本性的生存方式，具有以下几个方面的基本特征。

第一，和谐生存：追求人与人、人与社会、人与自然、人与自身的和谐，追求人的尺度与物的尺度的统一。和谐性是生态文明及人的生态

———————
① 谭培文:《生态生存理念是生态文明建设的根本理念》,《桂海论丛》2013年第1期。

生存方式的本质特征。工业文明时期以所拥有的器物为标准来衡量人的价值，以实现物质财富的无限积累为目标，导致人对自然资源的过度开采。由于仅仅追求经济增长，片面强调人的社会本质及人对动物的优越性，人的自然本质被忽视，人类在破坏自然平衡的同时遭到自然界的报复。而与生态文明相一致的生态生存方式，注重促进人与自然的和谐，认为人的本质属性是自然性与社会性的统一，既不能把人与自然割裂开来，也不能把人与人、人与社会及人与自身对立起来，主张人按照和谐共生、互促共荣等原则来处理人与人、人与社会、人与自然及人与自身的关系，通过构建和谐社会、形成和谐人格等来实现"自然主义与人道主义的统一"。

第二，整体生存：打破狭隘的国家、民族、区域的界限，自觉维护全球生态安全，实现人、社会、自然的共生共存。和谐生存与整体生存都与人的整体思维有着密切关系，"所谓整体思维指的是从事物的全部构成角度来认识其面貌特征、功能以及事物之间相互联系的一种思维方式"[1]。与仅仅着眼于部分利益的局部思维观有着本质不同，整体思维秉持整体重于部分、集体重于个人的原则，主张从自然、社会及人的整体关联来思考个体的生存和发展，反对仅仅追求个体利益的极端个人主义。以整体思维为指导的整体生存强调的是主体的担当意识、人类意识、世界情怀，追求的是通过每个主体的积极有为的行动，促进世界的和平与安宁。

第三，自然生存：人要以合乎自然的方式生存，秉持人是自然的产物的生存理念，主张人是自然规律的发现者、遵循者，而不是破坏者。牢固树立"自然离开人类照样存在，而人类离开自然界根本无法生存"的观念，以自然优先的原则处理人与自然的关系，树立尊重自然、顺应自然、保护自然的观念，不以任何理由破坏人与自然之间的平衡。人必须时时刻刻意识到自然对人类的重要性，因为一旦脱离自然，人将会陷

---

① 詹石窗：《道教和谐观与人类整体生存》，《中国宗教》2006年第7期。

入烦恼和无聊："现代都市居民所感受到的烦闷，即和脱离自然生活有着密切的关系。脱离了自然，生活就会变得燠热、污秽、枯燥，有如沙漠中的旅行。"①

第四，共生生存：倡导万物一体、万物共生的生存理念，不以社会和人的发展破坏自然生态系统的平衡。共生生存与老子的"玄同"思想有着密切联系。"'玄同'之说最早见于老子《道德经》第五十六章：'挫其锐，解其纷，和其光，同其尘，是谓玄同。'老子的'玄同'绝不是要人处处'苟同'，而是基于承认不同存在的一种超然思维方式。在老子看来，世俗间存在着种种纷扰和矛盾斗争，要排除纷扰，化解矛盾，就应该以超越自我的立场来处事，存异求同。"②因此，共生生存超越了人类中心主义的束缚，反对为了追求个体利益，而将人与人、人与社会及人与自然绝对对立起来的非生态实践活动。

第五，良性生存：是一种积极进取、乐观向上的生存方式。良性生存摒弃将生命看作仅仅是享受和安逸的思想，将生命看作通过自觉的修为而不断使自己的认知能力、道德境界提升的过程；主张积极向上的生存理念，客观地看待生活中所遇到的一切挫折和失败，达到"不以物喜，不以己悲"的境界；倡导通过健康的生活方式、节制的消费方式，形成资源开发与环境保护的良性循环。

从对物的依赖的非生态乃至反生态生存方式向自由个性的生态生存方式的转型要做好以下几点。

首先，改变仅仅追求资本增殖的单一的现代性的走向，追求以人的全面发展为目标的社会现代性。以物的依赖性为基础的人的生存方式是与资本现代性相适应的。在这种现代性发展过程中，人类犹如坐上了一辆高速飞驰却没有足够的安全保障的列车，随时都面临翻车的危险。这种现代性是以物为中心的、追求经济的高速增长的单一现代性，导致人

---

① 罗素：《罗素思想小品》，张广勇编译，上海：上海社会科学院出版社，2018年，第29页。

② 詹石窗：《道教和谐观与人类整体生存》，《中国宗教》2006年第7期。

对自然的肆意破坏及人与人之间情感的冷漠。"在这种极度丰裕的现代生活中，个体的精神感受出现了新的困惑。这种困惑在马尔库塞那里表现为由于现代性的异化导致出现了'单向度的人'与'单向度的社会'，丰富的人性与精神需求遭到了空前的压抑，人完全变成了一种功利化的世俗存在。事实上人必须有乌托邦精神的追求，必须在高度发达的物质文明中需要有与之相适应的精神文明——正如奈斯比特所说的在一个高技术的社会中人们需要追求一种高情感与高格调与之平衡。然而，现代性对人的精神家园究竟意味着什么？究竟是人性的丰富化，还是人性的贫困化？究竟是意义的充实感，还是意义的空虚感？现代社会究竟是人的'伊甸园'，还是'失乐园'？"[1]这些问题迫使我们思考什么是现代化、为什么要现代化以及怎样实现现代化等。这些问题如果不能很好地解决的话，就会导致更多、更深的生态危机、社会危机及精神危机等。"现代性之所以作为问题出现，它不仅意味着由于理性主义和人类中心主义的信念和手段摧毁了人类赖以生存的生态家园，而且还意味着由于极端个人主义和功利主义摧毁了人类赖以发展的社会家园，更意味着由于过度的世俗主义和消费享乐主义而摧毁了人所依皈的精神家园。在现代性苦心营造的'失乐园'中，现代人却成了孤苦无告的'漂泊者'和精神荒原上的'流浪者'……"[2]

相反，超越了资本现代性的社会现代性在追求经济增长的同时，注重经济、政治、文化、社会、生态文明、国际关系文明建设的整体推进，给人的自由全面发展提供充分的保障。在人与自然的关系上，从人与自然的对立转变为崇尚人与自然和谐共存，以实现人类社会与自然界的可持续发展为目标。在人与人、人与社会的关系上，从强调竞争、对立、对抗转变为强调交流、合作、共赢。在文明与文明的关系上，从强调冲

---

[1] 漆思：《现代性的命运——现代社会发展理念批判与创新》，北京：中国社会科学出版社，2005年，第109—110页。

[2] 漆思：《现代性的命运——现代社会发展理念批判与创新》，北京：中国社会科学出版社，2005年，第111页。

突、压制转变为强调互联互通互助，以建立和谐的全球文明秩序为目标。这也就是马克思所说的人类社会发展的第三个阶段，即人的发展克服自然必然性和社会必然性的支配。"马克思把这一阶段的自由描述为自我发展的具体自由，也就是实现人本身的自由。从必要劳动的强制（根据马克思的说明，它被转移到自动化的生产中去了）中解放出来的个人，现在自由地实现他们所选择的任何规划。而且，因为在这个阶段所从事的劳动不再是出于强制，正如马克思所说，它现在'不再表现为劳动，而表现为活动本身的充分发展'，而且是为了劳动本身而从事劳动的。马克思正是把这样的活动描述为具体的自由。"①

其次，大力提升人的生态文明素养。生态文明素养是实现人的生态生存方式的关键，通过不断提高人的生态文明意识，形成崇尚生态生存方式的社会风气，让每个人都树立起以生态生存方式为荣的价值观念。要使人从自然的统治者转变为自然的守护者，把人的幸福及其实现置于人与自然关系和谐的基础上，追求人与人、人与社会、人与自然的共生共荣。因此，必须抛弃以多占有、多消费、多享受等为标志的非生态生存方式，倡导节俭、低碳的生存方式。在当代，不少中国人正在践行生态生存方式，他们热爱自然、热爱运动，生活简单朴素，心态平和，乐观向上，注重内心世界的丰富和精神境界的提高，从最核心动力层面推动着新型中国文明的构建。在新时代，还要继续加大推进新型主体文明建设的力度，加大培育和弘扬绿色、低碳、节能、环保的生产观、消费观和生活观的力度，使更多的人自觉从片面的、物的依赖性的生存方式转向人与自然和谐的生态生存方式，从而为生态文明的转型奠定坚实的主体基础。

再次，全面推进生态文化建设，培育主体的实践理性和生态逻辑。文化是一个国家的灵魂，持之以恒地进行生态文化建设可以为人的生态生存方式转型提供精神支撑。"社会主义生态文明的文化维度，主要是阐

---

① 古尔德：《马克思的社会本体论：马克思社会实在理论中的个性和共同体》，王虎学译，北京：北京师范大学出版社，2009年，第112—113页。

发和建立历史唯物主义的生态自然观和文化价值观……在文化价值观上，历史唯物主义始终从人的自由全面发展、人的解放和自然的解放的内在统一的视角来规定发展，始终把以工人阶级为主体的人类共同体的发展当作社会发展的终极目的，把建立自由人的联合体的共产主义社会看作是合理协调人与自然物质变换关系的关键。历史唯物主义的生态自然观和文化价值观是超越了西方'深绿'和'浅绿'思潮的现代生态自然观和文化价值观，构成了社会主义生态文明的文化维度。"①所以，加强以历史唯物主义为指导的生态文化建设对于人的生态生存方式的转型有着积极的促进作用。

与生态文化建设相一致的是培育主体的实践理性和生态逻辑。人作为生态生存的主体，遵循实践理性和生态逻辑，追求人与自然的和谐统一，崇尚生活环境质量的优良，而不仅仅以物质利益作为衡量标准。"当人类提出超越工业文明的生态文明之时，意味着实践理性的不可或缺，这不仅仅是因为经验的历史和现实告诉了我们，没有实践理性控制的工具理性选择了不计后果的发展模式，带来了人与自然关系的不和谐，而且还是因为实践理性的价值追求与生态文明的发展目标内在一致。实践理性对自然本能、物质欲望、自我利益的约束与超越，正是生态文明所追求的精神性、联系性、他在性、整体性、公共性、生态性等价值理念得以形成的关键。生态文明的发展只有在实践理性和生态逻辑的主导下才能得以进行，实践理性和生态逻辑也只有在对工具理性、资本逻辑、工业文明的现实反思和扬弃中才会愈益强大。生态文明不是不要工具理性、科学技术和物质基础，但后者只是工具，不是目的，它们要受到实践理性的约束和范导，为人与自然的生态和谐这一目的服务。生态文明和实践理性的共同发展，是人作为文化存在展示自身无限超越潜能的新

---

① 王雨辰:《生态文明的四个维度与社会主义生态文明建设》，《社会科学辑刊》2017年第1期。

阶段，是文明范式实现生态转型的内在逻辑和现实需要。"[1]

当前，中国正处于从工业文明向新型生态文明转型的进程中。新型生态文明是对工业文明的扬弃，以人、社会、自然之间的和谐共生为根本特征。新型生态文明的建设是大的系统性工程，涉及政治生态、经济生态、社会生态、文化生态、环境生态等诸多方面内容，而生态文化是贯穿全程的、具有纲领性的、指导性的内容。在我国社会主义生态文明建设的过程中，既要充分利用已有的思想资源，又要不断挖掘当代的生态文明建设的丰富内涵，继续推进生态文化建设，通过生态文化建设提升主体进行生态生存方式转型的自觉性[2]。

第七节　加强新型国际关系文明建设

新冠肺炎疫情的全球蔓延表明病毒的传播是不分国家、种族的，且具有极大的隐蔽性，是人类必须共同面对的敌人。人类只有不断超越狭隘的国家、民族等的限制，共同面对，才能最终战胜疫情。因此，必须改变不合理、不公正的旧的国际秩序，加大平等、公正、共赢的新型国际关系文明的建设力度，促推更具包容性的共享发展，实现各国的共进共荣，为世界各国之间的和平相处与合作交流奠定基础。

中国作为负责任的大国，在全球治理、新型国际关系文明建设过程中一直发挥着重要作用。习近平总书记指出："党的十八大以来，我们抓住机遇、主动作为，坚决维护以联合国宪章宗旨和原则为核心的国际秩序，坚决维护中国人民以巨大民族牺牲换来的第二次世界大战胜利成果，提出'一带一路'倡议，发起成立亚洲基础设施投资银行等新型多边金融机构，促成国际货币基金组织完成份额和治理机制改革，积极参与制

---

① 杜明娥、杨英姿：《生态文明：人类社会文明范式的生态转型》，《马克思主义研究》2012 年第 9 期。

② 参见葛为群、方芳：《生态文化建设：文化自信的根本保障》，《宁夏党校学报》2017 年第 2 期。

定海洋、极地、网络、外空、核安全、反腐败、气候变化等新兴领域治理规则，推动改革全球治理体系中不公正不合理的安排。"①可见，中国加大了对外开放力度，将"走出去"与"引进来"紧密结合起来，积极参与各项国际合作，承担应尽的国际责任，不断推动建设开放型世界经济，为全球治理新格局的形成作出了极大贡献。

第一，摒弃仅仅追求本国经济增长的传统发展观，积极推进各国互助互进的包容性发展。随着数字技术、信息网络技术、新能源新材料技术等高新科技的发展，发达国家与发展中国家的差距进一步加大。"施瓦布先生在《第四次工业革命》一书中写道，第四次工业革命将产生极其广泛而深远的影响，包括会加剧不平等，特别是有可能扩大资本回报和劳动力回报的差距。全球最富有的1%人口拥有的财富量超过其余99%人口财富的总和，收入分配不平等、发展空间不平衡令人担忧。全球仍然有7亿多人口生活在极端贫困之中。对很多家庭而言，拥有温暖住房、充足食物、稳定工作还是一种奢望。这是当今世界面临的最大挑战，也是一些国家社会动荡的重要原因。"②经济全球化的现状表明，建立在掠夺、剥削发展中国家自然资源及廉价劳动力基础上的、仅仅追求资本增殖的传统发展观是不可持续的，还会导致全球的持续动荡。而包容性发展是指打破各种关税壁垒，营造良好的国际贸易环境，兼顾各国特别是发展中国家的利益，实现互利共赢。更为重要的是，包容性发展还涉及人与自然的和谐相处，全球经济发展要建立在全球环境改善、资源保护的基础上，各国要树立绿色发展理念，为子孙后代永续发展提供坚实基础。

第二，推进不合理、不公正的国际秩序格局转向共商共建共享的全球治理格局。随着经济全球化进程加快，全球性问题也呈现出加剧发展的态势，公正、合理的全球治理格局远未形成。"当前全球治理呈现以下几个特点。一是全球治理体系处于一个重要的调整期和重塑期，面临诸多挑战。世界正经历百年未有之大变局，全球治理赤字继续加剧，西方国家面临制度性危机和治理挑战，国内问题难以有效解决，国内危机经常外溢到国际层面。二是非传统安全领域的治理任务更加艰巨。气候变化、网络安全、恐怖主义、公共卫生等领域的治理赤字不断加大，且领域之间产生连锁反应，跨国协调与全球合作需求增大。近两三年，亚马逊森林大火、澳洲山火、非洲蝗虫灾害等相继爆发，加剧水土流失、土地荒漠化等问题，影响作物生产和粮食安全，新型冠状病毒疫情的大流行更在全球范围内造成大量生命和财产损失，威胁国际政治经济秩序稳定和大国战略平衡。三是大国合作与协调难度增大，迫切需要人类命运共同体意识。大国是全球治理的重要力量，在资金、技术、影响力等方面举足轻重。然而，中美大国竞争加剧，美俄关系裂痕加深，美欧分歧不断凸显，大国协调与合作日益困难。美国不断'退群'更使相关领域治理面临失序和混乱。四是科技变革加快加深影响人类经济活动、生活方式和各国竞争模式，影响全球治理方式，改变话语主导权。"①面对全球治理乱象，中国应该更加有所作为。

习近平强调："面向未来，中国维护世界和平的决心不会改变。中国从一个积贫积弱的国家发展成为世界第二大经济体，靠的不是对外军事扩张和殖民掠夺，而是人民勤劳、维护和平。中国将始终不渝走和平发展道路，永不称霸、永不扩张、永不谋求势力范围。中国促进共同发展的决心不会改变。中国发展得益于国际社会，中国也为全球发展作出了贡献。中国将继续奉行互利共赢的开放战略，欢迎各国搭乘中国发展的'顺风车'。中国提出'一带一路'倡议，就是要实现共赢共享发展。中国打造伙伴关系的决心不会改变。中国坚持独立自主的和平外交政策，在和平共处五项原则基础上同所有国家发展友好合作。中国将进一步联结遍布全球的'朋友圈'。中国支持多边主义的决心不会改变，将坚定维护以联合国为核心的国际体系，坚定维护以联合国宪章宗旨和原则为基石的国际关系基本准则，坚定维护联合国权威和地位，坚定维护联合国

---

① 孙吉胜：《当前全球治理与中国全球治理话语权提升》，《外交评论》2020年第3期。

在国际事务中的核心作用……构建人类命运共同体是一个美好的目标，也是一个需要一代又一代人接力跑才能实现的目标。中国愿同广大成员国、国际组织和机构一道，共同推进构建人类命运共同体的伟大进程。"[1]可见，构建全球治理体系是中国努力追求的目标，也是新型国际关系文明建设的重要内容。

第三，打破文明冲突论的束缚，加强不同文明的交流互鉴，构建人类命运共同体秩序文明。塞缪尔·亨廷顿的文明冲突论的核心内容是世界上存在着几种不同的文明，这些文明之间存在着诸多差异，因此彼此之间的冲突具有必然性。这种逻辑实际上与马尔萨斯的人口论如出一辙。而恩格斯早就批判了马尔萨斯理论的荒谬性，他"援引了科学按几何数的发展和地球上大量存在的荒地来证明人类只要改变自己的生产方式并进而改变占有方式，人类自身和人与自然就能够实现双重和解"[2]。同理，存在多种文明，不同文明之间存在差异并不必然产生冲突，因为冲突的真正根源并不是文明之间的差异，而是不合理、不公正的国际秩序。因此，必须根本改变不合理、不公正的国际秩序，构建平等和谐的人类命运共同体秩序文明，加强不同文明之间的交流互鉴，以达到各国互促互进的目的。

所谓人类命运共同体，顾名思义，"就是每个民族、每个国家的前途命运都紧紧联系在一起，应该风雨同舟，荣辱与共，努力把我们生于斯、长于斯的这个星球建成一个和睦的大家庭，把世界各国人民对美好生活的向往变成现实。构建人类命运共同体这一倡议已被多次写入联合国文件，正在从理念转化为行动，产生日益广泛而深远的国际影响，成为中国引领时代潮流和人类文明进步方向的鲜明旗帜"[3]。在党的十九大报告

---

[1]《习近平出席"共商共筑人类命运共同体"高级别会议并发表主旨演讲》，中国政府网，http://www.gov.cn/xinwen/2017-01/19/content_5161087.htm#1.

[2] 皮家胜：《"两个和解"在马克思恩格斯思想体系中的地位及现实意义》，《光明日报》2018年9月10日第15版。

[3] 中共中央宣传部编：《习近平新时代中国特色社会主义思想学习纲要》，北京：学习出版社、人民出版社，2019年，第219—220页。

中，习近平总书记强调指出："我们呼吁，各国人民同心协力，构建人类命运共同体，建设持久和平、普遍安全、共同繁荣、开放包容、清洁美丽的世界。"①作为解决当今全球性问题的中国方案，"人类命运共同体理念是对马克思主义哲学的原创性贡献，体现了为新时代人类创造美好生活提供的中国智慧。面对科技昌明时代人类面对的共同难题，我们既要把握各国发展的内在价值，也要形成关怀人类共同命运的世界意识"②。

人类命运共同体理念是与建立在中国传统文明基础上的"天下思维"及"天下观"密不可分的，"'天下思维'确立了'人所不欲，勿施于人'的共生精神，明显区别于'己所欲，施于人'的单边主义。共生精神承诺了人类生活和人类利益的整体性，人类社会由此而成为一个命运的共同体。在这个共同体中体现人人平等、互相尊重、价值共享、责任共担的原则就是'人所不欲，勿施于人'；而单边主义则背弃了人类利益的整体性和相关性，以独占代替共享、以偏好代替共识，将自己的立场与标准强加于他人，极易造成'损人利己'、减损人类整体利益的严重后果。从'天下思维'出发的共生精神，必然要求一种平等、宽容、和平共处的政治秩序，以此来克服引发人类利益冲突与全球政治无序的单边主义。总之，'天下思维'确立了天人、人际、身心关系的和谐性思维，明显区别于自我中心、实体为本、主客分裂的主体性思维。关系的和谐是'天下成为天下'的根本法则，是'世界成为世界'的内在根据。正是注重关系的和谐性思维而非从实体出发的主体性思维，建构了'以天下观天下'、'从世界去思考'的全球性思维方式，成为我们当今全球化时代所真正需要的新世界观——天下观"③。可见，人类命运共同体理念

① 习近平:《决胜全面建成小康社会　夺取新时代中国特色社会主义伟大胜利——在中国共产党第十九次全国代表大会上的报告》,北京:人民出版社,2017年,第58—59页。

② 臧峰宇、史海默:《人类命运共同体理念的思想资源与时代内涵》,《江苏社会科学》2020年第3期。

③ 漆思:《现代性的命运——现代社会发展理念批判与创新》,北京:中国社会科学出版社,2005年,第296—297页。

有着深刻的实践根据和理论渊源，代表着全世界人民的共同心声，也指明了新型国际关系文明建设的方向。

在中国政府硬核抗疫并向世界各国提供援助的过程中，全世界都清楚地看到了社会主义制度的优势、中国人民的智慧以及人类命运共同体的力量。习近平总书记明确指出："中方秉持人类命运共同体理念，愿同各国分享防控有益做法，开展药物和疫苗联合研发，并向出现疫情扩散的国家提供力所能及的援助。"[①]2020年3月17日到中国访问的巴基斯坦总统阿里夫·阿尔维表示："中国为抗击新冠肺炎疫情作出了巨大牺牲，巴基斯坦感谢中国为世界作出的贡献，并将坚定地和中国人民站在一起，同甘共苦、共克时艰。"[②]有学者指出："尽管此次全球新冠肺炎疫情似乎给全球化带来了某种阴影，甚至出现了国家间在价值观、经济、科技等方面的脱钩与撕裂，一股反全球化或逆全球化的热潮扑面而来，但我们必须坚信，全球化进程尽管可能受阻，其向前推进的必然趋势却是不可怀疑的，因为共生是维系人类共同命运的前提与基础。"[③]可见，人类命运共同体秩序文明是中国对世界和平、共享、和谐发展的独特贡献。在经济全球化的背景下，世界各国特别是发达国家应该打破狭隘的国家、民族等的界限，超越仅仅追求资本积累的利己动机，致力于建设平等相处、合作共赢的人类命运共同体秩序文明，以多边主义代替单边主义、以共生精神代替零和思维、以对话协商代替对抗对立等，同仇敌忾，为战胜包括战争频仍、危机盛行、病毒传播在内的形形色色、难以应对的挑战奠定牢固的基础。

---

① 习近平：《携手抗疫　共克时艰——在二十国集团领导人特别峰会上的发言》，北京：人民出版社，2020年，第3页。

②《巴基斯坦总统阿里夫·阿尔维接受专访：中国为抗击疫情作出巨大贡献》，央视网，http://news.cctv.com/2020/03/18/ARTINABWTdwIa8uWvbBKTjwp200318.shtml。

③ 李建华、吴长静：《后疫情时代的共生伦理及其人类命运共同体实践》，《湖湘论坛》2020年第5期。

第六章 新型中国文明的人类意义

在中国特色社会主义事业发展的不同时期，我国经济文明、政治文明、精神文明、社会文明、生态文明、主体文明及国际关系文明等的建设不断进步，人民群众物质文化生活水平普遍提高，人的生态生存质量得以提升，中国速度、中国奇迹、中国精神、中国温度等成为人们津津乐道的话题，这充分表明了中国一直坚持和推进的迥异于西方工业文明的新型文明建设道路的正确性。新型中国文明及其构建的意义绝不仅仅限于中国一国的范围内，它为人类从工业文明向新型生态文明的顺利转型提供了中国方案，为广大发展中国家开拓新型现代化发展道路提供了中国经验，为共商共筑人类命运共同体、实现共赢共享贡献了中国智慧，是中华民族为人类文明发展作出的重要贡献。

第一节　为人类从工业文明向新型生态文明的
顺利转型提供了中国方案

新冠肺炎疫情全球扩散的严峻形势表明，以人与人、人与社会、人与自然、人与自身等之间的对立、冲突为标志的，工具理性、资本逻辑主导的西方工业文明道路，极大地妨碍了人与人、国与国、文明与文明等之间的和谐共存及人的生态生存方式的实现，是不可持续的，因而必须推进工业文明向新型生态文明的转型升级，开拓人与人、人与社会、人与自然及人与自身和谐共生的可持续发展道路。

历史地看，工业文明的勃兴为人类社会物质财富的增长奠定了重要基础，极大地促进了文明进步。但是由于以资本的增殖为单一追求目标，忽视经济、政治、文化、社会、生态文明、主体文明及国际关系文明等的协调发展，造成了各种对立。

其一，人与人的对立。马克思、恩格斯认为，人与自然之间之所以日益对立，根源在于西方工业文明所依存的资本主义私人占有制度条件下的人与人的对立。在资本主义社会及以之为基础的工业文明形态里，"一切关系都是一种异化的关系，工人生产的产品越多，他们越受他们产品的支配，他们越是贫穷。在异化的条件下，作为主体的人不是生产力而是生产的手段。劳动的客观条件和劳动相异化、劳动过程本身异化、劳动结果异化和劳动者异化成为渗透社会生产一切领域的'恶的必然性'。资本家追求高额利润的贪欲，不仅使地力枯竭，也使生命力（雇佣劳动力）遭到摧残。由资本主义社会基本矛盾导致周期性经济危机，使生产力造成巨大破坏，物质财富巨大浪费，使本来已有限的自然资源更趋紧张。而自然资源的日趋紧张、短缺，又进一步加剧了人与人之间的对立与纷争，甚至爆发为争夺资源的战争……要实现两种和谐（人与自然的和谐、人与人的和谐）首先应从调整、改善人与人的关系着手。只有如此，人类才能同心协力地调整、改善人与自然之间的关系，实现人与自然的和谐。因为当代人类面临的是全球性的问题，而不是区域性的问题，何况，人类与自然不和谐的罪魁就是人类自身"[1]。

其二，人与自然的对立。在工业化进程中，为了满足资本无止境的增殖需求，难以计数的资本主义大工厂在全球拔地而起，大量不可再生资源被破坏殆尽，人类所赖以生存的自然环境包括空气、水、土壤等的质量逐渐下降。马克思深刻批判了资本主义生产的私有性质对森林资源的破坏作用："漫长的生产时间（只包含比较短的劳动时间），从而其漫长的周转期间，使造林不适合私人经营，因而也不适合资本主义经营。资本主义经营本质上就是私人经营，即使由联合的资本家代替单个资本

---

① 徐民华：《马克思恩格斯的生态观及其当代价值》，《社会主义研究》1999 年第 5 期。

家，也是如此。文明和产业的整个发展，对森林的破坏从来就起很大的作用，对比之下，它所起的相反的作用，即对森林的护养和生产所起的作用则微乎其微。"①资本主义私有制使得人们只关注同自身利益相关的领域，对于土地、森林、空气、水资源等公共资源只会盲目利用，并且为了获取超额利润还会不断加以破坏，因此，自然资源是不可能得到很好保护的。恩格斯对于建立在不顾自然承载力以及自然资源可持续利用基础上的资本主义大生产肆无忌惮地扩张所导致的惊人的环境恶化、资源枯竭等也表示了深深的忧虑。他说："地力耗损——如在美国；森林消失——如在英国和法国，目前在德国和美国也是如此；气候改变、江河干涸在俄国大概比其他任何地方都厉害，因为给各大河流提供水源的地带是平原，没有像为莱茵河、多瑙河、罗讷河及波河提供水源的阿尔卑斯山那样的积雪。"②

其三，人与自身的对立。在盲目追求经济增长的动机的支配下，人对物的依赖程度不断提升。对自然失去了敬畏之心的人们为了满足自己的物质欲望，可以说无所不用其极。"人的各种需求之间越来越不平衡。人逐渐成为'单向度'的消费机器，一味地把'占有'作为自己的人生宗旨，而与真正'属人'的存在状态渐行渐远。人所满足的主要是一些'虚假的需求'，那些精神上的、心理上的、文化上的需求不是被扭曲就是枯萎了。"③由于被虚假的需求所支配，人的悖论性存在变得愈加明显：空间距离的缩短与人们情感上距离的扩大、物质生活日趋丰富多样与精神生活的单调枯燥等并存。科技的不断进步带来了理性主义、享乐主义等观念盛行，伦理道德、人的生态生存等不断被边缘化。由于个性化、多元化需要得不到满足，人们特别是青年人的焦虑、恐惧、抑郁、孤独等各种心理问题不断产生。

现代自然科学特别是生物学的发展已经证明自然、社会、人三者之

---

① 《马克思恩格斯文集》第6卷，北京：人民出版社，2009年，第272页。

② 《马克思恩格斯文集》第10卷，北京：人民出版社，2009年，第627页。

③ 陈学明：《中国道路的世界贡献》，天津：天津人民出版社，2017年，第71页。

间合作共生的关系是客观存在的。"新生物学是关于生物和其环境之间自然发生的有机联系的科学，这种有机联系通过子系统或细胞的子系统和器官得到调节。这取代了仅在竞争领域定义进化过程的传统生物学。目前，像哈佛大学演化动力学研究中心的马丁·诺瓦克等生物学家，现在用彼此相互合作或共生（字面意思是'生活在一起'）关系来解释生物演化过程，而不再仅仅以竞争性的术语来界定它。"①在新生物学家看来，"所有生物的存在及其自身身份认同都与其他生物紧密相关而不是无关。这意味着，包括每种植物或动物在内的每种生物的这种身份认同，一定程度上是由它所处的物质和文化环境所决定的……也就是说，所有现实存在从本质上来看是完全生态的，人类本身也是生态的，是共同体中的人（persons-in-community）而不是孤岛中的人（persons-in-isolation）"②。

　　著名理论生物学家斯图尔特·考夫曼（Stuart Kauffman）预言，这种新有机生物学具有修正21世纪人类社会的能力。他写道："真正的生活并不是固定不变的：我们的生活是不断展开的，时常伴随着我们有意或无意与他人共同创造的无法预知的机会。因此，我喜欢上了'发现的生活'。这时，我的'超越现代性之梦'已开始成为全球三十多种文明的梦，它们轻轻地编织在一起，保护每种文明之根。它们是如此坚固，足以孕育出永远常新的文化形态。通过这些文化形态，人们能够以日益多样化的、创造性的方式成为人；通过这些文化形态，每个人帮助自身与他人过上'发现的生活'，改善内心深处阴暗的一面。我们需要以更加开阔的视野审视自身及未来。"③可见，自然万物之间是存在有机、系统的联系的，不能用外界的力量把它们截然分开。而在以对立、对抗为特质，

---

　　① 克莱顿、海因泽克：《有机马克思主义：生态灾难与资本主义的替代选择》，孟献丽、于桂凤、张丽霞译，北京：人民出版社，2015年，第163页。

　　② 克莱顿、海因泽克：《有机马克思主义：生态灾难与资本主义的替代选择》，孟献丽、于桂凤、张丽霞译，北京：人民出版社，2015年，第176页。

　　③ 克莱顿、海因泽克：《有机马克思主义：生态灾难与资本主义的替代选择》，孟献丽、于桂凤、张丽霞译，北京：人民出版社，2015年，第166—167页。

以永无止境地占有为目标的工业文明条件下，这种本真的联系却被完全遮蔽了，"发现的生活"、轻松愉悦的生活状态被"奴役的生活"、疲于奔命的生活状态所代替，每个人的身上都背负着沉重的生活负担，无法获得发展自己自由个性的机会。

马克思指出："从一个较高级的经济的社会形态的角度来看，个别人对土地的私有权，和一个人对另一个人的私有权一样，是十分荒谬的。甚至整个社会，一个民族，以至一切同时存在的社会加在一起，都不是土地的所有者。他们只是土地的占有者，土地的受益者，并且他们应当作为好家长把经过改良的土地传给后代。"①恩格斯也指出："我们决不像征服者统治异族人那样支配自然界，决不像站在自然界之外的人似的去支配自然界——相反，我们连同我们的肉、血和头脑都是属于自然界和存在于自然界之中的。"②因此，必须不断变革不公正的社会制度，制定完备的制度法规，将土地、森林、矿产等自然资源作为关涉所有人生存的至关重要的要素进行保护，以保证它们处于良好的存在状态，确保人类能够永续生存。而这又依赖于彻底抛弃以占有为目的的资本主义工业文明，建立新型生态文明。

新型生态文明是对农业文明时代人与自然之间纯洁质朴关系的更高层次的复归，是建立在现代科学发展的基础上的，是对资本主义工业文明的批判继承和整体超越。与工业文明有着本质区别的是，新型生态文明坚持用相互联系、相互依存的观点看待人与人、人与社会及人与自然等之间的关系，以及自然界的万事万物，要求人们从根本上改变人与人、人与社会及人与自然之间相互对立、相互排斥关系的陈旧理念，摒弃仅仅从对抗、竞争的视角来处理人、社会、自然之间关系的做法。

新型生态文明首先是指自然生态文明，主张经济、政治、文化、社会的发展与自然生态系统相适应，不能以破坏自然生态系统为代价。工业革命发生以后，机器大工业占据了统治地位，在资本利益的驱动下，

①《马克思恩格斯文集》第7卷，北京：人民出版社，2009年，第878页。
②《马克思恩格斯文集》第9卷，北京：人民出版社，2009年，第560页。

高效率、高收益成为在激烈的竞争中取胜的法宝，"尽快生产、占有一切"成为时髦的口号，与之相匹配的消费主义思潮甚嚣尘上，地球资源不堪重负，生态危机频发。因此，必须从根本上扭转建立在对自然生态系统进行无止境掠夺基础上的工业文明，保持对自然生态系统的敬畏。新型生态文明还包括经济生态文明、政治生态文明、精神生态文明、社会生态文明、主体生态文明等方面，是与人的生态生存方式的需要相一致的、全面的、整体的文明体系，是马克思、恩格斯生态生存哲学的应有之义。他们认为："不断以物质文明、精神文明、政治文明、社会文明和生态文明的成就满足人类不断增长的物质需要以及在此基础上产生的政治需要、精神文化需要、社会需要和生态需要的过程，是人的经济权益、政治权益、文化权益、社会权益和生态权益不断得到维护和满足的过程。自然解放的过程为政治解放、社会解放和人的解放奠定自然基础，而政治解放、社会解放和人的解放则为自然解放提供根本保障。人在谋求自然解放的时候，又要谋求不断地优化人与人的关系以及人与社会的关系。"①因此，单一追求经济发展的工业文明必将被新型生态文明所超越，有机统一、整体构建的新型生态文明代表着人类文明未来转型和发展的方向。

新中国成立以来，中国人在一穷二白的基础上开始了创造新的文明形态的探索。在这个前无古人的伟大探索过程中，在坚持进行工业化建设、提升我国经济科技实力的同时，我们不仅注重发展与人们生活息息相关的农业、手工业等，还注重促进人与自然之间的和谐共存。新型中国文明以马克思主义生态生存哲学为指导，吸收中华传统文明、西方工业文明的积极成果，以实现人与人、人与社会、人与自然、人与自身的和谐共存为目标的新型生态文明之构建为鲜明特色和发展方向。新型中国文明之构建为人类从工业文明向新型生态文明的顺利转型提供了中国方案。

① 方世南：《马克思恩格斯的生态文明思想——基于〈马克思恩格斯文集〉的研究》，北京：人民出版社，2017年，第213页。

首先，坚持以马克思主义生态生存哲学为指导，建设社会主义生态文明。马克思、恩格斯一直关注人的生态生存方式，倡导以人与人的和谐共生促进人与自然和谐共生，坚持将人、社会、自然看作不可分割的有机体。党和国家领导人坚持与时俱进，结合当代中国实际，把生态环境作为关系国计民生的重大社会问题，把节约资源和保护环境确立为基本国策，坚持统筹推进"五位一体"总体布局，将生态文明建设融入经济、政治、文化、社会建设中去，促进发展理念和发展方式的深刻变革。因此，"中国生态发展道路的文明样式是生态文明，生态文明的实现基础在于劳动的生态化。它是中国人民对自己几千年悠久的生态主义历史传统的继承和弘扬，是中国共产党历代中央领导集体在新的历史时期谋求人、自然与社会和谐发展的初步探索，也是中国人民对西方生态发展道路的借鉴和超越。中国生态发展道路是生态原则与社会主义的有机结合，是社会主义本质属性在生态领域的体现，其基本性质是社会主义的"①。

在有机马克思主义者看来，只有中国才能真正走新型生态文明的发展道路。"早在中共十七大上，中国就率各国政府之先明确提出了'建设生态文明'的理念，并将其上升为国家战略和基本国策。这种在世界范围内绝无仅有的国家意志行为，令小约翰·柯布大为激赏，称其为人类历史上破天荒的'历史性的一步'。中共十八大之后，中国政府把建设生态文明视为迫切需要的优先任务，积极转变经济发展模式，引导经济绿色发展新常态，千方百计增进全体人民的可持续福祉。中共十九大，中国更是明确提出要'成为全球生态文明建设的重要参与者、贡献者、引领者'。不仅如此，在过去十年里，中国还围绕生态文明建设的重大理论问题展开了广泛而深入的研究，并逐步使生态文明的理念在全社会传导布展开来。在国家、政府、社会力量和个人全体认同和协同行动之下，中国的生态文明建设不但进展顺利、成就斐然，更在人口增长控制、生态文明体制机制创新、科学技术生态化等方面表现出色，引起了世界各

①成长春、徐海红：《中国生态发展道路及其世界意义》，《江苏社会科学》2013年第3期。

国的强烈关注。可以说，无论是理论上的探讨还是付诸实践的努力抑或是业已取得的成就，都使有机马克思主义有理由相信，中国更有能力担起世界生态文明建设的主体和示范重担。正如菲利普·克莱顿所言，'要建设新文明，在世界各国中，中华人民共和国发挥的是引领作用，这是她的特殊使命'。"①

其次，坚持人与自然和谐共生，尊重自然、顺应自然、保护自然。人与自然不仅是休戚与共的命运共同体，也是一体而生的生命共同体。历史地看，人与自然的关系经历了原始文明时期的敬畏自然、农业文明时期的依赖自然以及工业文明时期的征服自然几个阶段。在科技—工业文明的推动下，人类改造自然的能力不断提升，工业革命的发生，使大规模开采、挖掘自然资源成为可能，造成了生态环境的破坏，生态危机频发，人类不得不忍受肆意破坏自然所带来的恶果。如何化危为机？只有从根本上改变人与自然对立的观念，坚持人与自然和谐共生，携起手来共同推进生态文明建设，坚持尊重自然、顺应自然、保护自然。中国传统生态文化内涵丰富，历久弥新，是中国人代代相传的处理人与自然关系的基本准则。在中国特色社会主义现代化建设过程中，为了处理经济发展与生态保护之间的矛盾，我们弘扬传统生态文化的精髓，坚持"绿水青山就是金山银山"的发展理念，坚持发展生态农业、生态林业、生态旅游业，将良好的生态资源转化为造福全体人民的生态福祉，"坚持节约优先、保护优先、自然恢复为主"，以新发展理念为指导，摒弃传统的，建立在高消耗、高污染、高消费基础上的，人与人、人与社会、人与自然、文明与文明等冲突、对抗的现代化发展模式，开辟了坚持人与自然和谐共生的新型现代化发展道路。

再次，主动承担国际责任，积极引领全球生态文明建设。我们只有一个地球，保护我们共同的家园是每个人应尽的义务。中国在坚持做好国内生态文明建设工作的同时，积极承担全球环境治理的责任。2015年，

_____

① 丁丹丹：《有机马克思主义"中国引领论"：语义、理据与本质》，《江汉论坛》2018年第1期。

习近平总书记在气候变化巴黎大会开幕式上的讲话中指出："中国在'国家自主贡献'中提出将于2030年左右使二氧化碳排放达到峰值并争取尽早实现，2030年单位国内生产总值二氧化碳排放比2005年下降60%—65%，非化石能源占一次能源消费比重达到20%左右，森林蓄积量比2005年增加45亿立方米左右。虽然需要付出艰苦的努力，但我们有信心和决心实现我们的承诺。"①这是我们作为世界上最大的发展中国家为应对全球气候变化作出的庄严承诺，表明中国坚持走生态优先、绿色发展之路的信心和决心。不仅如此，我们还尽自己所能，帮助最不发达国家应对气候变化挑战，认真落实气候变化领域南南合作政策承诺。"为加大支持力度，中国在今年9月宣布设立200亿元人民币的中国气候变化南南合作基金。中国将于明年启动在发展中国家开展10个低碳示范区、100个减缓和适应气候变化项目及1000个应对气候变化培训名额的合作项目，继续推进清洁能源、防灾减灾、生态保护、气候适应型农业、低碳智慧型城市建设等领域的国际合作，并帮助他们提高融资能力。"②

可见，"从人类社会的演进和全球发展的大格局来看，中国的生态发展道路对世界的发展具有借鉴意义，它既是对社会主义制度历史必然性的一种实践论证，预示了人类未来的发展走向，也是对解决人类面临的资源耗竭、环境污染、垃圾围城等危机的一种现实回应，具有重要的现实意义"③。新型中国文明以马克思、恩格斯生态生存哲学为指导，不断吸收中国传统文明精华和西方文明的积极成果，坚持中国特色社会主义生态文明建设道路，纠正工业文明片面追求经济增长的弊端，注重经济、政治、文化、社会、生态等的整体建设，将经济发展、政治改革、社会进步、文化繁荣、生态美好、人的发展及国际关系格局的完善有机结合在一起，注重人的全面发展和社会全面进步，具有全面性、人本性、和

①《习近平谈治国理政》第2卷，北京：外文出版社，2017年，第530页。

②《习近平谈治国理政》第2卷，北京：外文出版社，2017年，第530—531页。

③成长春、徐海红：《中国生态发展道路及其世界意义》，《江苏社会科学》2013年第3期。

谐性、包容性，将在实践中日益完善。

第二节　为广大发展中国家开拓新型现代化发展道路提供了中国经验

新中国成立以来，我们党坚持从现实国情出发，通过不断吸收借鉴西方发达国家现代化发展经验，开拓了一条不同于西方冲突型现代化的，以新型和谐为特质的，致力于经济、政治、社会、生态及主体文明整体发展的新型现代化发展道路，为广大发展中国家开拓新型现代化发展道路提供了中国经验。

启蒙运动以来，在工业革命的强劲推进下，西方社会开始了以资本增殖为动力的现代化进程。资本主义现代化进程带来了人的生存方式、交往方式等的极大改变，但同时也给人类带来了包括两次世界大战在内的战争危机及经济危机、生态危机、精神危机等各种灾难。查尔斯·泰勒在《现代性之隐忧》中认为现代性的隐忧至少有三个："第一个担心是关于我们可以称作意义的丧失、道德视野的褪色的东西。第二个涉及在工具主义理性猖獗面前目的的晦暗。第三个是关于自由的丧失。"[1]

首先，现代性的推进造成了人们对金钱的永无止境的追求，对价值、意义、道德等形上思考嗤之以鼻，人们热衷于物质利益的满足，唯利是图，对金钱的追求超过了对生命的其他方面的需求。"人们反复表达的一个忧虑是，个人除了失去了其行为中的更大社会和宇宙视野外，还失去了某种重要的东西。有人把这表述为生命的英雄维度的失落。人们不再有更高的目标感，不再感觉到有某种值得以死相趋的东西。"[2]

其次，工具理性的统治使人们根本无暇顾及与生活息息相关的领域，造成人的生存方式的非生态化，使仅仅追求利益的功利主义占据主导地位。工具理性的泛滥最直接的后果是自然界沦为人类加工改造的对象，

---

① 泰勒：《现代性之隐忧》，程炼译，北京：中央编译出版社，2001年，第12页。

② 泰勒：《现代性之隐忧》，程炼译，北京：中央编译出版社，2001年，第4页。

自然资源受到了毁灭性破坏。人们凭借各种高科技，肆意破坏自然生态平衡，造成物种灭绝，资源枯竭，人的各种生态权益无法得到满足。更为严重的是，在资本主义市场经济占据统治地位的条件下，人也被当作工具性的存在，被作为商品生产服务的对象，为了激起人的消费欲望，资本家无所不用其极，发明了各种促销手段，人与人之间本真的、无功利性的联系被相互利用、相互交换的利益关系所替代，连婚姻关系也成了可以进行买卖的市场关系。由此，人的价值被用金钱来衡量，人成为金钱的奴隶，人的主体性丧失殆尽，人的物化、工具化现象比比皆是。正如马克思所揭示的："生产不仅把人当做商品、当做商品人、当做具有商品的规定的人生产出来；它依照这个规定把人当做既在精神上又在肉体上非人化的存在物生产出来。"①

最后，人受到资本宰制的程度不断加深，人的包括生态生存权等在内的各种权利丧失。在资本所开创的现代化条件下，人的自由表面上看被扩大了，但实际上人是更不自由的，原因在于资本主义私人占有制度造成人与人之间的不平等，大量丧失生产资料和生活资料的普通劳动者挣扎在贫困的边缘，基本的医疗救护得不到保障，只有衰落、疾病、孤独的"自由"。而占有生产资料的资产阶级攫取了绝大部分社会资源，过着不劳而获的奢华的生活。整个社会日益分裂为两大对抗阶级，社会公平、公正无从谈起。马克思批判道："自由这一人权不是建立在人与人相结合的基础上，而是相反，建立在人与人相分割的基础上。这一权利就是这种分隔的权利，是狭隘的、局限于自身的个人的权利。自由这一人权的实际应用就是私有财产这一人权。"②而"私有财产这一人权是任意地、同他人无关地、不受社会影响地享用和处理自己的财产的权利；这一权利是自私自利的权利。这种个人自由和对这种自由的应用构成了市民社会的基础。这种自由使每个人不是把他人看做自己自由的实现，而

①《马克思恩格斯文集》第1卷,北京:人民出版社,2009年,第171页。

②《马克思恩格斯文集》第1卷,北京:人民出版社,2009年,第41页。

是看做自己自由的限制"①。

由此可见，建立在资本增殖基础上的西方现代化虽然促进了社会进步、生产力发展，使物质财富得以大量涌现，然而这种现代化仅仅是器物层面、单一的现代化，人的现代化、社会的现代化没有得到同步发展，是以人的精神世界的苍白、传统伦理道德的边缘化、人际关系的冷漠等为代价的。西方发达国家所大力推进的这种单一追求经济增长的现代化使世界充满了不确定性、不平衡性及反生态性。"西方文明是以竞争、扩张为特性的外向型文明。启蒙运动以来，个人主义、物质至上主义、消费主义成为西方社会的主流价值观，对于物的占有程度成为衡量人生及社会成败的最重要尺度，对于财富的渴望成为推动近代西方文明进步的根本动力。因此，西方发达资本主义国家仅仅围绕着追逐财富这一唯一动机，其文明模式建立在对内剥削和对外扩张的残酷竞争关系基础之上，通过对内剥夺农民、工人，对外掠夺、扩张乃至发动侵略战争实现了现代化，他们推动文明进步的方式是用血和火的文字载入了人类编年史。因此，马克思主义评价资本主义文明是'建立在劳动奴役制上的罪恶的文明'，'当我们把目光从资产阶级文明的故乡转向殖民地的时候，资产阶级文明的极端伪善和它的野蛮本性就赤裸裸地呈现在我们面前'。"②

西方现代化道路的种种弊端表明，现代化进程中蕴含的现代性的事业是远未完成的。现代性应该是全面的、整体的，不仅指经济的现代性，还包括政治民主、文化多元、社会和谐、生活美好、主体性丰富等多层次的内容。马克思、恩格斯提出构建每个人自由全面发展的联合体的设想，其实质是以社会主义制度代替资本主义制度，使整体、全面的社会现代性代替片面、单一的资本现代性。马克思、恩格斯所追求的理想的现代性既包括高度发达的生产力，又包括个人的精神境界和道德水平的提升，个体与个体、个体与社会之间既相互依存又相互促进。"它既是平

① 《马克思恩格斯文集》第1卷，北京：人民出版社，2009年，第41页。

② 李艳艳：《马克思主义文明理论及其当代价值》，北京：人民出版社，2017年，第48页。

等的共产主义，人民在道德价值并且生活条件上平等的共产主义；又是美德的共产主义，期望共同的善的人民的联合；还是福利的共产主义，声称共同体对个人的幸福负有责任；以及互助合作的共产主义，期望这样一个社会，在社会中为他人服务并不仅仅被看作和被体验为一种道德责任，而且是一种快乐的形式。而且它还是斗争的共产主义，以无情地扑灭各种社会罪恶、堕落。"①

新型中国文明以马克思、恩格斯社会现代性思想为指导，在促进物质财富不断增长的同时努力提高人们的精神文化水平，不断弘扬优秀传统文化，促进传统文化的创造性转化、创新性发展等，坚持提高人民群众生活水平和质量。改革开放是中国走向世界、世界了解中国的双向互动进程，在对外开放的过程中，新型中国文明注重吸收借鉴西方文明发展的积极成果。"中国共产党领导的社会主义文明建设事业是一条具有中国特色的独立自主的文明进步道路。其特色正是体现在，它以马克思主义文明理论为指导，以人的自由全面发展为方向，以为人民服务为方式。中国共产党领导的社会主义文明建设事业不是像塞缪尔·亨廷顿所谓的以扩张、冲突为特征的文明，更不是像尼尔·弗格森所称的向西方文明模式的简单趋同，而是在人类近代史上首次开辟了一条自力更生、和平共处的内生型现代文明进步道路。"②

新中国成立以来，中国社会主义现代化建设被正式提上了中华民族伟大复兴的议事日程。在以毛泽东同志为主要代表的中国共产党人的带领下，中国开辟了以独立自主、自力更生为原则的内生型、自主型的现代化建设道路。毛泽东对社会主义现代化建设道路的探索涵盖经济、政治、文化、社会、教育、生态文明等各个方面。他强调从生产力与生产关系、经济基础与上层建筑等相统一的方面来推进经济建设，提出了过渡时期总路线，

---

① 伯尔基:《马克思主义的起源》,伍庆、王文扬译,上海:华东师范大学出版社,2007年,第105页。

② 李艳艳:《马克思主义文明理论及其当代价值》,北京:人民出版社,2017年,第306页。

使新民主主义社会平稳过渡为社会主义社会，"一是在经济上，初步提出了发展生产力，工业化等建设任务。二是在政治上，确立人民民主专政的新型国体和人民代表大会制度的政体，实行民族区域自治制度和中国共产党领导的多党合作制度。三是在教育上，提出培育'又红又专'的社会主义新人，培养德、智、体全面发展的'有社会主义觉悟的有文化的劳动者'的目标。四是在生态建设方面，提出了植树造林、水土保持、环境保护的思想。早在20世纪50年代，以毛泽东为核心的党中央就成立了水土保持委员会，提出了'要使我们祖国的河山全部绿化起来，要达到园林化'的生态建设目标，为人民创造美丽的生活家园"[1]。

改革开放以来，面对和平与发展的国际形势与世界格局，邓小平适时提出了"以经济建设为中心"、建立社会主义市场经济体制、"两手抓、两手都要硬"等理论和人才强国、科教兴国等战略，以马克思主义为指导，既注重发挥资本的积极作用，又注重通过抑制资本的弊端促进社会的整体发展，开创了区别于资本主义现代化建设道路的新型现代化建设道路。"1970年代末中国实行的改革开放政策使国家逐步驶离始于清末的'对抗'轨道，转而驶入追求和解、共生、和谐的新轨道。30余年来中国经济的高速增长，一个世界上人口最大的贫穷国家正由饥饿而温饱，由温饱而全面小康。一个以农耕经济为主体的'历史语境'正让位于越来越城市化、工业化、信息化的'历史语境'。"[2]

在新时代，围绕如何实现社会主义现代化这一重大问题，习近平总书记提出了一系列新思想新观点新要求。他强调"现代化的本质是人的现代化"[3]，"我们要建设的现代化是人与自然和谐共生的现代化"[4]，要

① 李艳艳：《马克思主义文明理论及其当代价值》，北京：人民出版社，2017年，第300—301页。

② 闾小波：《近代中国民主观念之生成与流变——一项观念史的考察》，南京：江苏人民出版社，2011年，第411—412页。

③ 中共中央文献研究室编：《习近平关于社会主义经济建设论述摘编》，北京：中央文献出版社，2017年，第164页。

④《习近平谈治国理政》第3卷，北京：外文出版社，2020年，第39页。

"推进国家治理体系和治理能力现代化"①，"要在坚持以经济建设为中心的同时，全面推进经济建设、政治建设、文化建设、社会建设、生态文明建设，促进现代化建设各个环节、各个方面协调发展"②，等等。这些重大战略思想、重大理论观点、重大工作部署，极大深化了我们党对社会主义现代化规律的认识，有力指导和推动了我国社会主义建设事业迈出坚实步伐③。因此，中国特色社会主义现代化建设事业正在以习近平总书记关于现代化建设的重要论述为指导，朝着中华民族伟大复兴的中国梦而不断奋进。

广大发展中国家在通往现代化的进程中会遇到先发国家所没有遇到的困难和挑战，关键在于要独立自主地探索适合本国国情的发展道路。中国特色社会主义现代化道路的开辟对广大发展中国家有着重要的启示意义。

其一，要坚持走自己的路，不重复世界主要资本主义国家走过的冲突型、污染型、单一型的现代化道路。由于具体国情不同、发展基础不同、发展水平存在差异等，各国的现代化道路必然会有所区别。马克思晚年在考察俄国农村公社的发展时提出了跨越"卡夫丁峡谷"的设想。他指出："一切都取决于它所处的历史环境"，"另一方面，和控制着世界市场的西方生产同时存在，就使俄国可以不通过资本主义制度的卡夫丁峡谷，而把资本主义制度所创造的一切积极的成果用到公社中来"④。可见，马克思反对不顾具体的历史条件，照抄照搬发达国家的发展道路的做法，认为后发国家应该从国情出发，坚持以满足本国人民的利益为出发点。后发国家无疑要集中精力加强基础设施建设，推进物质文明发展，但同时要避免发达国家的先污染、后治理的老路，要坚持开辟资源消耗

①《习近平谈治国理政》第3卷,北京:外文出版社,2020年,第105页。

②《习近平谈治国理政》第2卷,北京:外文出版社,2017年,第79页。

② 中共中央宣传部编:《习近平新时代中国特色社会主义思想学习纲要》,北京:学习出版社、人民出版社,2019年,第59—60页。

③《马克思恩格斯选集》第3卷,北京:人民出版社,1995年,第765页。

低、环境污染少、可持续的发展道路；在促进城市现代化建设的同时注重统筹城乡一体化发展，还要以城市反哺农村，以技术帮扶农民，避免城乡二元对立的局面。要实行经济现代化、社会现代化与人的现代化的同时并举，通过促进经济、政治、文化、社会及生态文明建设的全面发展，为人的现代化奠定坚实的基础。在现代化的建设过程中，还要推进自主创新，建设创新型国家，发展循环经济，建设资源节约型、环境友好型社会等。可见，对于发展中国家来说，坚持走自己的路，按自己的节奏，找到适合本国国情的，避免西方非生态型甚至反生态型现代化弊端的、全面现代化发展道路至关重要。

其二，坚持走综合创新的道路，兼收并蓄、博采众长。任何国家的现代化建设都不能孤立完成，都必须在与世界其他国家相互交流、相互学习中进行。要在扩大对外开放的过程中吸收国外先进经验，同时使本国的产品、服务、文化等走向世界，在此基础上开拓独具特色的现代化道路。"新中国建立以来，我们借鉴了国外大量的经验，包括苏联的经验和西方国家的经验。改革开放以来，我们有选择地学习了美国在金融领域内的经验，日本、德国在企业管理方面的经验，以色列在农业方面的经验，新加坡在开发区建设和反腐倡廉方面的经验，香港地区和台湾地区在房产开发和管理方面的经验。但总体上看，我们没有简单地照搬外部的经验，而是综合了别人的经验，并根据中国的民情国情进行借鉴甚至创新……在一个更大的范围内，我们过去30多年的最大成功几乎都是综合创新。"[①]因此，对于广大发展中国家来说，在现代化建设过程中，必须始终坚持以我为主，将对本国有利的经验、方法和思路加以综合，开辟自主型、复合型、生态型现代化发展道路，注重发挥本国人民的积极性、主动性和创造性。

其三，坚持以人民为中心。在中国传统文化中，民生为大、民生为本的思想占据统治地位。作为统治者，必须时刻牢记"民惟邦本，本固

---

① 张维为：《中国超越：一个"文明型国家"的光荣与梦想》，上海：上海人民出版社，2014年，第241—242页。

邦宁"，时刻牢记最大的使命就是改善民生、造福百姓。在带领中国人民追求国家富强的奋斗历程中，中国共产党始终不忘初心，全心全意为人民谋福祉，使人民的物质文化生活水平有了极大的提升。"中国过去30多年改革开放成功的一条重要经验就是：政府重中之重的工作就是要大力改善民生。这种治国理政的指导思想使我们创造了人类历史上消除贫困的最大奇迹，使我们创造了世界上最大的中产阶层，使我们已经把人均寿命提到接近发达国家的水平，这一切都给外部世界带来了强烈震撼。这个理念还强在具有包容性和现代性。它指的不仅是国家要致力于改善民生，而且也指一个国家的政治体制安排也要着眼于在更高、更广的层次上全面提升人民生活的品质，落实到政府为百姓提供更为优质的服务，落实到让人民过上更安全、更自由、更幸福、更有尊严的生活。"①因此，中国式民主与西方僵化的、虚假的民主模式有着本质区别，是中国现代化建设的根本立足点，也是中国成功应对来自国际、国内各个方面挑战的法宝。广大发展中国家国情虽然不同，但是超越西方建立在掠夺、侵略、剥削基础上的现代化道路，开辟以人为本、民生为大，以和谐发展为动力的现代化道路却是共识。这也对新型中国文明之构建有着重要的启示意义。

综上所述，中国坚持从本国国情出发，不唯书、不唯上、不唯外，不仅突破了西方科技—工业文明思维的束缚，更从中华传统文明、世界文明积极成果的高度统一中来寻求中国的现代化道路，对内坚持渐进式的改革，对外不断提高开放的水平，从经济、政治、文化、社会、生态文明建设乃至人的发展、执政党建设等各方面探寻新的发展道路，创造了一个又一个发展奇迹，为广大发展中国家探索适合本国国情的、经济社会全面发展的新型现代化发展道路提供了中国经验。

---

① 张维为：《中国超越：一个"文明型国家"的光荣与梦想》，上海：上海人民出版社，2014年，第230—231页。

第三节　为共商共筑人类命运共同体、实现共赢共享贡献了中国智慧

当今世界，人类面临的共同挑战不断增多，诸如资源枯竭、环境恶化、病毒肆虐、毒品泛滥等问题严重威胁着全人类的生存。这些问题仅靠一国之力很难解决，需要世界各国增强人类命运共同体意识，结成最广泛的统一战线，集中发挥大多数人的智慧，建立完善的制度、规则，约束人们的不当行为。目前最迫切的是摒弃以邻为壑、鹬蚌相争的不合理、不公正的国际秩序，构建有利于各国和平相处的人类命运共同体，以有效应对来自各个方面的、形形色色的挑战。

人类命运共同体是对建立在霸权主义、强权政治等基础上的旧的国际秩序的超越，倡导国家不分大小、强弱一律平等，反对以强凌弱、单边主义，主张建立公平合理的全球治理体系。人类命运共同体并不否认国与国的差别，而是在承认主权国家差异的前提下，强调人类利益的整体性、相关性与统一性，是差异观与整体观的有机结合。人类生活在不同文化、种族、肤色、宗教和不同社会制度所组成的世界里。历史上，这种差异性使国家之间产生利益的分歧，形成国家之间的竞争关系。但是，当今世界与以往相比发生了深刻变化，"人类生活在同一个地球村里，生活在历史和现实交汇的同一个时空里，越来越成为你中有我、我中有你的命运共同体"①。当今世界，一方面，和平与发展是全人类共同的愿望，与之相应，各国在发展以及许多安全问题上形成越来越紧密的相互依赖关系；另一方面，世界和平与发展面临的挑战越来越具有全局性、综合性和长远性，没有哪一个国家能够独善其身，需要各国同舟共济，共同努力。在这样的世界里，各国人民有共同的利益、共同的价值，因此也担负共同的责任。

---

① 中共中央宣传部编：《习近平新时代中国特色社会主义思想学习纲要》，北京：学习出版社、人民出版社，2019年，第208页。

习近平总书记指出："人类命运共同体，顾名思义，就是每个民族、每个国家的前途命运都紧紧联系在一起，应该风雨同舟，荣辱与共，努力把我们生于斯、长于斯的这个星球建成一个和睦的大家庭，把世界各国人民对美好生活的向往变成现实。"① "简单地说，所谓人类命运共同体，就是人类社会不同的国家和民族在共同利益、共同价值、共同责任基础上所结成的命运攸关的整体。构建人类命运共同体是'统筹国内国际两个大局，将中国梦与世界梦有机结合，实现中国与世界共赢的愿景蓝图；是新时代中国特色大国外交的目标。当今世界，人类正处在大发展大变革大调整时期，面临的挑战层出不穷、风险日益增多，人类的前途命运已经到了重要关头。构建人类命运共同体就是建设持久和平、普遍安全、共同繁荣、开放包容、清洁美丽的世界'，'让和平的薪火代代相传，让发展的动力源源不断，让文明的光芒熠熠生辉'的中国方案。"②

首先，人类命运共同体理念是对马克思、恩格斯"真正的共同体"思想的继承和发展。"真正的共同体"是建立在发达生产力基础上的、个人与个人之间存在着真实而非虚假联系的共同体。在《德意志意识形态》中，马克思、恩格斯指出："在这个共同体中各个人都是作为个人参加的。它是各个人的这样一种联合（自然是以当时发达的生产力为前提的），这种联合把个人的自由发展和运动的条件置于他们的控制之下。而这些条件从前是受偶然性支配的，并且是作为某种独立的东西同单个人对立的。"③这种"真正的共同体"可以保证每个人都平等享有各种合法权益，获得自由全面发展的机会。"在真正的共同体的条件下，各个人在自己的联合中并通过这种联合获得自己的自由。"④

① 中共中央宣传部编：《习近平新时代中国特色社会主义思想学习纲要》，北京：学习出版社、人民出版社，2019年，第209—210页。

② 刘建飞：《新型国际关系"新"在哪里》，人民网，http://theory.people.com.cn/n1/2018/0416/c40531-29927502.html。

③《马克思恩格斯文集》第1卷，北京：人民出版社，2009年，第573页。

④《马克思恩格斯文集》第1卷，北京：人民出版社，2009年，第571页。

同时，"真正的共同体"是在资本主义的世界历史向社会主义的世界历史转变的过程中构建的。"马克思从人类社会整体性历史发展演变的规律来进行思考，认为从整个人类社会历史演变发展来看，资本主义发展是短暂的，但资本主义发展是人类社会历史上的一大进步，其价值在于为实现共产主义创造出前提条件，并不是西方推行的'历史终结'，更不是世界历史演变的终结……根据世界历史理论的发展规律，'无产阶级只有在世界历史意义上才能存在，就像它的事业——共产主义一般只有作为'世界历史性的'存在才有可能实现一样。资本主义的'世界历史性存在'形式只能给人的彻底解放逐渐创造出前提条件，而不会使人获得彻底解放。马克思已经认识到，世界历史是共产主义的实现机制和实现途径，世界历史促进生产力的巨大发展，为共产主义创造物质条件；世界历史同时增进了普遍交往，为共产主义创造社会条件；世界历史造就了新的生产力的代表——无产阶级，为共产主义培育了新生力量。"[1]因此，无产阶级通过根本推翻资本主义制度，建立以公有制为基础的社会主义制度，使资本主义的世界历史转变为社会主义的世界历史，在全球范围内消除国家与国家、个人与个人、个人与社会等之间的利益冲突，建立"真正的共同体"。

在《共产党宣言》中，马克思、恩格斯又提出了"自由人联合体"的构想，认为："代替那存在着阶级和阶级对立的资产阶级旧社会的，将是这样一个联合体，在那里，每个人的自由发展是一切人的自由发展的条件。"[2]这一构想表明，推翻资本主义制度，改变资本主导的不合理的世界历史进程，建立命运与共、休戚相关的"真正的共同体"，保障绝大多数劳动人民的合法利益是马克思、恩格斯毕生的理想。以马克思、恩格斯"真正的共同体"思想为指导，中国共产党人前仆后继，不忘初心，不惧挑战，致力于中华民族的伟大复兴，致力于世界的和平与发展，把

---

① 胡江华、钟瑞添：《论马克思主义世界历史理论视域下的人类命运共同体》，《江淮论坛》2020年第4期。

② 《马克思恩格斯选集》第1卷，北京：人民出版社，1995年，第294页。

自己锻造成了具有伟大担当精神的政党。可见，"打造'人类命运共同体'是基于对全人类共同命运的考量，基于全球化的广阔视野，基于《宣言》所指明的为世界绝大多数人谋利益的根本宗旨，因而，它体现了当今世界发展的潮流，指明了人类发展的大道。历史启示我们：行大道，必能赢得人心；行大道，才能通行天下。因此，对'人类命运共同体'的建构必须充满信心"①。

其次，人类命运共同体理念传承和发展了中华优秀传统文化。"自古以来，中华民族的血脉中流动着'和'的基因，始终崇尚和平、和睦、和谐，强调'和而不同''以和为贵'，中国的历史和现实证明中国历来尊重他国文化，主张平等交流、互相借鉴。中华民族反对暴力与战争，我们坚持走和平发展道路，是对几千年来中华民族热爱和平的文化传统的继承和发扬。经济全球化背景下，各国存在共同利益，中国传统文化倡导'博施众利''正其义不谋其利'，秉持正确义利观，主张互利共赢，坚持将国家利益与国际利益统一；西汉时期中国曾开辟了连结中亚、西亚、地中海各国的'丝绸之路'，开展经济交往、促进文化交流，新时代我们提出了'一带一路'构想，积极发展与沿线各国经济合作、文化交流，带动沿线经济发展，为发展中国家提供了一条走向现代文明的发展轨迹，为全球治理提供中国方案。'亲仁善邻，国之宝也''救灾恤邻，道也'。中国传统文化素来重视邻里间的守望相助、和睦共处，传统的睦邻观念上升到政治治理角度，为地区和平安全发展提供中国经验。中国传统文化蕴涵丰富的生态保护思想，'亲亲而仁民，仁民而爱物''民吾同胞，物吾与也'等主张人与万物平等，构建一种和谐共生的关系，为解决全球环境问题提供价值参考。"②

以儒家思想为代表的中华优秀传统文化是人类共同的精神财富，其中蕴含的和谐、合作、和平、和而不同等思想，对当代世界的发展有着

---

① 陶富源：《"人类命运共同体"建构是向"自由人联合体"迈出的第一步》，《江淮论坛》2020年第1期。

② 史焕翔：《中国优秀传统文化的当代价值》，《红旗文稿》2018年第12期。

重要的指导意义。"由'自然的和谐'、'人和自然的和谐'、'人与人的和谐'、'人自我身心内外的和谐'所构成的'普遍和谐'观念是儒家的重要思想……儒家是由通过道德学养达到自身的和谐而推广到'人与人的和谐'。人类社会和谐了,那么才能很好地处理人和自然的关系;人与自然的关系处理好了,才能不破坏'自然的和谐'。正如《中庸》第二十二章中所说:'唯天下之至诚,为能尽其性。能尽其性,则能尽人之性。能尽人之性,则能尽物之性。能尽物之性,则可以赞天地之化育。可以赞天地之化育,则可以与天地参矣。'故而儒家关于'和谐'的路向是:由自身之'安身立命',而至'推己及人',再至'民胞物与',而达到'保合太和'而与天地参。"①

值得注意的是,儒家所说的"和谐"并不是毫无原则的和谐,不是忽视贫富悬殊的不公正的和谐,而是一种"均和"。所谓"均和"即是建立在相对平等、公正基础上的和谐。儒家认为人与人之间的不平等是客观存在、不可回避的。一般人仅仅追求一种低水平的平等、满足于群体的共同贫困,而不愿意花力气去改变这种绝对平均主义的状态。君子则追求建立在一定范围内的差异基础上的和谐,即实现平等、公正。"丘也闻有国有家者,不患寡而患不均,不患贫而患不安,盖均无贫,和无寡,安无倾。"(《论语·季氏》)意思是不担心分的东西少,而担心分配不公正;不担心人民生活贫穷,而担心生活不安定。财物分配公平合理,就没有贫穷;上下和睦,就不必担心人少;社会安定,国家就没有倾覆的危险。对于一个国家来说,最可怕的不是贫穷,而是公正的缺少,儒家所追求的理想境界是"均和平等",要尽力消除由于人为原因所导致的不公平状态,这也是构建人类命运共同体的内在要求。中国人常说"人不能太贪了""大家好才是真的好""自己解决了温饱后还要考虑别人的饭菜"等都体现了这种情怀。

再次,人类命运共同体理念源于对严峻复杂的国际关系现状的反思。

① 汤一介:《和而不同》,沈阳:辽宁人民出版社,2001年,第88—89页。

建立在丛林法则、零和思维基础上的旧的国际秩序给人类带来了巨大的伤害，事实表明，世界各国只有加强合作、增加信任，才能战胜来自各方面的挑战。调查显示，"当今世界上仍有8亿人生活在极端贫困之中，每年有近600万孩子在5岁前夭折，还有近6000万儿童未能接受教育。人类受限于各种隔阂久矣！东西差异、南北差异、文化差异、制度差异，造成了种种藩篱、种种对立。人类受制于世界各种旧秩序久矣！在这种秩序下，通行的是丛林法则、零和思维"①。2019年3月，习近平总书记在访问法国时指出人类要破解"四大赤字"——治理赤字、信任赤字、和平赤字、发展赤字。这"四大赤字"与当代仍占主导地位的旧的冲突型的国际秩序密切相关，人类不得不思考构建新型国际关系文明以确保世界各国的和谐共进。实践证明："破解'治理赤字'，要坚持共商共建共享的'全球治理观'，继续高举联合国这面多边主义旗帜，共同推动构建人类命运共同体。破解'信任赤字'，要坚持以义为先、义利兼顾的'正确义利观'，构建命运与共的全球伙伴关系。破解'和平赤字'，要秉持共同、综合、合作、可持续的'新安全观'，各国一起走和平发展道路，实现世界长久和平。破解'发展赤字'，要坚持创新驱动、协同联动、公平包容，在此基础上打造富有活力的'增长模式'、开放共赢的'合作模式'、平衡普惠的'发展模式'，让各国人民共享经济全球化发展成果。"②

最后，人类命运共同体理念源于中国的和平外交政策。历史上，大国的崛起无一不伴随着侵略和扩张、掠夺与杀戮。两次世界大战的爆发，皆源自大国对外侵略扩张的野心，大国的统治阶级为了满足自己的利益，强行发动战争，造成被侵略国家大量财富损失，生灵涂炭。不合理、不公正的旧的国际秩序根源于西方发达国家长期以来奉行的"西方中心主

---

① 陶富源：《"人类命运共同体"建构是向"自由人联合体"迈出的第一步》，《江淮论坛》2020年第1期。

② 张红：《望海楼：破解"四大赤字"的中国方案》，《人民日报》(海外版)2019年3月29日第1版。

义"的价值观。不同于建立在对外扩张基础上的资本文明，新型中国文明坚持以和为贵、走和平发展的道路。中国不仅没有陷入发达国家所渲染的"修昔底德陷阱"，相反，积极承担与世界各国共同发展的国际责任，致力于构建人类命运共同体，成为全球化进程的积极推动者。面对不合理、不公正的国际政治经济秩序，中国并没有选择袖手旁观，而是秉持和平相处原则，通过打造各种合作平台，创造各种合作机会来实现各国的共同发展。中国特色社会主义建设实践所开启的新型中国文明发展的路径是平等合作，发展的动力是创新变革。

可见，人类命运共同体理念的提出，既有建立在中华优秀传统文化基础上的内在因素，又有奠基于国际关系现状的迫切需要，是中国破解世界"四大赤字"的策略。中国作为负责任的发展中大国，不仅在理论上提出构建人类命运共同体，而且在实践中推进"一带一路"建设。"几年来，'一带一路'建设完成了总体布局，绘就了一幅'大写意'，取得了令人瞩目的成就。今后要聚焦重点、深耕细作，共同绘制精谨细腻的'工笔画'。坚持开放、绿色、廉洁理念，追求高标准、惠民生、可持续目标，推动共建'一带一路'沿着高质量发展方向不断前进。"[1]世界银行研究报告显示，"一带一路"倡议将使相关国家760万人摆脱极端贫困、3200万人摆脱中度贫困，将使参与国贸易增长2.8%至9.7%、全球贸易增长1.7%至6.2%、全球收入增加0.7%至2.9%。这充分说明，"一带一路"倡议为参与国实现优势互补、互利共赢，朝着构建人类命运共同体目标迈进提供了重要实践平台[2]。

在抗击新冠肺炎疫情的斗争中，中国与世界各国携手合作、共克时艰，为全球抗疫贡献了智慧和力量。习近平总书记强调："我们本着公开、透明、负责任的态度，积极履行国际义务，第一时间向世界卫生组

---

[1] 中共中央宣传部编：《习近平新时代中国特色社会主义思想学习纲要》，北京：学习出版社、人民出版社，2019年，第214页。

[2]《"中国方案"为破解全球治理赤字持续发力》，百家号，https://baijiahao.baidu.com/s?id=1653183494261033308&wfr=spider&for=pc。

织、有关国家和地区组织主动通报疫情信息，第一时间发布新冠病毒基因序列等信息，第一时间公布诊疗方案和防控方案，同许多国家、国际和地区组织开展疫情防控交流活动70多次，开设疫情防控网上知识中心并向所有国家开放，毫无保留同各方分享防控和救治经验。我们在自身疫情防控面临巨大压力的情况下，尽已所能为国际社会提供援助，宣布向世界卫生组织提供两批共5000万美元现汇援助，向32个国家派出34支医疗专家组，向150个国家和4个国际组织提供283批抗疫援助，向200多个国家和地区提供和出口防疫物资。从3月15日至9月6日，我国总计出口口罩1515亿只、防护服14亿件、护目镜2.3亿个、呼吸机20.9万台、检测试剂盒4.7亿人份、红外测温仪8014万件，有力支持了全球疫情防控。我们倡导共同构建人类卫生健康共同体，在国际援助、疫苗使用等方面提出一系列主张。中国以实际行动帮助挽救了全球成千上万人的生命，以实际行动彰显了中国推动构建人类命运共同体的真诚愿望！"①事实胜于雄辩，推动构建新型国际关系文明、倡导"一带一路"国际合作、积极参与全球抗疫等无不表明构建人类命运共同体的必要性，这也是中国人民具备国际担当精神的清晰展现。

综上所述，在马克思、恩格斯生态生存哲学和当代中国化马克思主义生态生存哲学的指导下，在吸收了中华文明及西方文明精华的基础上，中国特色社会主义事业不断推进，新型中国文明获得了充足的动能，它像一个巨人，在新一轮文明创新的大潮中向前迈开了步伐。我们要继续从经济文明、政治文明、精神文明、社会文明、生态文明、主体文明及国际关系文明各个层面加强建构，使新型中国文明日臻完善，以推进人类文明的顺利转型。

---

① 习近平：《在全国抗击新冠肺炎疫情表彰大会上的讲话》，北京：人民出版社，2020年，第10—11页。

结　语

19世纪英国著名思想家托马斯·卡莱尔在《文明的忧思》中对自由竞争的、片面追求资本增殖的资本主义文明及其发展给出了悲观的结论，他认为："人们已经厌倦了自由放任主义、供求关系之类的名词。它让所有人都陷入唯利是图、崇尚享乐与虚荣之中——这是一种使人绝望的信仰！人们会因此而变得贪心不足；除了物欲之外，他们将一切置之度外！我那些崇尚拜金主义和混世哲学的兄弟，这样的世界绝不会长久。根据自然之法，一个物欲横流的世界必将走向灭亡，因为它造成了人口膨胀、饿殍遍野及毁灭性的疯狂。所有人都必须知道，我们仍然无所作为，我们所做的只是为行动铺平道路。"[1]面对资本的泛滥给英国乃至人类所带来的负面影响，卡莱尔感到非常痛心，他不遗余力地呼唤良知和爱心，呼唤正在被人们忽略和遗失的诚实、正直、谦恭、宽容、责任心与道德感。他赞美劳动，崇尚创造，呼吁人们通过劳动和创造来获取人之为人的尊严，而有了尊严，人类才能获得真正的幸福[2]。这些思想在当代仍然有着重要的现实意义，它启示我们不能停留在单纯追求经济快速增长、片面推崇工具理性的工业文明形态当中，要不断打破资本藩篱，促进文明的转型，构建有利于人的全面发展和社会全面进步的新型文明。

在中国共产党的领导下，中国人民不断探索适合国情的发展道路，创造了超越狭隘资本扩张逻辑的、以新型和谐为特质的、以人的自由全面发展为目标的新型中国文明，为人类文明的转型提供了中国方案。新型中国文明孕育于古老灿烂的中华传统文明，具有深厚的历史根基，以当代中国化马克思主义生态生存哲学为指导，同时充分吸收西方文明精

---

① 卡莱尔：《文明的忧思》，郭凤彩译，北京：金城出版社，2011年，第34页。

② 卡莱尔：《文明的忧思》，郭凤彩译，北京：金城出版社，2011年，译者序。

华，因而有着旺盛的生命力。正如习近平总书记所强调的："大道之行，天下为公。站立在九百六十多万平方公里的广袤土地上，吸吮着五千多年中华民族漫长奋斗积累的文化养分，拥有十三亿多中国人民聚合的磅礴之力，我们走中国特色社会主义道路，具有无比广阔的时代舞台，具有无比深厚的历史底蕴，具有无比强大的前进定力。"①

历史表明，文明形态的形成与成熟需要上百年的时间，文明形态的转型更是需要从理论到实践、从制度到治理等各方面不断推进。"长风破浪会有时，直挂云帆济沧海""纷繁世事多元应，击鼓催征稳驭舟"，站立在时代风云变幻的潮头，先辈们留下的诗句指引着我们前进的方向。新型中国文明如同浩浩荡荡的长河，发源于中华远古文明，又向着未来奔涌。中国共产党十九届五中全会强调："我国发展不平衡不充分问题仍然突出，重点领域关键环节改革任务仍然艰巨，创新能力不适应高质量发展要求，农业基础还不稳固，城乡区域发展和收入分配差距较大，生态环保任重道远，民生保障存在短板，社会治理还有弱项。全党要统筹中华民族伟大复兴战略全局和世界百年未有之大变局，深刻认识我国社会主要矛盾变化带来的新特征新要求，深刻认识错综复杂的国际环境带来的新矛盾新挑战，增强机遇意识和风险意识，立足社会主义初级阶段基本国情，保持战略定力，办好自己的事，认识和把握发展规律，发扬斗争精神，树立底线思维，准确识变、科学应变、主动求变，善于在危机中育先机、于变局中开新局，抓住机遇，应对挑战，趋利避害，奋勇前进。"②时代赋予我们克服一切困难，使新型中国文明日益完善的使命，我们只有奋力前行，坚持在实践中被证明是正确的中国特色社会主义道路、理论、制度、文化，并在此基础上不断创新。坚持中国特色社会主义道路、建设新型中国文明，是中华民族在推进人类文明发展的事业中作出的必然选择。

①《习近平谈治国理政》第3卷，北京：外文出版社，2020年，第55页。
②《中国共产党第十九届中央委员会第五次全体会议公报》，新华网，http://www.xin-huanet.com/2020-10/29/_1126674147.htm。

参考文献

《马克思恩格斯全集》第1卷，北京：人民出版社，1995年。

《马克思恩格斯全集》第3卷，北京：人民出版社，2002年。

《马克思恩格斯全集》第4卷，北京：人民出版社，1958年，

《马克思恩格斯全集》第28卷，北京：人民出版社，2018年。

《马克思恩格斯全集》第30卷，北京：人民出版社，1995年。

《马克思恩格斯文集》第1—10卷，北京：人民出版社，2009年。

马克思：《资本论》第1—3卷，中央编译局译，北京：人民出版社，2004年。

《毛泽东选集》第1—4卷，北京：人民出版社，1991年。

《邓小平文选》第3卷，北京：人民出版社，1993年。

《江泽民文选》第1—3卷，北京：人民出版社，2006年。

《习近平谈治国理政》，北京：外文出版社，2014年。

《习近平谈治国理政》第2卷，北京：外文出版社，2017年。

《习近平谈治国理政》第3卷，北京：外文出版社，2020年。

习近平：《决胜全面建成小康社会　夺取新时代中国特色社会主义伟大胜利——在中国共产党第十九次全国代表大会上的报告》，北京：人民出版社，2017年。

中共中央文献研究室编：《科学发展观重要论述摘编》，北京：中央文献出版社、党建读物出版社，2008年。

中共中央文献研究室编：《十六大以来重要文献选编》（上、中、下），北京：中央文献出版社，2011年。

中共中央宣传部编：《习近平总书记系列重要讲话读本（2016年版）》，北京：学习出版社、人民出版社，2016年。

中共中央文献研究室编：《习近平关于社会主义社会建设论述摘编》，北京：中央文献出版社，2017年。

中共中央文献研究室编：《习近平关于生态文明建设论述摘编》，北京：中央文献出版社，2017年。

中共中央宣传部编：《习近平新时代中国特色社会主义思想学习纲要》，北京：学习出版社、人民出版社，2019年。

陈先达：《伟大的马克思：做新时代马克思主义者》，天津：天津人民出版社，2019年。

陈学明：《中国道路的世界贡献》，天津：天津人民出版社，2017年。

董伟：《诞生——共和国孕育的十个月》，北京：东方出版社，2019年。

方世南：《马克思恩格斯的生态文明思想——基于〈马克思恩格斯文集〉的研究》，北京：人民出版社，2017年。

傅统先：《哲学与人生》，北京：首都经济贸易大学出版社，2012年。

郭根山：《毛泽东与中国现代化道路——以世界现代化进程为视角》，北京：中央文献出版社，2005年。

贾高建：《三维自由论》，北京：中共中央党校出版社，1994年。

李君如：《时代大潮和中国共产党》，北京：中国人民大学出版社，2017年。

李艳艳：《马克思主义文明理论及其当代价值》，北京：人民出版社，2017年。

李志：《马克思的个人概念》，北京：人民出版社，2014年。

刘海涛：《走向世界历史——中国特色社会主义的成长历程》，北京：中共中央党校出版社，2012年。

刘希刚：《马克思恩格斯生态文明思想及其中国实践研究》，北京：

中国社会科学出版社，2014年。

闾小波：《近代中国民主观念之生成与流变——一项观念史的考察》，南京：江苏人民出版社，2012年。

漆思：《现代性的命运——现代社会发展理念批判与创新》，北京：中国社会科学出版社，2005年。

沈壮海：《兴国之魂——社会主义核心价值体系释讲》，武汉：湖北教育出版社，2013年。

孙正聿：《理论思维的前提批判——论辩证法的批判本性》（第2版），北京：中国人民大学出版社，2010年。

汤一介：《和而不同》，沈阳：辽宁人民出版社，2001年。

汪澍白：《传统下的毛泽东》，北京：中国青年出版社，1996年。

叶南客主编：《社会主义核心价值观研究丛书·文明篇》，南京：江苏人民出版社，2015年。

张有奎：《现代性的哲学批判——从马克思生存论角度的分析》，北京：社会科学文献出版社，2005年。

赵汀阳：《天下体系——世界制度哲学导论》，北京：中国人民大学出版社，2011年。

奥康纳：《自然的理由：生态学马克思主义研究》，唐正东、臧佩洪译，南京：南京大学出版社，2003年。

奥勒留：《沉思录》，何怀宏译，北京：生活·读书·新知三联书店，2008年。

别尔嘉耶夫：《自由的哲学》，董友译，桂林：广西师范大学出版社，2001年。

伯尔基：《马克思主义的起源》，伍庆、王文扬译，上海：华东师范大学出版社，2007年。

福斯特：《马克思的生态学——唯物主义与自然》，刘仁胜等译，北京：高等教育出版社，2006年。

福斯特：《生态危机与资本主义》，耿建新、宋兴无译，上海：上海译文出版社，2006年。

古尔德：《马克思的社会本体论：马克思社会实在理论中的个性和共同体》，王虎学译，北京：北京师范大学出版社，2009年。

哈耶克：《通往奴役之路》，王明毅、冯兴元等译，北京：中国社会科学出版社，1997年。

海尔布隆纳：《马克思主义：支持与反对》，马林梅译，北京：东方出版社，2014年。

亨廷顿：《文明的冲突》，周琪译，北京：新华出版社，2017年。

卡莱尔：《文明的忧思》，郭凤彩译，北京：金城出版社，2011年。

康德：《道德形而上学基础》，孙少伟译，南昌：江西教育出版社，2014年。

孔帕尼翁：《与蒙田共度的夏天》，刘常津译，上海：华东师范大学出版社，2016年。

莱斯：《自然的控制》，岳长龄等译，重庆：重庆出版社，2007年。

卢梭：《论人类不平等的起源》，吕卓译，南昌：江西教育出版社，2014年。

罗尔斯：《正义论》，何怀宏、何包钢、廖申白译，北京：中国社会科学出版社，1988年。

马蒂内利：《全球现代化——重思现代性事业》，李国武译，北京：商务印书馆，2010年。

马尔库塞：《单向度的人：发达工业社会意识形态研究》，刘继译，上海：上海译文出版社，2008年。

佩珀：《生态社会主义：从深生态学到社会正义》，刘颖译，济南：山东大学出版社，2005年。

斯宾格勒：《西方的没落》，韩炯编译，北京：北京出版社，2008年。

汤因比：《历史研究》上卷，郭小凌等译，上海：上海人民出版社，2013年。

岩佐茂：《环境的思想——环境保护与马克思主义的结合处》，韩立新等译，北京：中央编译出版社，2006年。

约瑟夫·奈：《软实力》，马娟娟译，北京：中信出版社，2013年。

陈明琨：《理解习近平文明交流互鉴重要论述的四重维度》，《党的文献》2019年第3期。

陈卫平：《创新：邓小平理论的重要品格》，《学术界》1998年第5期。

成龙：《海外视域中的中国特色社会主义研究》，《国外社会科学》2019年第3期。

程波、钟谟智：《生态学马克思主义的生态经济思想研究》，《自然辩证法研究》2019年第10期。

丁丹丹：《有机马克思主义“中国引领论”：语义、理据与本质》，《江汉论坛》2018年第1期。

段鹏飞：《从“两个文明”到“五个文明”——论中国特色社会主义文明体系的历史演进》，《燕山大学学报》（哲学社会科学版）2008年第4期。

段忠桥：《平等是正义的表现——读恩格斯的〈反杜林论〉》，《哲学研究》2018年第4期。

范赟、王月清：《论习近平总书记系列重要讲话中的中华传统文化理念与情怀》，《理论学刊》2014年第9期。

方世南：《以整体性视野挖掘〈马克思恩格斯文集〉中的生态文明思想》，《鄱阳湖学刊》2017年第4期。

耿步健：《生态集体主义是生态共同体的价值基础——基于〈反杜林论〉的生态文明价值观思考》，《毛泽东邓小平理论研究》2016年第8期。

韩庆祥：《以“制度优势”“治理效能”应对“新时代”“大变局”》，《世界社会主义研究》2020年第2期。

韩水法：《如何理解西方文明的核心因素?》，《华东师范大学学报》

（哲学社会科学版）2008 年第 1 期。

何永平：《理性主义进步观念批判》，《中共中央党校学报》2006 年第 2 期。

何虎生：《弘扬战无不胜的中国精神、中国智慧、中国力量》，《人民论坛》2020 年第 8 期。

何勤华：《"文明"考》，《政法论坛》2019 年第 1 期。

何修猛：《习近平生态文明思想的政治意蕴》，《治理现代化研究》2020 年第 1 期。

何云峰、胡建：《西方"个体主义"文化价值观的演变、历史意义与局限》，《上海师范大学学报》（哲学社会科学版）2009 年第 6 期。

侯亚楠、郭忠义：《天地境界与生态化生存》，《南京政治学院学报》2014 年第 5 期。

胡江华、钟瑞添：《论马克思主义世界历史理论视域下的人类命运共同体》，《江淮论坛》2020 年第 4 期。

胡贤鑫、邹凯：《"中国之制"与"中国之治"的历史脉络、崭新内涵及逻辑关系》，《学习与实践》2020 年第 1 期。

胡耀武：《推动新时代社会主义文化繁荣兴盛的思考》，《国防》2018 年第 6 期。

黄建洪：《西方社会建设思想：演进逻辑及其"脱域"价值》，《国外社会科学》2014 年第 4 期。

黄璇：《现代政治的理性主义路向及其限度》，《社会科学战线》2016 年第 11 期。

江怡：《实证主义在我国当代哲学中的命运》，《哲学动态》1999 年第 9 期。

焦佩锋：《中西文明转型的世界历史视野》，《天津社会科学》2018 年第 2 期。

景崇：《对西方文明的一种探究——〈西欧文明〉简介》，《国外社会科学》2003 年第 1 期。

李爱琴：《文明演进的挑战与应战模式及其启示——汤因比文明发展动力理论解读》，《学术交流》2009年第8期。

李桂花、张建光：《中国特色社会主义生态文明建设的基本内涵及其相互关系》，《理论学刊》2014年第2期。

李建国：《马克思主义视野下的"西方中心论"》，《思想教育研究》2017年第4期。

李建华、吴长静：《后疫情时代的共生伦理及其人类命运共同体实践》，《湖湘论坛》2020年第5期。

李沛莉、张金伟：《生态危机中的人性反思和生态经济人的理论构建》，《生态经济》2018年第9期。

李士菊、郝瑞斌：《学生时代马克思宗教思想的变化——从〈中学毕业作文〉到〈博士论文〉》，《河北师范大学学报》（哲学社会科学版）2001年第2期。

李忠杰：《马克思恩格斯怎样看待中国文明和中国经济社会结构》，《科学社会主义》2018年第4期。

刘宏达、王荣：《习近平文化自信思想的科学内涵及其实践价值》，《科学社会主义》（双月刊）2018年第1期。

刘希刚：《中国共产党追求人与自然和谐历程中的思想成果》，《南京师大学报》（社会科学版）2019年第4期。

刘玉辉：《中华民族传统政治文明中的民主基因及中西民主观的异同》，《红旗文稿》2016年第17期。

卢风：《现代西方价值观与人类文明的危机》，《道德与文明》1999年第6期。

罗文东：《邓小平理论与中国现代化》，《社会主义研究》2000年第6期。

罗志刚：《马克思社会治理思想及其对我国社会治理价值取向的引领》，《毛泽东思想研究》2018年第2期。

马超、潘正祥：《论人的生态化转型之维：由"经济人"向"生态人"变革》,《理论建设》2015年第6期。

马涛、王姝黛:《中国传统经济思想与中国发展道路的历史关联》,《社会科学文摘》2019年第6期。

蒙莉、雷金星:《洛克经验主义认识论中的理性主义探析——再读〈人类理解论〉》,《广西社会科学》2014年第6期。

孟宪龄:《毛泽东邓小平关于党的领导制度建设思想之比较》,《党的文献》2005年第3期。

彭曼丽:《习近平生态文明思想对马克思主义生态哲学思想的继承和创新》,《思想理论教育导刊》2019年第9期。

任彩红:《西方个人主义的逻辑演绎及其困境》,《兰州学刊》2015年第6期。

任丽梅:《"文化"与"文明"内涵的马克思主义解读与时代要求》,《学术论坛》2016年第8期。

沈大明:《文明的起源和救赎——汤因比历史哲学的方法论基础》,《史林》2004年第1期。

石仲泉:《邓小平理论是党的指导思想论》,《理论月刊》1998年第2期。

史焕翔:《中国优秀传统文化的当代价值》,《红旗文稿》2018年第12期。

史志钦、郭昕欣:《"一带一路"与百年大变局下的全球治理》,《当代世界》2020年第3期。

苏浩、丁莉:《西方文明正从主导走向困顿》,《人民论坛》2016年第31期。

唐桂丽:《休谟经验论与现代西方哲学思想的"神会"》,《中南民族大学学报》(人文社会科学版)2005年第5期。

陶富源:《"人类命运共同体"建构是向"自由人联合体"迈出的第一步》,《江淮论坛》2020年第1期。

王利华:《"三才"理论:中国古代社会建设的思想纲领》,《天津社会科学》2008年第6期。

王绍光等：《共和国六十年：回顾与展望》，《开放时代》2008年第1期。

王施展、薛忠义：《政治文明建设70年：基本历程与主要经验》，《江海学刊》2019年第6期。

王雨辰、刘英：《论生态学马克思主义的理论问题及其贡献》，《北京大学学报》（哲学社会科学版）2014年第3期。

王雨辰：《历史唯物主义的理论创新与马克思主义生态文明的理论建构》，《山东社会科学》2016年第6期。

吴晓明：《马克思主义中国化与新文明类型的可能性》，《哲学研究》2019年第7期。

吴于廑：《吉本的历史批判与理性主义思潮——重读〈罗马帝国衰亡史〉第十五、十六章书后》，《社会科学战线》1982年第1期。

徐艳玲、张光哲：《论习近平关于文明交流互鉴重要论述生成的理论逻辑》，《学习论坛》2020年第1期。

许先春：《习近平生态文明思想的科学内涵与战略意义》，《人民论坛》2019年第33期。

郇庆治：《社会主义生态文明的政治哲学基础：方法论视角》，《社会科学辑刊》2017年第1期。

杨光斌：《中国文明基体论——理解中国前途的认识论》，《人民论坛》2016年第5期。

杨忠秀、胡海波：《马克思恩格斯文化观的革命性变革》，《兰州学刊》2020年第3期。

叶秀峰：《谈谈"两手抓"方针中的辩证法》，《社会主义研究》1999年第6期。

尹世杰：《略论毛泽东的消费思想》，《湖南社会科学》2009年第6期。

袁银传、王喜：《马克思主义视域中的中国特色社会主义生态文明建设》，《山东社会科学》2013年第8期。

袁祖社：《中国"文明新形态"发展理念的演进逻辑》，《理论探索》2016年第4期。

张凤林：《看不见的手的背后——论亚当·斯密关于市场交易的制度基础若干思想》，《社会科学》2017年第4期。

张富文：《马克思恩格斯的人本思想及当代意义》，《理论探索》2017年第4期。

张鸣年：《"文化"与"文明"内涵索解与界定》，《安徽大学学报》（哲学社会科学版）2003年第4期。

张世飞：《习近平文明观的丰富意蕴及当代价值》，《人民论坛》2019年第26期。

张伟、张瑞：《以马克思恩格斯生态文明思想为指导构筑中国梦》，《理论界》2015年第11期。

张颖、王智晨：《论中国特色生态文明建设的系统性——习近平生态文明思想的系统论解读》，《陕西师范大学学报》（哲学社会科学版）2020年第1期。

张志伟：《现代西方哲学对西方文明的反思》，《中共中央党校学报》2007年第1期。

张智、李金平：《〈反杜林论〉的思想政治教育意蕴》，《思想政治教育研究》2019年第6期。

后 记

书稿完成之际，恰逢国庆、中秋两节，在夜色清如水的夜晚，漫步于静谧的、处处兰桂飘香的校园，举头望着天空中一轮明月，感慨颇多。大自然对人类是慷慨的，赋予了人类自由选择的机会和能力，但同时也是苛刻的，要求人类不能违背自然规律。作为一种高度文明的存在，人类必须不断探索正确处理人与人、人与社会、人与自然及人与自身的关系，实现从必然王国到自由王国跃迁的路径和方法。

关于中国特色社会主义道路、中国文明及人类文明转型等相关论题，学界前辈作出了艰辛的探索，取得了丰硕的成果，也使我受到了很多启发。我深知，书稿还存在诸多有待完善的方面，在人类文明及其发展规律的研究方面还有很多新的领域需要我们继续探索。

书稿的出版得到教育部人文社会科学研究规划基金的资助和安徽师范大学出版社的大力支持。安徽师范大学出版社的编辑陈艳、刘翠为本书的出版付出了辛勤的劳动。常州工业职业技术学院马克思主义学院的领导和同事一直在关心、鼓励我，并对书稿提出了很多宝贵的意见。我由衷地感谢以上所有给予我支持的人。我还要感谢家人，他们以自己的实际行动默默支持着我。可以说，没有众人的帮助就不可能有我的点滴的进步。

下面这首诗是2020年夏天写就的，我把它放在这里，希望可以表达一下我的心愿：

夏日池塘生意盎，清香四溢沁心脾。

阵阵蛙鸣声声脆，尖尖小荷亭亭立。

造化之功方始成，瑶池玉宇驻人间。

问景哪得美如许？常工匠心巧绘就。

2020年10月

于常州工业职业技术学院